# 歷史課本沒寫出的隱情

譚健鍬──著

那些帝王將相才子的苦痛

# 自序

農曆除夕，獨自一人守在書桌旁忙碌了整個晚上。

窗外有歡呼聲、有鞭炮聲，門外有紅對聯、有紅燈籠，一切節日的元素似乎僅僅是符號，並沒有在我的內心泛起一絲漣漪。腦海中，只有時空的光怪陸離，只有人間的世態炎涼，只有醫者的良苦用心。這些混沌遂轉化成紙上的碎言片語，幸而我有一點點空閒而珍貴的業餘時間，用那麼一支難登大雅之堂的拙筆，把它們好生串聯起來，以博讀者一笑。

昨日的病房已經開始接近空空如也的境地，病人也要回家過年。在醫院裡接受治療，離開自己的親人，原本也是不得不為之的苦差，不得不忍受的煎熬。可惜，醫師並沒有多少機會休息，縱使人是下班，心總還有一根弦，一頭牽掛著病人的狀況，一頭牽動著自己敏感的神經。

當一個人，甚至一個群體，被誤讀、被歪曲的時候，我總是告訴自己，不要憤怒、不要氣餒、不要傷心，否則本人亦將成為自己筆下那些歷史上鬱鬱而終的亡魂。

這裡，沒有道德修養的介入，這裡，只有理性分析的過程。很多年來，我喜歡在晚上，甚至在深夜，在柔弱的燈光滋潤下，翻開《左傳》、《史記》、《資治通鑑》這類的書，細細品讀。現實生活之中，再醜陋的人格、再卑劣的伎倆、再無恥的行徑、再無聊的舉動，都已在司馬遷他們筆下暴露無遺。他們只是喬裝打扮，混回我們的世界中，繼續演繹著小丑的角色，他們活得其實很痛苦，活得很戰戰兢兢；他們總是用貌似強大的外表和陣勢，嚇唬那些弱小的心靈；他們總是用卑微的姿態，虛構那些空中樓閣般的崇高。

用歷史的眼光、用醫學的智慧，可以解剖那些在史冊上或青史留名、或飽受千古罵名的靈魂。

昨天寫的是萬曆皇帝。許多人僅僅看到了歷史的某一面，就把明朝滅亡全部歸咎於他一人，大肆指責他的失職怠政。在我看來，這實在是把歷史簡單化了，把歷史人物臉譜化了。有沒有想過這位帝王名為天子、實為精神囚徒的苦惱？

歷史終究不是電視連續劇。我們無需動不動就吵著要給歷史人物翻案，我們要做的只是靜下心來，細細考量他們的真實狀態，反思他們所作所為背後的動機，實際上也是反省我們自己。因此，人物的身體安康與否、精神健康與否非常重要，而醫學正好是一個不錯的切入點。

我筆下的歷史人物，幾乎沒有一個是一帆風順、永無煩惱的，有的甚至終生備受精神的折磨，就如同現實生活中的張三、李四一樣。歸根結柢，人，總是要成為病人的，只是程度問題、時間問題而已，而人的欲望卻總是無限膨脹，但這種不健康的膨脹早晚會受到來自時代和生理的限制。因此，人生焉會不煩？

和珅對財富的貪婪，朱溫對女色的沉迷，安祿山對天下的野心，吳三桂對權勢的留戀，混雜著老朽、衰變和沉疴，這些都讓他們死時痛不欲生。至於袁世凱，那就更不用說了。屈原、曹植、李白、李賀這些不世的才子，理想幻滅後，或沉淪，或放浪，只有一個可愛的白居易老頭，小心翼翼經營著官場的生計，還保有一顆禪心，頤養天年，繼續精雕細琢自己的詩文，但也總是抱怨自己的老眼昏花。范仲淹、王安石、張居正、林則徐、曾紀澤，個個胸懷鴻鵠之志，發誓要澄清宇內的混濁，但自然的規律還是讓他們蹉跎不已，這是比政敵更可怕的威力。馬援、周瑜、諸葛亮、鄭成功，人人都懸掛著崇高的理想，人人都擁有著震古爍今的才華，卻幾乎都在巔峰時刻被病魔拽下馬，扼腕痛恨，遺憾終生，葬身異地。倒是那位湘軍老帥曾國藩，以文官起家，深諳著儒學的真諦，把玩著仕途的人情世故，以退為進，急流勇退，哀榮備至，安安穩穩讓自己的亡魂回到湖南老家。

至於皇家，除了親情異常冷漠之外，其他與尋常家庭沒有什麼本質區別。老百姓的煩惱，他們也是照單全收。漢朝的老劉家，妒婦、潑婦呂后的醋勁，隔了兩千多年，還是讓後人覺得酸氣難耐、招架不住。明朝的老朱家，朱棣很不健康的飲食方式，讓老爸朱元璋差點又一次「白髮人送黑髮人」，還幾乎改變了歷史的走向；朱翊鈞、朱由校這對祖孫，一個莫名其妙地懶惰怠工，動搖了家族的根基；一個如頑童般沉湎於自己的遊戲世界，讓家族徹底敗落，一蹶不振。清朝的愛新覺羅家，乾隆爺晚年的最後歲月，生活起居讓身邊人哭笑不得又無可奈何。這一切，其實都有疾病的因素作祟。

有哲學家說，人生是塵世間的一種幻覺。其實，死，與生同樣是生命所達到的最完美的高峰和境界。不知道那些著名的靈魂在另一個世界裡，生活了幾百甚至幾千年後，是否真的得到了這種生命的體驗？塵世的每一個人都刻意幻想著一種永恆，其實，真正意義上的永恆是沒有的，任何事物都是時光隧道中短暫的瞬間。或許，只有死亡才最接近於永恆。生活於世間的人類，如果普遍認識了這一點，一定會免去許多痛苦與麻煩。

此刻已日上三竿，作為凡夫俗子的我，還得祝願親人和朋友們身體健康，闔家歡樂。

譚健鍬

二〇一四年一月三十一日

# 汨羅何處招憂魂。

## 屈原究竟是憂國憂民，還是憂鬱症上身？

屈原至於江濱，被髮行吟澤畔。顏色憔悴，形容枯槁……於是懷石遂自沉汨羅以死。

（《史記・屈原賈生列傳》）

姓名：屈原（羋姓，屈氏）

身分：楚國左徒、三閭大夫

活動範圍：湖北西部—湖南北部

生存年代：約西元前三四〇年～前二七八年，約六十二歲

### 端午節原本跟屈原無關

兩千三百年前，南方的汨羅江畔。

一勾殘月緩緩升起，宛如一滴冰凍的淚暈，冷冷映照著億萬年如一的大地。森林的山幔經久默立，

依稀還留有生命的滾燙印記。草木、江水、暗雲、荒原、遠山，一片肅殺中泛動著蠻荒、繁華、凋敝、新生……交織穿梭，演繹著人間與自然一輪輪歲月枯榮。若有若無的草木氣息時遠時近，意亂情迷的花朵兀自羞澀在晨曦霧靄中，亂紅深翠不停搖曳，接踵摩肩的大樹盤虬蒼勁，骨節嘎吱作響，默默守護著這江面的死寂……

一位懷才不遇、壯志難酬的詩人，帶著無比絕望而悲憤的心情，站在汨羅江邊上，仰頭長嘆了一聲，望著天邊最後一絲月色，然後向下縱身躍去……從此成為千古哀歌。那一天，後世相傳正是中國農曆五月初五。

關於端午節的起源有種種說法。其中最為可信的是，自先秦時代，人們就普遍認為五月是「毒月」，五日是「惡日」，傳說這天邪佞當道，五毒並出。中國現存最早的一部農事曆書《夏小正》記載：「此日蓄藥，以蠲除毒氣。」因此，在此不祥之日宜插菖蒲、艾葉以驅鬼，薰蒼朮、白芷和喝雄黃酒以避疫，顯然這一天的活動並不是因屈原之死而開始的。人們還避「端五」忌諱，稱之為「端午」，吃粽子的習俗也是後世演化而成。至於賽龍舟、祭屈原，更顯然是後人的以訛傳訛，相沿成俗，不過也可見老百姓對忠貞之士的彌篤感情。

屈原，中國古代偉大的愛國詩人。名平，字原。戰國時期楚國貴族，曾任左徒、三閭大夫，兼管過內政外交大事。順便一說，屈原姓「羋」，這是楚王室祖先的姓，就是說他與楚王同宗。在先秦時期，貴族階層有姓有氏，姓代表其共同祖先，氏則反映同姓衍生出來的分支，比如根據分封之地或官職名稱來確立自己的氏。秦漢之後，姓與氏的區別就慢慢消失了。「屈」就是屈原先輩們傳下來的氏。

他一生主張對內薦舉賢能，修明法度，對外聯齊抗秦，但屢遭排擠，被昏聵的楚懷王、楚頃襄王父子兩次流放。西元前二七八年，秦將白起一舉攻破楚國首都，憂國憂民的屈原聞之而懷石投江自盡。他雖然死了，但這位古代浪漫主義詩歌的奠基者，生前寫下許多不朽的詩篇，在楚地民歌的基礎上創造了新的詩歌體裁——楚辭，代表作有〈離騷〉、〈九章〉、〈九歌〉、〈天問〉等，在中國文學史上獨樹一幟，與《詩經》並稱「風」、「騷」二體，對後世詩歌創作產生了積極而深遠的影響。

## 瀰天漫地的憂鬱

人們歷來說到屈原，只注重其作品之優秀、人格之高尚、愛國情懷之熾烈，卻忽略了詩人的生理與心理狀態，更沒有注意到其惡劣、病態的精神狀況——沮喪、焦躁、煩悶、尋死，這些其實都在屈原的詩歌與言談中顯露出來。任何一個生命的消逝都是悲劇，更何況這生命的擁有者是屈原——一個光明磊落、才華橫溢、不屑於同流合汙的忠貞詩人！有學者遺憾地說：屈原是「在汨羅江上尋短的錯誤示範者，卻讓我們傳唱了千百年」。這遺憾自然不僅指屈原，更指後世那些與他殊途同歸的不幸人士。

那麼，一片忠心卻遭無情打壓，經歷了兩次流放的屈原，眼看國勢日漸衰弱又無能為力，奸臣當道而國君總被蒙蔽，他步向殉身一途是否必然呢？

用現代人的眼光來看，屈原是在遭受一連串的打擊與刺激之後，對世界、對周圍一切乃至對人生都變得麻木與絕望，感覺無力回天，在極度壓抑、鬱悶的情況下，又缺乏合適的宣洩管道與合宜的心理輔導，於是選擇走上自我了卻的不歸路，並非是想證明或表白什麼，也不是打算向楚王「屍諫」，他極有可能患上了一種自古就有的疾病——「鬱症」，即今人所說的「憂鬱症」(depression)。

憂鬱本是正常的情緒反應，人遇到挫折、失落、不如意，難免會悶悶不樂，多與外在的壓力有關，但也有可能存在莫名其妙的煩悶而快樂不起來；有時，憂鬱會是一種激躁感，脾氣暴躁，很沒有耐心。但是，如果鬱悶的情緒過於嚴重，持續的時間過久，而無法拉回、失去控制，就要小心可能得了憂鬱症。

憂鬱症又稱抑鬱障礙，以顯著而持久的心境低落為主要臨床特徵，是心境障礙的主要類型。病患情緒的消沉可以從悶悶不樂到傷痛欲絕、自卑抑鬱，到悲觀厭世，而有自殺企圖或行為；甚至發生不言不語、不吃不喝、不動的木僵(stupor)狀態；部分病例會有明顯的焦慮和反覆思考沒有目的的事情、大腦持續處於緊張的精神運動性激越；嚴重者還會出現幻覺、妄想等精神病性症狀。病情每次發作持續至少兩週以上，長者甚或數年，多數病例會反覆發作。

對於一個詩人來說，詩歌就是他最真切的肺腑之言。情溢乎詞，我們從屈原的《楚辭》中，明顯感受到一個憂鬱症病患的苦楚！

首先，屈原最突出的莫過於憂鬱情緒，即快樂不起來、煩躁、鬱悶，又或者興趣與喜樂減少。司馬遷在《史記》中寫屈原被楚頃襄王放逐到沅、湘一帶，其時已接近楚國末日，在生命的最後一段日子裡，屈原「至於江濱，被髮行吟澤畔」，「顏色憔悴，形容枯槁」。當其時，屈原必是愁腸九曲，心神不定，萬念俱灰，精神恍惚地苦吟，漫無目的地遊走。這個記載與〈漁父〉❶的描寫大致相同。

在進入這個無路可走的絕境之前，屈原的病況已露端倪，在他的作品中早有體現。比如，「心鬱鬱之憂思兮，獨永嘆乎增傷。……望北山而流涕兮，臨流水而太息。」（〈抽思〉）又如，「望長楸而太息兮，涕淫淫其若霰。」（〈哀郢〉）

一個瀟灑的鬚眉美男子，竟也如林黛玉一般多愁善感，難以掩飾內心的悲傷，不時用長吁短嘆、以淚洗面的方式表達自己的情感，這恐怕不只是詩人的特質吧？

至於〈離騷〉中的名句「長太息以掩涕兮，哀民生之多艱」，恐怕更是膾炙人口。這首抒情長詩，古今都有人認為其名稱就有罹患憂鬱之意。詩中的憂思愁慮比比皆是，試看：

忳鬱邑余侘傺兮，吾獨窮困乎此時也。（我憂鬱煩悶，悵然失意，困頓潦倒在這人妖顛倒的時期！）

屈心而抑志兮，忍尤而攘詬。（我委屈著自己的心志，壓抑著自己的情感，暫且忍痛把譴責和恥辱一起擔承。）

曾歔欷余鬱邑兮，哀朕時之不當。（我泣不成聲啊滿心悲傷，哀嘆自己是這樣生不逢時。）

而〈懷沙〉相傳為屈原投江一個月前的作品，走入死胡同的他，只能無奈嘆息道：「鬱結紆軫兮，離慜而長鞠。」（我憂愁鬱結而內心悽愴，遭受憂患困窮多麼久長。）

此時，除了自我了斷，彷彿再沒有別的方法可以解脫屈原心靈的痛苦了。

第二，憂鬱症病患體重會下降／增加，食欲也會下降／增加；他們還會疲累失去活力，整天臥床、體力變差。對於有些病人來說，只有依靠過度的進食才能暫時擺脫精神的空虛和壓抑，他們又往往頹廢而自暴自棄，懶洋洋而無所事事，自然體重會跟著飆升了。不過，對於多數病人來說，愁眉不展、無精打采、枯坐終日、茶飯不思、唉聲嘆氣才是常態，於是，消瘦頹然自不可避免。屈原在江邊「顏色憔悴，形容枯槁」，正是滿臉鬍渣，披頭散髮，瘦骨嶙峋。人不人，鬼不鬼，大概就是這番模樣！

第三，憂鬱症病患會失眠／嗜睡。屈原在焦慮和痛苦中，度過了一個又一個輾轉反側的難熬之夜，數著天街的寒星，望著江畔的寒鴉，鬢上的髮絲白了一根又一根，臉上的鬍鬚朽了一絲又一絲。他打開竹簡，把一腔煩怨傾洩而出：

「涕泣交而淒淒兮，思不眠以至曙；終長夜之曼曼兮，掩此哀而不去。」（〈悲回風〉）（涕淚交流真是十分淒涼，思量著難以入睡直到天明。過盡了漫漫的長夜，留著的這點悲哀仍不消亡。）

「遭沉濁而汙穢兮，獨鬱結其誰語？夜耿耿而不寐兮，魂營營而至曙。」（〈遠遊〉）（遭遇世俗混濁汙穢滿身，獨自愁思鬱結與誰交談？整夜心神不安難以入睡，靈魂遊移不定直到天亮。）

「望孟夏之短夜兮，何晦明之若歲！」（〈抽思〉）（想想初夏的夜晚本是多麼短暫，但為何像一年這樣漫長？）

第四，憂鬱症病患常有精神運動性遲滯或激動。屈原「遊於江潭，行吟澤畔」時遇到一個漁父，兩人一番交談，漁父笑道：「全天下都汙濁了，為什麼不跟著同流合汙呢？所有人都昏醉了，為什麼不跟著飲酒享樂呢？為什麼要思慮得那麼深遠，表現得那麼清高，而使自己遭到放逐呢？」屈原一聽就急了：「怎麼可以用潔淨的身體去承受汙穢的東西呢？（安能以身之察察，受物之汶汶者乎？）……怎麼可以用清白的人格，去蒙受人世間的塵土呢？（安能以皓皓之白，而蒙世俗之塵埃乎？）」[1]漁父可能只是開一個玩笑，屈原就立刻當真，迅速發出激動的詰問和反問，語氣火躁，其情緒之激盪可見一斑！

其實，屈原的思維奔逸、情感躁動在其作品中也是大量存在的，比如〈天問〉，他把情緒的躁狂推向極致，一氣呵成問出一百七十多個問題，思維之過度活躍，情緒之狷急狂洩，不絕於書。清朝賀貽孫《騷筏》中評論道：「無首無尾，無倫無次，無斷無案，倏而問此，倏而問彼，倏而問可解，倏而問不可解。蓋煩懣已極，觸目傷心，人間天上，無非疑端。既以自廣，實自傷也。」

第五，病人往往無法專注、無法決斷，即腦筋變鈍、矛盾猶豫、難以專心。正如屈原在〈卜居〉中寫的「心煩慮亂，不知所從」。在殘酷的現實面前，在嚴重的疾病困擾之下，屈原的心智已經頓挫，他的腦子好像生了鏽的機器，又像塗了一層糨糊似的。最終變得意志消沉，唯有在江濱漫無目的遊走了。

最後，非常特出的一點是，憂鬱症病患常有無價值感或罪惡感，即覺得活著沒意思、自責難過，他們可能反覆想到死亡，甚至有自殺的意念、企圖或計畫。這是病人負面情緒到了極端而不得不走的不歸路。

死亡，對屈原來說是崇高的。

他在〈離騷〉中說：「寧溘死以流亡兮，余不忍為此態也。……伏清白以死直兮，固前聖之所厚！」（我寧願暴死而屍漂江河，也絕不和他們同流合汙，沆瀣一氣。……保持清白之志而死於忠貞之節，這本為歷代聖賢所讚稱！）

面對漁父的「善意」規勸，屈原當即表示「寧赴湘流，葬於江魚之腹中」，也絕不同流合汙。隨後，他在〈懷沙〉中寫道：「知死不可讓，願勿愛兮！」（明知伏節死義不能退讓，絕不吝惜生命！）

〈惜往日〉相傳是屈原的絕命詩，詩人已萬念俱灰，唯把自殺當作一種成全，當作一種徹底的解放，試看：

「臨沅、湘之玄淵兮，遂自忍而沉流。卒沒身而絕名兮，惜壅君之不昭。」（面對著沅水和湘水的深淵，如輕易地忍心縱身一跳，則身死名滅也沒什麼，只可惜君王您永受蒙蔽。）

「寧溘死而流亡兮，恐禍殃之有再。不畢辭而赴淵兮，惜壅君之不識。」（我寧願早些死去被水漂走啊，我擔心禍殃再一次來到。話沒說完就投向深淵啊，可惜這一切君王不會知道。）

絕望和悲哀，最終讓屈原頭也不回往汨羅江縱身一跳……

## 性格決定命運

根據世界衛生組織（WHO）的估計，全世界憂鬱症的盛行率是三%。二〇〇二年，衛生署國民健康局調查了全臺兩萬多名樣本，結果發現十五歲以上的民眾八．九%有中度以上憂鬱，五．二%有重度憂鬱；六十五歲以上八．四%達重度憂鬱，其次是十五~十七歲有六．八%達重度憂鬱，估計憂鬱人口逾百萬。

迄今為止，憂鬱症的病因並不清楚，但可以肯定的是，生物、心理與社會環境諸多方面因素參與了它的發病過程。如憂鬱氣質可以是基礎；而遭遇強烈刺激的生活事件（如重大挫折或罹患慢性疾病等），則是導致憂鬱症發作的重要觸發條件。然而，以上因素並不是單獨產生作用，目前醫學界強調遺傳與環境或應激因素（stress）之間的交互作用，在憂鬱症發生過程中具有重要的影響。

現實生活中，有以下性格的人確實易患憂鬱症：

首先是孤僻。這是一種性格缺陷。這樣的人往往很內向，多半不擅長處理社會交際，因此長時間不善於表達，不會找人傾訴排解，而是將負面情緒和各種壓力堆積在心裡，長期如此就容易陷入焦慮和絕望之中。不過，他們的思想深度和文藝才能又可能高於常人。

其次是喜歡鑽牛角尖。這樣的人往往對任何事情都過度認真和固執，結果卻常事與願違。他們自負甚高，做人做事太過追求完美，然而生活絕非如此，心中的理想和殘酷的現實相違遂使其產生極大的失落感、自責感，造成許多問題想不透、看不透。這樣長時間的心理不平衡，最終就導致憂鬱症的發作。

再次是感情太豐富、細膩。常人很容易排解的壓力問題，如果換成林妹妹那樣敏感多疑的人，可能就愈想愈多、愈想愈想不開，那麼就會愈來愈鬱悶，由此產生的壓力成倍增長，易患憂鬱症。

屈原是不是這樣的人呢？看看他在〈離騷〉中的自述：

「紛吾既有此內美兮，又重之以修能。」（上天既賦予我這麼多內在的美質啊，我又加以注意修養自己的品性。）這看出屈原經常自我感覺良好，甚至很自戀。

「雖不周於今之人兮，願依彭咸之遺則。……鷙鳥之不群兮，自前世而固然。」（我不能和今人志同道合，但心甘情願沐浴彭咸的遺輝。……哦，鳳鳥怎麼能和家雀合群？自古以來本就這樣涇渭分明。）這看出屈原的性格很清高孤傲，封閉自戀。他甚至對漁父說：「舉世皆濁我獨清，眾人皆醉我獨醒。」總認為世人皆庸俗不堪，自己格格不入，不願為伍，將一切與自己不同的東西視為異物，在行為上處處異於常人，甚至在裝扮上也時時顯示鶴立雞群。他將自己封閉在個人的精神世界裡，沉浸在自我哀吟的虛幻世界中，不能自拔。如果把屈原放在現代社會，想必他也是活不了的，或者只能隱居深山，因為他有嚴重的心理問題。許多憂鬱症患者在今天這個如此開放自由的社會尚且活不下去，何況在思想禁錮、制度森嚴的古代社會？

「不吾知其亦已兮，苟余情其信芳。……芳與澤其雜糅兮，惟昭質其猶未虧。」（沒人理解我，就讓他去大放厥詞吧！只要我內心是真正的馥郁芬芳。……芬芳與汙垢已經混雜在一起，唯獨我這光明潔白的本質未曾蒙受絲毫減損。）這看出屈原相當多愁善感、相當挑剔、相當自我，很有孤芳自賞的味道。

「國無人莫我知兮，又何懷乎故都！」（算了吧！國家缺少忠良，沒人理解我，又何必深深地懷戀故都呢！）這又看出屈原是喜歡鑽牛角尖的人，遇事想不開，不懂迂迴，不會緩衝。

此外，〈懷沙〉也有上述類似的情緒表達：「懷質抱情，獨無匹兮。伯樂既沒，驥焉程兮？」（我稟性敦厚忠誠，但孤獨無人欣賞。伯樂早已故去，千里馬誰人會相？）

屈原追求的「美政」，即上有治國明君，中有輔國賢臣，下有和諧社會，百姓安居樂業。在當時可說是有點烏托邦的意思。

《史記》稱他「博聞強記，明於治亂，嫻於辭令」，早年深得楚懷王信任，出入共圖國事。他也曾受詔擬制憲令，尚未完稿，同僚上官大夫見後搶奪，屈原不給，上官便在懷王面前進讒言中傷。懷王由此發怒，疏遠屈原，繼而罷黜他左徒之職，貶為三閭大夫。再後來屈原目睹張儀欺楚，懷王受騙，客死秦國。頃襄王即位後仍然聽信小人讒言，第二次放逐屈原。此時，楚國也危在旦夕了。在崇高理想與社會現實不可能一致的情況下，在殘酷打擊和心理折磨下，屈原仍然對楚王和楚國要求完美，理想得不到伸張，遂絕望，遂懷石投江，是殉國，也是死於憂鬱。

從屈原的作品和史書的記載看，屈原是個俊美飄逸，有才情又浪漫、正直不阿的帥氣美男。但因為自己的性格缺陷，也因為楚王的有眼無珠，最終落得失意寡歡、自尋短見的可憐可悲下場。

然而，得了憂鬱症就非死不可嗎？

# 屈原能不死嗎？

現今的社會裡，也有人因懷才不遇，或在婚姻、感情、經濟、工作等問題上遭遇嚴重挫折而輕生。自殺案件可謂層出不窮。其實，自殺事件是可以預防的。

被放逐的屈原，情緒極其低落，在江岸一邊走一邊低唱，內心的傷痛無處傾訴。想必此時他的「挫折容忍力」應是相當的薄弱。所謂的「挫折容忍力」，是說一個人「遭遇挫折時免於行為失常的能力，亦即個人承受環境打擊或經得起挫折的能力。它也是維護個人心理健康的一道防線」。在身心雙重摧殘下，屈原的心靈，可想而知是相當憤懣而脆弱的，於是他心理的最後防線很容易就被瓦解了。

屈原死前的狀態，其實是在不自覺地透露出求救信號和自殺信號。在這個關鍵時候，偏偏遇到的是不負責任、不懂心理關懷的漁父，而不是有經驗的心理輔導師，結果只能是悲上加悲。

漁父一見面就劈頭問道：「你不就是那個三閭大夫嗎？幹嘛淪落到如此的地步？」這種明知故問的刺激問句，不僅不能安穩對方情緒，而且略帶嘲諷意味，加劇憂鬱者的挫折感甚至屈辱感。

在一番毫無成效的提議之後，漁父見屈原不為所動仍固執己見，遂「莞爾而笑，鼓枻而去」，還故弄玄虛，唱了一首大概令屈原丈二金剛摸不著頭腦的歌，最後令人心寒地「遂去，不復與言」。在病人苦悶壓抑之時，漁父留下莫名其妙的笑意，又自彈自唱，又冷漠不再理睬，不辭而別，留下了屈原獨自面對內心的莫大憂傷，求助無門，那樣的悲哀、失落是難以言喻的，讓瀕於精神崩潰的屈原更無法解脫，雪上加霜。可以說他是被漁父推了一把，加速走向自裁末路的。

不知道這算不算是極其失敗的治療個案。沒有真誠的肯定、關懷、鼓勵、尊重和在意，沒有有效的諮商與溝通，沒有溫暖的安撫和耐心的傾聽，失魂落魄的屈原，在江畔竟遇到這樣的漁父，焉能不死？

如果漁父具備了基本的心理輔導能力，懂得紓解壓力的方法，哪怕只給屈原一個友善的溫暖擁抱，屈原的情緒就可能得到安撫，命運也許就可以改變，今天我們吃粽子、賽龍舟就會為了其他理由了。雖然楚國的頹勢不可逆轉，然而至少屈原的心理問題或許能得到緩解，一個有價值的生命將可能延續，一個歷史的悲劇將可能戛然而止。

## 你的死就是你的不死

屈原的成就主要在於他的文學藝術，人們卻偏偏執著於他的投江自殺。也許是國家民族多災多難，也許是太多人覺得自己懷才不遇、鬱鬱不得志，大家總愛借屈原的自尋短見來寄託自己的憂思悲憤。

屈原的愛國人格是沒有人能否定的，他的行政才幹也是不錯的，但作為一名政治家，他卻並不成功——不得不說，他缺少必要的政治人格。政治，講究的是權衡之術，講究必要的暫時妥協，講究在各種差別、反對中保存自身和發展自身，它是集體概念而非個人舞臺。

獲得別人的信任，擁有個人的磁場和影響力，需要技巧和方法，更需要智慧，而不是屈原式的自怨自艾、埋天怨地。一個人只有具備了智慧的生存方式，才能掌握智慧的進諫方式。

大詩人有著完美主義和理想主義的人格傾向，他主張「內美」、「修能」、「美俗」、「修政」，這是完美無暇並難以實現的政治理想，尤其是在當時混亂的社會背景之下更是希望渺茫。他畢生追求獨立人格，不屈辱於權貴，不妥協於權勢，堅持自己的追求與信念，至死不渝，勇於以個人的力量來對抗整個世界。但是現實一次次打擊排擠他，群臣不滿他，君主流放他，讓他心灰意冷。他又不懂得變通，不試著使自己更融入當時的現實環境，卻企圖透過個人的微薄力量使政治趨同於他，最終只能將自己逼入絕境。獨行而固執的屈原，懷著無法實現的政治空想，又怎能不以政治失敗、生命自絕而告終呢？

縱使屈原身上有著堅忍不拔、剛正不阿、嫉惡如仇等光芒萬丈的優點，但同時他也存在如此不完美的性格。可以說，他的性格成就了他的千古絕響，也是他的性格種下了憂鬱的種子，決定了他的悲劇命運。

❶屈原〈漁父〉：「屈原既放，遊於江潭，行吟澤畔，顏色憔悴，形容枯槁。漁父見而問之曰：『子非三閭大夫與？何故至於斯？』屈原曰：『舉世皆濁我獨清，眾人皆醉我獨醒，是以見放。』漁父曰：『聖人不凝滯於物，而能與世推移。世人皆濁，何不淈其泥而揚其波？眾人皆醉，何不餔其糟而歠其釃？何故深思高舉，自令放為？』屈原曰：『吾聞之：新沐者必彈冠，新浴者必振衣。安能以身之察察，受物之汶汶者乎？寧赴湘流，葬於江魚之腹中。安能以皓皓之白，而蒙世俗之塵埃乎？』漁父莞爾而笑，鼓枻而去，乃歌曰：『滄浪之水清兮，可以濯吾纓；滄浪之水濁兮，可以濯吾足。』遂去，不復與言。」

## 如果屈原活在現代，醫生會建議……

一、擴大交往：經常與朋友分享煩惱，可有效宣洩壓力，如果朋友風趣、幽默、健談，對避免和醫治孤獨感和離異感、減輕憂鬱症狀更有效果。

二、尋找樂趣：閒暇時，找一些能獲得快樂和增強自信的事來做，如整理房間、聽音樂、逛街、看電影、讀書等。

三、正確應對：要學會以積極的心態應對挫折，可以從以下幾個方面加強心理素質鍛鍊：保持良好的溝通意願和多種自我表達模式／擁有良好的睡眠品質／培養溫和、樸實的生活態度／進行適當的休閒運動／有意識地停止不良情緒和思考／不斷自我充實，並保有一顆期待的心。

四、堅持合理運動：運動能加強人體的新陳代謝，疏洩負面心理能量，有效防止憂鬱症的發作；運動還有助於增強體質，產生積極的心理感受，能較快提高情緒。

五、營造快樂童年：童年的不幸遭遇對憂鬱症的發生有明顯的影響，所以父母應關愛子女，關注其成長，給孩子一個有安全感的家，避免子女在童年期遭受精神創傷。

# 醋海翻波亦悚然。

## 慘無人道的呂后為何嗜殺成性？

高后還過軹道，見物如蒼狗，據高后掖，忽而不見。卜之，云趙王如意為祟。遂病掖傷而崩。（《漢書・五行志》）

姓名：呂雉
身分：西漢皇后
活動範圍：中原—關中地區
生存年代：西元前二四一年～前一八〇年，六十一歲

坊間有一句經典名言：最毒婦人心！

中國歷史上有三位最著名的強權女性，她們早早告別了曾經的小鳥依人，匆匆踏上了血腥的權力角鬥場，頭也不回！那些依舊幻想著男尊女卑，沉迷於權謀遊戲的男人們，對她們恨之入骨。這三位便是呂后、武則天、慈禧。然而，論政治智慧，武則天首屈一指；論禍國殃民，慈禧敢執牛耳；論心狠手辣，呂后則無人能出其右！

## 史上最慘：人彘事件

呂后，名雉，是大漢王朝創始人漢高祖劉邦的結髮妻子，中國君主專制王朝第一位獨攬大權的女性。西元前一九五年，劉邦去世。他與呂后的獨生子漢惠帝劉盈繼位，呂后榮升太后至尊。不過，劉邦屍骨未寒，未央宮中便殺氣騰騰，陰風陣陣。

呂后首先要殺的人是惠帝的同父異母弟——趙王劉如意。他還是一個天真爛漫的少年！為了把他從封地誘騙到長安，呂后可謂煞費苦心，絞盡腦汁。身為長兄的惠帝倒顯得相當仁愛，似乎完全沒有繼承父母的性格基因，難怪他狡詐的老爸一直不怎麼喜歡他。為了讓弟弟躲開母后的毒手，惠帝每天刻意和趙王同吃同睡同出入。呂后派出的殺手雖然蠢蠢欲動，但暫時還真一籌莫展。

不過，只要黑暗中有一雙眼睛在盯著你，就註定在劫難逃。

某個冬日，天寒地凍。惠帝一早起來，迎著風雪，帶著鷹犬，領著僕從射獵而去。他不過才十六、七歲，正是貪玩的年齡。年紀更小、更嬌氣的趙王則在睡夢中，無法早起。他在溫暖的被窩裡流著甜蜜的口水。

早有心腹報知呂后。於是，一杯有劇毒的飲料被送到不該獨處的小趙王跟前……

不能讓幼小的孩子獨處，在任何年代、任何國度都是正確、合理的要求。可惜，皇帝哥哥劉盈疏忽大意了。當他策馬趕回宮中時，趙王已經七竅流血，一命歸天，為他的幼稚和天真付出了血的代價。

一個可愛而青澀的生命，就這樣被扼殺了。更悲哀的是，小趙王也許至死都不知道，自己的親生母親戚夫人此刻正過著奴隸般的生活：呂后早已把她抓起來，讓人剃光她的頭髮，用鐵鏈鎖住她的雙腳，又給她穿了一身破爛的囚服，關在一間潮溼陰暗的破爛屋子裡。罰她一天到晚舂米，舂不到一定的數量就不給飯吃。

還未從弟弟被害的痛苦與憤恨中走出來的惠帝，很快就被自己的母親喚去觀看一部驚悚大片，不是對著螢幕，而是面對面。某日，太監帶著惠帝路過一處臭氣熏天、鼠蠅滿布的茅廁時，神祕地對惠帝說：「陛下，太后請您入觀一稀世珍品。」對陰陽怪氣的事物無比厭惡的惠帝很不耐煩地問道：「是何物藏身於其中？」太監詭異地回答：「太后曰，此乃『人彘』。」

彘，就是豬的意思。惠帝大惑不解，人是人，豬是豬，如何合體為一？於是他戰戰兢兢走進茅廁，一看即刻嚇得毛骨悚然、面如死灰：但見一個只有人身和腦袋的怪物，既無兩手，又無兩足，眼內又無眼珠，只剩了兩個血肉模糊的窟窿，那身子還稍能活動，一張嘴開得甚大，苟延殘喘卻不能發出聲音。惠帝又驚又怕，不由得轉身追問太監，此究是何物？究是何人？太監推託再三，方說出「戚夫人」三字。一語未了，惠帝幾乎暈倒，勉強定了定神，想問個仔細。太監附耳低語，戚夫人手足被斷，眼珠被摳，兩耳熏聾，喉嚨藥啞，扔入廁中，折磨待死❶。

戚夫人是劉邦生前的寵姬，趙王如意的生母。惠帝聽罷又怕又怒：「何人膽敢如此？」太監誠惶誠恐地說：「此乃呂太后之命……」

惠帝一聽，有如五雷轟頂，隨即癱倒在地，那一刻，母親在自己腦海中已經完全蛻變成一隻嗜血如命、吃人不留骨頭的狂魔！他痛苦萬分地哀嘆：「此非人所為。臣為太后子，終不能治天下。」

不知道呂后是否曾因自己荒唐、殘暴的舉動而後悔。每個正常的母親都不會讓孩子生活在恐怖、痛苦和憂憤之中，她卻冒天下之大不韙！受到驚嚇和重大精神打擊的惠帝，從此一蹶不振，遂不理朝政，日夜淫樂，在位七年就駕崩了，享年僅二十三歲。

順帶一說，惠帝很顯然患了創傷後壓力症候群 (post-traumatic stress disorder, PTSD)。所謂 PTSD，是指人在遭遇劇烈身體或心理創傷後，出現嚴重而持續的精神壓力症狀。在不幸發生之後，病人會不斷感到恐懼、無助、麻木、記憶力減退、注意力不集中、惡夢連連、反覆想到當時可怕的情景。

親歷或曾目睹他人生命遭受威脅的事件，包括戰爭、搶奪、性侵、施虐、綁架或監禁，還有重大意外或災難，如車禍、空難、地震、海嘯等，都可能導致 PTSD。可憐的少年惠帝正是遭受「人彘」的強烈刺激，心理傷害過大，無法回到正常的生活軌道上，以至於自暴自棄、放浪形骸，走上了慢性自殺的不歸路。

呂后如此殘忍，她的真實內心世界到底是怎麼樣的呢？

## 是妒火中燒的女魔頭

宮廷政治鬥爭是很多人都想得到的叢林法則。呂后殘害戚夫人母子，固然有鞏固自己和兒子惠帝地位的打算，畢竟劉邦不喜歡「為人仁弱」的嫡子劉盈，屢次試圖廢掉他，趙王曾是劉邦候選的太子，戚夫人曾是劉邦最鍾愛的美人。他們幾乎奪走了呂后母子的一切美好將來。但是，幾經波折，天下已歸呂后母子所有，戚夫人、趙王，乃至劉邦的其他妃嬪、皇子，在威勢無匹的太后面前，早就淪為刀俎上的魚肉了，要殺便殺，呂后又何必背千古罵名、如此慘無人道呢？

每個人心中都會有陰暗面，都會有邪念甚至惡念，一旦擁有了不受限制的權力和至高無上的地位，那麼，邪惡的欲念便如同籠子裡放出的野獸，凶猛而饑餓。

到了唐朝，武則天也採用過類似的恐怖手段把自己的情敵兼政敵王皇后、蕭淑妃折磨致死。不過，她顯然是對呂后依樣畫葫蘆，毫無新意，在「原創」上完敗給了呂后。因此，呂后的所作所為才配得上殘忍之冠。

歷史上那些顯赫的太后、皇后，甚至登基稱帝的女主，其權勢絲毫不遜呂后，爭風吃醋、爭權奪利、打擊報復的醜行、惡行，可謂罄竹難書，但在折磨對手的手段方面不過是互相抄襲。為何獨獨只有呂后創造出最駭人聽聞、最受千夫所指、史無前例的暴行呢？

筆者認為是因嫉妒在呂后心中發揮極其惡劣的影響，是她狠毒得喪心病狂的催化劑。

妒婦、悍婦、毒婦，歷史上不勝枚舉，只是她們沒掌有呂后的巨大權力而已，而呂后的行為則是殘暴＋權力的結果，這殘暴，部分正來源於她的嫉妒。

嫉妒，從來都不是女人的專利。男人嫉妒的故事也是耳熟能詳的，只不過他們很少會爭風吃醋而已，當然，同性戀者例外。男人們最常妒忌別人的才幹勝過自己。戰國時期，魏國大將龐涓妒忌同門師兄弟孫臏的軍事才華，於是便誣陷孫臏，製造冤獄，硬生生讓人把他的雙膝蓋骨剜掉，使之終生殘廢。隋煬帝更誇張，他自負文采斐然，但容不得任何人超過他，或者可能超過他。據說，同時代的大詩人薛道衡在文學藝術上頗具造詣，常常煉出驚人名句，曾寫過「暗牖懸蛛網，空梁落燕泥」的佳句，極盡思婦的寂寞無聊之情。隋煬帝聞之竟然大怒，立即將其下獄處死。臨刑前，煬帝還得意洋洋對薛道衡說：「更能作『空梁落燕泥』語否？」筆者常常慶幸，李白、杜甫、蘇東坡、李清照等，幸好不是生活在隋煬帝時代，否則不但個個都成了刀下冤魂，而且後人也無從讀到那些優美動人的詩詞了。

雖然出於不同目的，但就手段殘忍程度而言，隋煬帝等人的想像力也實在太蒼白了，簡直不能與「非人」的呂后相提並論。

## 還是可疑的精神病患者？

妒忌會不會上升到一種病態呢？答案是肯定的。

其實，呂后並非只是針對戚夫人母子。凡是劉邦和其他女人所生的孩子，呂后都想除之而後快。

劉邦是頗有政治流氓色彩的帝王，其一生也確實風流快活，早年更是浪蕩不羈。《史記》記載，四十七歲之前默默無聞的劉邦一共生了八個兒子。呂后生漢惠帝劉盈，曹夫人生劉肥，薄姬生漢文帝劉恆，戚夫人生劉如意，趙姬生劉長，其他妃嬪生劉友、劉恢、劉建。

齊王劉肥是惠帝的哥哥，他是劉邦和呂后結婚前，跟來歷不明的曹姓女子野合的產物。西元前一九三年，劉肥入京朝見惠帝。宴會席間，呂后居然打算毒死劉肥。僥倖躲過一劫的劉肥很快逃離京城。雖然透過割地賄賂呂后之女魯元公主才免一死，但他從此整天惴惴不安，疑神疑鬼，沒過幾年便一命嗚呼。

淮陽王劉友之妻是呂后家族的人，因劉友另寵他妾，遂向呂后誣告劉友謀反。呂后便把劉友軟禁起來，並斷絕糧食，將其活活餓死獄中。

梁王劉恢被迫娶呂后的侄孫女為妻，而劉恢原先的寵妃自殺。劉恢因此悶悶不樂，最後殉情而死。

……類似的例子還有很多，除了政治因素外，呂后也不知不覺地被自己對其他劉邦妃嬪的嫉妒情緒所操控，由此製造出一系列慘案。

雖然是結髮夫妻，為劉邦產下一男一女，而且在背後含辛茹苦，默默支持劉邦的事業，呂后卻很難持久獲得丈夫的愛和關懷。自劉邦於西元前二〇九年投身到轟轟烈烈的滅秦戰爭、楚漢爭霸之後，他們便聚少離多，直至西元前二〇二年劉邦在垓下全殲項羽兵團，正式稱帝。七年多以來，呂后屢屢受到劉邦的牽連，歷經磨難，身心俱損，人老珠黃。而愛江山又愛美人的劉邦，卻非時刻牽掛著自己的髮妻，甚至可能完全拋諸腦後，不時露出酒色之徒的毛病。《史記》說劉邦在攻入秦國都城之前「貪於財貨，好美姬」，其實「好美姬」幾乎貫穿了他的一生。為收買人心，除了「約法三章」、管治咸陽的短時期內表現出「婦女無所幸」的偽君子姿態外，大多數時間他都是個老淫蟲，身邊的女人換了一個又一個。這是當時天下諸侯都心知肚明的事。

來自山東定陶的戚夫人就曾紅極一時，她擅跳「翹袖折腰」之舞，還長於鼓瑟，長相更是豔美動人，極得劉邦寵愛。愛屋及烏，她為劉邦生下的劉如意，是劉邦最喜歡的孩子，幾乎要把皇位傳給他。光看名字就知道了，其餘七個男孩無一例外都是單名一字，偏偏戚夫人的孩子用了兩字，還是極其祥瑞的「如意」二字，顯然劉邦吝嗇的父子之愛，全都傾注在這個小孩身上！

可以想像，當劉邦和其他女人卿卿我我的時候，被冷落的呂后是何等的咬牙切齒，但她不可能公開埋怨自己名義上的丈夫，只能把怒火噴射到那些女人以及她們的孩子身上。

在精神分裂症的病患中，有一部分人患有嫉妒妄想症（Othello syndrome，又稱病態妒忌）。妒忌就是妒忌，也有病態的嗎？有的！什麼事情都有病態的可能，超過了正常的範圍就是病態。妒忌是一種由不同情緒的反應組合而成的心理狀態，包括害怕、生氣和焦慮。每個人偶爾都有試過妒忌他人，如果從來都沒有妒忌的情況出現，麻木不仁也是不健康的。不過，妒忌程度超出了常態，卻可以是毀滅性的。當妒忌的情緒上升到某一程度時，這種精神病患者就有可能傷害自己或他人，造成暴力慘劇。

呂后的嫉妒之心，路人皆知，而且她用最瘋狂、最血腥的手段進行種種報復，不僅要致情敵及其子女於死地，還要讓他們痛不欲生。冰潔如玉的戚夫人，受宮闈之妒又陷立儲之爭，正當錦繡年華，卻罹人間奇禍，香消玉殞！「可憐三尺夷秦項，身後難存一婦人。」劉邦斬白蛇起義，以三尺劍定天下，卻淒淒然無力庇護自己的寵姬愛子！毒如蛇蠍的呂后，難道還不算暴力？還不算病態？

其實，她還真不是嫉妒妄想症的病人，雖然有點苗頭。

嫉妒妄想症是一種以堅信配偶不貞的妄想為核心的病。病患固執地認為自己的配偶對他（她）不忠而另有外遇，他（她）們並不會先取得確鑿的證據，只是蒐集一些瑣細的蛛絲馬跡作為「佐證」，如衣著凌亂、床單有汙點等，就錯誤地進行推論以至於妄想。大部分情況下，這些指控完全是虛構的。可怕的是，病患往往執拗而不接受任何「此地無銀三百兩」的解釋，還伴隨激動的情緒，甚至攻擊行為。

然而，呂后並不是癡癡地「妄想」，也無需「妄想」。劉邦的所作所為，對呂后的「不忠」，都是堂而皇之的，不需要用遮醜布隱蔽，還唯恐天下人不知，一切的猜測和證據蒐集，純屬多餘，因為他的心中根本就沒有呂后。雖然呂后難免憤憤不平，雖然她的確把暴怒和怨恨化作殺人的毒器，但她的思維是縝密的，計畫是周到的，步驟是清晰的；也就是說，她對劉邦的認知是基於客觀現實，而不是虛構揣測。由此可見，惱羞成怒的呂后儘管被醋酸熏得噁心不已，但畢竟沒有患精神病。

## 偏執狂的誕生

呂后沒患嫉妒妄想症，但並不能說明她是心理健康的人，而且假以時日，以她這樣扭曲的人格、心理，發展到嫉妒妄想症也不是不可能。不過，劉邦和她相繼病故，這個可能性遂無法證實。

種種資料顯示，呂后的人格發展並不健全，情感發展水準也偏低。她對劉邦的愛是一種完全占有式的愛。當對方的地位發生升遷，獲得更多自由度時，她的潛意識中就會產生強烈的不安全感。從懷疑丈夫到傷心失望，再到殘害情敵的行為，本質上是想控制丈夫的一種極端表現。

從精神心理學的角度看，她患的是偏執型人格障礙 (paranoid personality disorder)。這類病患的表現為固執、敏感、多疑、過分警覺、心胸狹隘、極好嫉妒、自我評價過高，認為自己非常重要，傾向推諉客觀事實，拒絕接受批評，對挫折和失敗過分敏感，如受到質疑則出現爭論、詭辯，甚至衝動地攻擊，十分好鬥。他們常有某些超價觀念和不安全、不愉快之感，缺乏幽默，經常處於戒備和緊張狀態之中，尋找懷疑偏見的根據，對他人中性或善意的舉動往往採取歪曲甚至蔑視、敵視的態度，對事態的前後關係缺乏正確評價。總結一句話，這種患者確實容易進展到嫉妒妄想症的地步，而最大的區別就是偏執型人格障礙患者沒有那種固定的幻覺和妄想！

偏執型人格障礙患者的某些特徵與呂后的所作所為十分吻合。

比如，對挫折與拒絕過分敏感。楚漢戰爭中，呂后與劉邦之父太公被項羽俘虜，在項軍的監獄裡做了兩年人質。期間還差點命喪黃泉。當時，劉邦、項羽在滎陽對峙。無奈的項羽突發奇想：以烹太公相威脅。劉邦居然不吃這一套，嬉皮笑臉地對項羽說：我和你結拜過兄弟，所以我爹就是你爹，你要烹你爹，就分我一杯肉湯喝吧！幸虧有人從中斡旋，項羽才未殺太公。如果真的烹了太公，呂后能躲得過去嗎？絕對不可能！項羽一旦感到絕望——人質沒有威懾劉邦的作用，他豈能白白為劉邦養著老婆？躲過一劫的呂后後來被釋放，但為劉邦做了兩年多的人質，是呂后為丈夫付出的重大犧牲，也是她在劉邦死後執掌朝政的政治資本。歷經磨難，回到老公身邊的她卻發現，劉邦身邊早已有了寵幸的戚夫人。想起滎陽對峙時丈夫的嬉皮笑臉和滿不在乎，想起如今丈夫的移情別戀和冷若冰霜，可能絕大多數女人有如此遭遇，恐怕都會終日以淚洗面。呂后是否如此，不得而知，人們知道的是，她日後大權在握時，把這分感情挫折轉化成一系列泯滅人性、慘無人道，甚至反人類的報復行為，而被報復的對象，不過是毫無反抗能力的孤兒寡母。

又比如，容易記仇，不肯原諒侮辱、傷害或輕視。戚夫人純粹是一個毫無心機的花瓶，她試圖憑藉劉邦對她的「愛」，試圖透過「日夜啼泣」的糾纏來百般動搖太子劉盈的地位，好讓自己的兒子當成儲君。劉邦是什麼人？沒錯，愛美人之徒，但此人更愛江山。儘管心眼裡喜歡劉如意，但情感和政治，他分得很清，非常理智。更何況，他對戚夫人的「愛」，是出於色情，不是愛情，有朝一日戚夫人也像呂后那樣變成黃臉婆了，劉邦照樣可以棄之如敝帚。戚夫人沒想到的，呂后早就算計到，這是呂后的生活閱歷決定的！戚夫人沒有辦法的，呂后卻有辦法，她根據張良的建議，為兒子找來四位劉邦日思夜盼的賢能長者，造成羽翼豐滿的假象，終於讓老皇帝打消了廢長立幼的念頭。這就是女政治人物和家庭婦女的頭腦差別！戚夫人的想法和訴求是很自然的，就算是普通人家也在所難免，但這的確給呂后母子構成過重大威脅。這種傷害可能比牢獄之災對她的傷害更深數百倍！她暗暗含著此恨綿綿的「奇恥大辱」，卻絕不會吞下這無奈的逆來順受，那一顆殺心彷彿壓縮到極致的彈簧，在劉邦死後，立刻迸發出駭人聽聞的瘋狂！

再如，與現實環境不相稱的好鬥及頑固地維護個人的權利。劉邦一死，劉盈繼位，實際上權勢熏天的是呂后。這個時候，她才是無冕之皇。戚夫人母子以及其他妃嬪母子，無論是能力、人脈還是正統的合法性，基本上已經不構成任何威脅了，如果稍微寬宏一點，呂后倒不至於要他們性命吧？即便要他們性命，一杯毒酒、一尺白綾，甚至一把屠刀都綽綽有餘了，犯不著挖空心思製造出「人彘」吧？即便製造了「人彘」，讓她慢慢死掉就算了，更沒必要讓仁弱的親兒子去觀賞自己醜惡的作品吧？呂后所做的一切，其實根本沒有得到更多的回報，反而讓天下人側目，反倒把兒子推向死神的懷抱。這是一個不及格母親、感情用事的女政治人物！

最後，以自我為中心、極易猜疑也是他們的特點。從那場宮廷鬥爭的過程看，劉如意是無意中上了呂后的黑名單的，一個尚未懂事的幼童實在無辜。那些實際並沒有進入劉邦法眼的小皇子們，沒有參與奪嫡之爭，他們又有何罪過？可呂后不管，反正寧可錯殺一萬，也不讓一人漏網。也許任何其他皇室成員的舉動，都被呂后懷疑為算計她的陰謀詭計。

呂后，原本普普通通的女子，何以成為偏執型人格障礙的病人？

## 都是丈夫的錯

這得從呂后的個人經歷說起。

精神心理學認為，早期失愛，容易導致患有這種偏執型人格障礙。具體說，就是幼年時生活在不被信任、常被拒絕的家庭環境之中，缺乏父愛、母愛，經常被指責和否定。單親家庭則更易出現。

呂后的家鄉在單父縣（今山東單縣）。父親人稱「呂公」。呂公有四個孩子：長子呂澤，次子呂釋之，長女呂雉，次女呂嬃。呂公因為躲避仇家，逃難到了至交好友沛縣縣令的家中。後來，由於呂公對沛縣感覺不錯，便把家安頓在此。

她待字閨中時的生活，史書從無記載，只能揣測。當時劉邦在沛縣當低階的小公務員——泗水亭亭長，相當於某村子的派出所所長，已經年過不惑了，依舊前程迷茫且是未婚狀態（古人壽命很短，大多早婚早育，除非很窮或有殘疾，否則很少如此），世代為農，但不思長進，好吃懶做，遊手好閒，名聲不好，喜歡亂搞男女關係，還跟不明來歷的婦人育有一非婚生兒子（劉肥）。不管是什麼年代的正常父母，大概都不願意隨便把閨女嫁給這樣的男人吧？可是，呂公卻做出匪夷所思的舉動——不顧妻子反對，毅然決然把呂雉許配給幾乎一無所有的劉家浪蕩子。這事本身充滿蹊蹺！按照司馬遷在《史記》中解釋，呂公好像是有政治頭腦的人，他看中的是痞子劉邦的膽量和潛在的政治家素質。此外，他非常迷信相面術，判斷劉邦不僅將來可能大富大貴，而且會飛黃騰達。於是便有了招劉邦當女婿這一筆價值投資，放長線釣大魚。

司馬遷採信的，也許只是坊間傳聞而已，迷信色彩太濃。真正的原因可能是呂雉在家裡其實得不到父母的疼愛，古人本就重男輕女，外來戶呂公見世道亂了，劉邦確有點豪俠的特質，江湖黑道上人脈豐富，於是把自己的女兒盡早嫁過去，甩掉一個家庭負擔而已，或許還想找點依靠，順便小賭一把。呂雉何年與劉邦結婚，史書沒說，但她生育劉盈的時候已經三十一歲，在那個年代算是高齡產婦了，推測她嫁給劉邦的年齡，就當時的習俗而言已經偏大。一個熟齡女人，如果不是自命清高的話，可能是相貌或性情有諸多不足之處，才弄得如此晚婚。呂雉應該是不怎麼討父母歡心，很可能自小缺少父愛、母愛，以至於被父母嫁給劉邦這樣的人！

其次，後天受挫同樣是發病原因之一。這類病人在成長和生活中連續遭受各種打擊，經常遇到挫折和失敗，如受侮辱或冤屈等，也容易導致人格的異常。

沒有父愛、母愛的呂雉，同樣得不到丈夫正常的愛。

呂雉在未掌握大權之前，確有善良溫順的一面。據《史記．高祖本紀》記載：她生了兒子、女兒之後，還在田中幹活，風吹日晒，顯示出勤勞持家的一面。但她必須忍受那個年長她十五歲的丈夫不尋常的舉動。年齡差距太大，很可能令夫妻間的共同語言很少。而劉邦早以風流好色而臭名昭著，那個非婚生兒子便是證據，呂雉如何面對這樣的丈夫，這樣的「繼子」？他們的婚姻註定不會幸福。當劉邦離家出走，投身他的「革命」事業後，兩人的婚姻關係便名存實亡了。孤獨寂寞、傷感無助、擔驚受怕，常年困擾著這位三十多歲的「單親媽媽」。劉邦身為亭長，負責押送驪山勞工，竟私自放走勞工，自己逃亡，當然為秦法難容。常言道：「跑了和尚跑不了廟。」劉邦可以一走了之，呂雉卻為此下了獄，受到獄卒的侮辱、虐待。幾年後，劉邦又跟項羽爭天下，項羽把呂雉抓去當人質，要挾威嚇了一回又一回，可是劉邦竟然絲毫不為所動，令呂雉傷透了心。好不容易回到闊別多年的丈夫身邊，呂雉卻發現戚夫人等年輕貌美、歌舞兼優、風情萬種的女子，已經把劉邦包裹得嚴嚴實實，哄得忘乎所以、直流口水了。她和一雙兒女在劉邦心裡早已蕩然無存。自己的兒子、女兒在項羽大軍的追殺中巧遇劉邦，劉邦卻絕情絕義，為了減輕馬車載重，加快逃跑速度，三番五次踹他的兒子、女兒下車，幸虧有衛士屢次相助，呂雉的兒女才撿回一條命。

在沒有成為政治家之前，作為一個家庭主婦，難道還有比這更大的打擊、更大的感情挫折嗎？當然，這些極其困難的遭遇和處境，本身對偏執型人格障礙的形成也會有推波助瀾的作用。

最後，意識深層中的自卑，亦不容忽視。呂后可能本就相貌平平，當她看到劉邦身邊一個個國色天香、傾國傾城的女人時，該作何感想？戚夫人她們風華正茂，她卻已是明日黃花；戚夫人她們溫柔體貼，她卻只會「為人剛毅」；戚夫人她們能歌善舞，她卻只懂操持家務……作為男人眼中的女人，呂后幾乎樣樣不如。但我們絕不能忽視呂后爭強好勝的本性。她帶著這樣的負面情緒，又沒有知心朋友來傾訴，不憋出病才怪呢！

這就是悲劇的根源。

可以說，呂后是在對家庭、對丈夫、對人世完全失望後，才逐漸由溫良的家庭婦女變成殺人不眨眼的女魔頭，這是對過去自己的徹底拋棄。她沒有化悲痛為積極向上的正能量，而是把對劉邦等人的怨恨，轉化成對權力畸形追求的邪惡力量，走向刻薄、殘暴的道路。

惠帝病死後，呂后「臨朝稱制」，繼續掌握朝政大權。期間，她為壓制劉氏和功臣勢力，不惜大開殺戒，大封外戚諸呂為王，拔擢親信，專擅用事。不過，她也繼續執行劉邦建國以來與民休息的政策，獎勵農耕，廢除夷三族罪和妖言令等苛法，對外透過和親保持和匈奴之間的和平。因此老百姓的生活還是比較安定，殘破的社會經濟也得以恢復，為漢初經濟社會的發展做出了一些貢獻，為「文景之治」局面的出現奠定了基礎。由此可見，呂后是比較成熟的政治人物，如果沒有那些不堪的特殊經歷，或許能有更大的作為。

西元前一八〇年，呂后去世，享壽六十一歲。她死後，太尉周勃和丞相陳平聯合劉邦的舊臣，殺掉把持朝政的呂氏外戚，夷滅呂氏家族，恢復了劉氏政權。這可能就是報應吧！

偏執型人格障礙的形成與人的生活環境和自我思想、行為有著很大的關聯。當一個人不能夠好好認識並控制自己時，邪惡的欲念便會吞噬他（她）的靈魂，使其變得像魔鬼般不可理喻。

❶司馬遷《史記．呂太后本紀》：「太后遂斷戚夫人手足，去眼，煇耳，飲瘖藥，使居廁中，命曰『人彘』。居數日，乃召孝惠帝觀人彘。孝惠見，問，乃知其戚夫人，乃大哭，因病，歲餘不能起。」

## 如果呂后活在現代，醫生會建議……

一、平時減少自己的壓力。想發脾氣的時候，要轉移注意力。多聽聽音樂，可緩解緊張的心態。擴大生活圈子，多結交工作以外的朋友。培養興趣愛好。

二、對朋友真誠相見，以誠交心。要相信絕大多數人是友好的，是可以信賴的。不應該對朋友（尤其是知心朋友）存有偏見和不信任態度。

三、在交往中盡量主動給予朋友各種幫助。有助於以心換心，取得雙方的信任並鞏固友誼。

四、經常提醒自己不要陷入「敵對心理」的漩渦中。事先自我提醒和警告，處世待人時注意糾正。

五、要懂得只有尊重別人，才能得到別人尊重的基本道理。學會向所有認識的人微笑。

# 男兒當效死邊野。

## 老將馬援真的馬革裹屍嗎？

出征交阯，土多瘴氣，援與妻子生訣，無悔吝之心。……閒復南討，立陷臨鄉，師已有業，未竟而死。（《後漢書．馬援列傳》）

姓名：馬援
身分：東漢伏波將軍、新息侯
活動範圍：南征北戰
生存年代：西元前十四年～西元四九年，六十三歲

### 成語將軍

中國是一個成語大國，固然與源遠流長的文化歷史傳統有著密切的關係。從文學的角度看，成語的運用使中華民族的語言表達更為多姿多彩、形象生動。

也許你會忽略這樣的事實，在我們日常的生活中，居然至少有三個慣用成語出自於一位武將，而不是文學家。

當然，這位將軍絕非只是簡單的一介赳赳武夫。他是東漢初年的名將——馬援。

讓我們先看看這三個著名的成語吧！

一，「馬革裹屍」，寓意將士們以英勇犧牲在戰場上為天職。

有一次，馬援在西南平定了交趾（今屬越南北部）的叛亂，凱旋回師洛陽。親友們無不向他表示祝賀和慰問。其中有個名叫孟冀的，平時以多謀著稱，也向老將軍拍了不少馬屁。不料馬援聽了，皺著眉頭對他說：「我盼望先生能說些指教的話。為何先生也隨波逐流，一味對我恭維呢？」

孟冀頓時陷入尷尬，一時不知如何應對。馬援又說道：「從前，漢武帝時的伏波將軍路博德，開拓了七個郡那麼多的土地，而他得到的封地只有數百戶。我的功勞比他小得多了，卻封地多達三千戶。賞過於功，我如何能長久保持下去呢？先生為何不指教指教我？」

馬援見孟冀還是默然無語，便繼續講起大道理：「如今，匈奴和烏桓還在北方不斷侵擾，我打算向朝廷請戰。壯士就應當戰死在邊疆荒野的戰場上，不用棺材斂骸，而只用馬革裹屍，帶回歸葬。怎麼能躺在床上，死在兒女的身邊呢？」❶ 孟冀聽了，深為老將軍豪邁的報國熱情和英雄氣概所感動、折服。

二，「老當益壯」，形容年紀雖老但志氣豪壯。有人以為是出自唐朝王勃的〈滕王閣餞別序〉：「老當益壯，寧移白首之心。」其實，這是比他年長六百多歲的馬援年輕時說過的話❷。

三，「畫虎不成反類犬」，用以譏笑只會盲目模仿他人，卻招致反效果，反而不倫不類。這是馬援在給子侄的信中提出的忠告❸。

馬援一直為中華民族景仰、傳頌不已，可謂流芳百世。當然，並非因為他「創造」了三個很重要的成語，關鍵是他為大一統的國家立下的顯赫功勛，以及捨身建功立業的愛國熱忱。

## 名將之後，沙盤軍演第一人

馬援有著不凡的家世。現代人常喜歡說「光宗耀祖」，如果你的祖先本就默默無聞的話，恐怕你拜祭的時候都想不起他們的名字和事跡。馬援可不一樣，他有著威名遠揚的先祖——戰國時代令強秦一度損兵折將的趙國名將趙奢，他的兒子趙括也創造了一個更常用的成語——紙上談兵！

顯然，馬援不是趙括的直系後裔，因為他繼承的，肯定不是趙括的書呆子DNA，而是趙奢的高超軍事才能。那麼，為何他不姓趙呢?原來，趙奢因戰功卓著，被趙王封為「馬服君」。自從敗家子趙括用僵化的教條指揮趙軍，導致四十萬士卒在長平大戰中被秦軍全殲後，部分趙奢後人就以「馬」為姓，散居各地，隱姓埋名。

到了馬援父輩那一代，他們家就住在扶風茂陵（今陝西興平竇馬村）。

新莽末年，天下大亂，群雄並起。馬援初為隗囂的部將，後歸順劉秀，為他的統一戰爭立下了赫赫戰功，是著名的軍事將領，東漢開國功臣。

某次，狡猾的軍閥隗囂挑起了武裝叛亂，眾將對是否出兵討伐疑慮重重。馬援在劉秀面前「堆米成山」——用米粒堆成山谷溝壑等地形地貌，然後指出山川形勢，標示各路部隊進退之路，其中的曲折深隱，無不畢現，戰局分析透澈明瞭。劉秀大喜過望道：「虜在吾目中矣！」❹果然，漢軍一戰大獲全勝。這可能是軍事史上最早有記載的「沙盤演習」吧！

天下統一之後，馬援雖已年邁，但仍主動請纓東征西討，西破羌人，南征交趾，威震華夏。光武帝封其為伏波將軍，世人尊稱為「馬伏波」。

國父中山先生在給蔡鍔的輓聯中就寫道：「平生慷慨班都護，萬里間關馬伏波」，把蔡將軍比作投筆從戎的班超和馬革裹屍的馬援，足見蔡將軍功績，也可見馬援的彪炳青史。

## 矍鑠老翁不服老

要建立不朽的功業，除了必備出類拔萃的頭腦、志存高遠的品格之外，還要有健康壯實的體魄。很遺憾，中國歷史上，很多傑出英豪只具備了前兩項，比如古代的周瑜、諸葛亮（參見後文），民初的蔡鍔、蔣百里，所以經驗豐富的老將顯得異常珍貴，如戰國的廉頗、唐朝的郭子儀、南宋的宗澤、清朝的馮子材。

馬援一生征戰，一生奔勞，享壽六十三歲，在那個缺醫少藥的遙遠漢代，算是高壽的了（從秦代一直到清代，大多數皇帝都活不到這個歲數），相當於現代人八、九十歲。他的身體素質應該是很好的，否則，扶助劉秀，西征羌族，南平交趾，北擊烏桓，馬不停蹄，一輩子在各種艱險的自然環境中戎馬倥傯，不死在敵人的明槍暗箭之下，也會在地方瘟疫的偷襲下早早喪命。

然而，潛在的危險仍在步步逼近。西元四四年秋，馬援率部擊敗交趾叛軍，凱旋回京。光武帝賜給他一輛兵車，讓他上朝與九卿同列。可不得不說的是，出征將士中，十之四、五死於南方叢林的瘴疫。

西元四八年，南方武陵的五溪蠻（今湖南常德附近，靠近貴州邊界，武陵有五溪，即雄溪、樠溪、西溪、潕溪、辰溪，為當地原住民聚居之地，故稱「五溪蠻」）暴動，武威將軍劉尚前去征剿，冒進深入，結果全軍覆沒。馬援時年已六十二歲，請命南征。光武帝考慮他年事已高，而遠征在外，親冒矢石，軍務煩劇，實非易事，沒有答應。

這是常理，你能想像今天八十多歲的老人還領兵打仗嗎？而且，古代可沒有現代舒適便捷的交通設施和工具呢。

不過，老將馬援仍當仁不讓。他當面向光武帝請戰：「臣還能披甲上馬！」光武帝讓他試試。馬援便披甲持兵，飛身上馬，手扶馬鞍，四方顧盼，一時鬚髮飄飄，神采飛揚，真可謂「烈士暮年，壯心不已」（穿越到一百多年後的曹操時代了）。光武帝見馬援豪氣不減當年，雄心未已，有廉頗之風，很受感動，笑道：「好一個不服老的老頭！真是又精神又健壯啊！」於是答應讓他領兵作戰❺。

歷史上，像諸葛亮那樣「深入不毛」，花費不多的時間、不很大的代價就征服南方叢林蠻族的，實在不多。

馬援多少次在與艱難險阻和凶頑敵人的戰鬥中，和死神擦肩而過，化險為夷，這次，他大概也預料到一點不祥。出征前，他對老友說：「我受國家厚恩，年老多病餘日不多，時常因不能死於國事而惶恐，現在獲得出征的機會，死了也心甘瞑目了！」

老將此行，是逢凶化吉還是凶多吉少？

## 打不倒的敵人

西元四九年春天，馬援率部到達臨鄉。蠻兵來攻，漢軍迎擊，大敗敵兵，斬俘兩千餘人。蠻兵逃入竹林中。到此，追擊的漢軍前面有兩條路可走，一是經壺頭山，一是經充縣。經壺頭山，路近，但山高水險；經充縣，路遠，糧運不便，但道途平坦。

三月，馬援決定率軍進駐壺頭。蠻兵裝備低劣，但據高憑險，緊守關隘，馬援一時奈何不得。水勢湍急，漢軍船隻難以前進。此時天氣酷熱難當，許多士兵得了瘟疫而死。馬援也不幸身患重病，一時間，部隊陷入困境。

經驗豐富的馬援命令軍隊在河岸山邊鑿窟造室，以避炎熱。雖困難重重，但老將意氣自如，壯心不減。每當敵人登高鼓噪、示威挑釁時，馬援都拖著年邁、重病之軀走出來瞭望，觀察敵情，雖日漸衰弱，但將士們深為其精神所感動，紛紛熱淚盈眶❻。也許在以往很多次戰役中，馬援都能熬過病魔的折磨，重新回到戰場上，可惜這一次，上天不再給予他康復的機會。

衛士們、巫醫們束手無策。不久之前，將軍還能與他們把酒當歌，現在，這副殘軀還能支撐多久卻無人有信心去猜測。有的兵士看著自己愛戴的統帥，曾經英雄一世的老將軍，如今卻如同一根即將被瘴癘燃燒殆盡的蠟燭，不禁失聲痛哭。

六十三歲的馬援，終於踐行了他「馬革裹屍」的諾言。

南方的瘴癘瘟疫，究竟為何物？馬援和他的將士們，到底得了什麼疾病？

在湖南常德，清嘉慶年間修的《常德府志》中記載：「鄉俗以茗茶、芝麻、薑，合陰陽水飲之，名『擂茶』，《桃源縣志》名五味湯，云伏波將軍所制，用禦瘴癘。」可見，馬援在當地被困瘴癘的故事，廣為流傳。今天的湘北，空氣清新、樹影婆娑、鮮花盛開、遊人如織，不僅遇不到什麼瘴氣和瘴癘，甚至聽也聽不到了。可是，兩千年前的狀況，完全超出現代人的想像。

瘴癘，古人指山林間溼熱蒸發而成的毒氣，人一經接觸之後，輕者生病，重者死亡。在傳統的觀念中，中國南方就是充滿瘴氣之處，當然包括湖南、貴州、雲南等省區在內。宋元以前的嶺南、兩廣地區，尚未充分開發，人跡罕至，更屬於這種不宜居住之地。歷代統治者懲罰罪人的常用手段之一，就是把他們放逐到這些「瘴癘之地」，其實就是對他們厭惡至極，但又礙於明君的顏面不便親手判死刑，想來個借刀殺人，利用大自然的力量把這些不聽話的傢伙吞噬掉，省得眼見心煩。比如，唐代名相李德裕，在官場上的明爭暗鬥中一敗塗地，被放逐南方。他在〈謫嶺南道中作〉就寫到：「嶺水爭分路轉迷，桄榔椰葉暗蠻溪。愁沖毒霧逢蛇草，畏落沙蟲避燕泥。」憂憤和恐懼躍然紙上。韓愈、蘇軾都曾有過類似的遭遇，不過他們僥倖活了下來，也算老天有眼吧。然而，帶著「一去一萬里，千之千不還」的遺憾，客死瘴地的冤魂可不計其數。比如，大文豪柳宗元就在長期的謫貶中，最後死於當時的蠻夷之地——廣西柳州。

在兩千多年前，人們就已經清楚瞭解南北地理條件的差異對戰爭進程的影響。漢武帝統治初期，朝廷曾考慮進攻閩越（福建、浙江一帶），淮南王劉安上書反對，認為「南方暑溼，近夏癉熱，暴露水居，蝮蛇蠚生，疾癘多作。兵未血刃，而病死者什二三」。

東漢末年，曹操率大軍劍指東吳，看似氣勢洶洶，卻被吳軍周瑜準確預見到北方士卒不習南方水土，戰鬥力明顯下降的可能性。果然，赤壁一戰，曹軍敗北。瘟疫，成為曹操鎩羽而歸的重大原因。

中國歷史上，擴張的主要障礙之一，便是瘴癘，其程度甚至在崇山峻嶺與大河急流之上。因為道路總是能夠找到或開闢出來，但疾病卻難以防治，無法避免大量減員。從秦始皇的開闢嶺南，到清乾隆的四征緬甸，朝廷的官兵都備嘗艱辛。越南最終在明朝初年徹底脫離中國版圖，部分原因也在於此。

並不擅長舞文弄墨的馬援困於壺頭，也不得不感慨賦詩：「滔滔武溪一何深！鳥飛不度，獸不敢臨。嗟哉武溪多毒淫！」

這毒力十足的瘴癘與西醫的哪些疾病相關呢？

## 一條蟲子的罪惡之旅

連結到馬援身處的叢林、沼澤地帶，且頭頂炎炎夏日，醫師們首先聯想到的罪魁禍首便是瘧疾，而且很可能是惡性瘧！

瘧疾（malaria），在中國古代被歸類為「瘴氣」，在浩瀚的史海中從來就不乏它的詭異身影。

北宋名將狄青揮師昆侖關、唐朝天寶年間李宓攻打南詔、明朝初年數度進擊安南，都不同程度地受到當地風土病的襲擾，有時竟會「及至未戰，士卒死者十已七八」。瘧疾在其中恐怕難辭其咎。

中英鴉片戰爭時，英軍於一八四〇年七月第一次攻占浙江定海（今舟山）。定海之戰中，中英雙方共有兩千多人喪生，英國只戰死了十九人。但是英軍把兵營安紮在一個「充滿瘴氣的稻田」裡，結果有大約五百名英國軍人死於痢疾或瘧疾。到九月中旬，有三分之一的英軍士兵因生病而無法戰鬥。

裝備精良、遠道而來的英軍難以戰勝的，不是清朝早已腐化、落伍的八旗和綠營，而是當地的傳染病！這多多少少和馬援的南征大軍有幾分相似。

今天，瘧疾以及它與蚊子的親密關係，在全世界已經家喻戶曉了。但是在過去漫長的歷史時期，人們對這種古老疾病的認識，充其量只是恐懼和迷惑。

遠在兩千多年前的《黃帝內經．素問》中即有〈瘧論〉篇等專篇詳細論述了傳統中醫眼裡的瘧疾，並已從發作規律上將其分為「日作」、「間日作」與「三日作」。

從「瘧」字的古代字形看，它從「虎」從「匕」，「虎」字的形象是鬼頭，「匕」字的形象是手執刀或叉。可見古人造「瘧」字的意象為：瘧之為病乃鬼以刀叉襲人致病。歷代很多書籍也記述古人以鬼為瘧疾病因，如《范東陽方》記有「瘧疾鬼」，《馬經通玄方論》言有「鬼瘧」，《太平御覽》則載有「溫鬼」等。古人認為既是鬼魅為病，當避鬼為防，逐鬼為治。

與中國人不謀而合的是，古希臘和羅馬也有不少醫師判斷此病的發生與沼澤地上的水或有毒的水氣相關。有人甚至給瘧疾下了「敗壞了的水氣」或者「易致病的有毒物質」這樣一類定義。英文「瘧疾」一詞就是由「壞的」(mala) 和「空氣」(aria) 兩個詞根組成，正體現了古代西方人認為瘧疾是邪惡精靈藉著夜間空氣進入人體的觀點。

人類就這樣在歷史的漫漫長夜中，摸索著認識瘧疾、躲避瘧疾、抵抗瘧疾，許許多多的生命就在這個過程中傷逝。

在世界大部分地區，每到雨季傍晚，瘧蚊就會飛來飛去搜索人汗的氣味。一隻母瘧蚊每三天就必須吸血一次。每次吸血最長可達十分鐘，吸入的量可以是自己餐前體重的兩倍半。換算成人類的標準，相當於一次喝下一浴缸的奶昔！

瘧疾就是由母瘧蚊叮咬人體後，將其體內寄生的瘧原蟲傳入人體而引起的。此病以周期性冷熱發作為最主要特徵，依次出現寒顫、高燒和大汗，也可導致其他器官的受損，嚴重時可致命。夏秋季蚊子最活躍時，人們最易受到侵害。由於瘧原蟲的繁殖行為大多呈周期性，病患的發燒也就隨之形成周期性，呈現典型的冷熱交替，有的兩天，有的三天。但惡性瘧原蟲並無周期規律，屬於例外。

小小的瘧原蟲，甚至可以改變世界歷史的進程。

亞歷山大大帝，古代馬其頓國王，歐洲最偉大的統帥之一，足智多謀，以其雄才大略東征西討，在橫跨歐、亞的遼闊土地上建立起了一個泱泱大國。然而，當他的霸業蒸蒸日上之際，西元前三二三年五月底，正在謀劃入侵阿拉伯的亞歷山大在巴比倫突然感染瘧疾，很快就死去了。他的帝國隨後便崩解了。

在幾種瘧原蟲中，惡性瘧原蟲對人的生命危害最嚴重，牠也是唯一可以進入人類大腦血管系統的瘧原蟲。感染可迅速引起包括腦部等多個重要臟器的衰竭，發生重症瘧疾，即惡性瘧，死亡率很高。

在瘧疾流行地區，當地人由於長期接觸病原，可能產生局部的免疫力，導致出現無症狀感染。但是，對於毫無免疫力的外來人口，這些感染往往是致命的！

馬援發病於酷暑的現今湘西境內。當年這一帶有著許許多多沼澤和森林，而當時氣溫又炎熱又潮溼，是蚊子孳生的理想之處、正當之時。他皮膚帶出大滴大滴的汗珠，很容易刺激蚊子靈敏的嗅覺，以致招來這些饑腸轆轆的昆蟲蜂擁叮咬，繼而受到感染。

讓我們重回兩千年前的湘西叢林，試著還原現場吧。一切都是從不痛不癢的一叮開始的。

那是一個溼熱的夜晚。蠻族部落帶著毒箭，隱蔽靠近馬援軍隊的大營，準備伺機偷襲。不過，他們似乎不需勞師動眾了。因為，蚊子可以代替他們。

有一隻母蚊藉著夜色飛來，有著纖細的長腿和帶有花斑的翅膀，在今日的分類上屬瘧蚊。

這母瘧蚊悄悄降落在馬援裸露的皮膚上，由於之前吸食過瘧疾病患的血，體內就攜帶了一批寄生的微生物。只見牠弓起背，低下頭，擺出一副蓄勢待發的姿勢；接著，將那如短劍般又尖又細的口器刺進皮膚。這口器看似微細，但其實是由不同的工具組成的：有切割刀和攝食管，由兩個小小的幫浦輔助驅動。利刃鑽入表皮、穿過一層薄薄的脂肪，然後便進入了充滿血液的微血管。由此，蚊子開始痛飲起來。

為防止血液凝固，蚊子會在叮咬的區域灑上一層潤滑用的唾液。壞事就是這時候發生的。牠的唾腺內有極其微小的生物，會隨著潤滑用的一噴，搭乘順風車進入人體。這些生物正是奪走無數漢軍士兵生命的惡性瘧原蟲！那母瘧蚊就如同一支帶毒藥的皮下注射針，吸食人血的同時，將惡性瘧原蟲注入馬援的體內。

此時的馬援毫無察覺，好夢正酣。接下來的一、兩週內，他可能依舊「若無其事」，完全不知最可怕的敵人已經靠近。

當瘧原蟲開始攻擊紅血球時，風雲開始突變了！鑽進紅血球體內之後，瘧原蟲就開始一邊吃、一邊繁殖，大快朵頤了一個星期左右，原本紅血球裡的東西都被掏空了，擠滿的都是瘧原蟲，就如同一罐腐敗變質的湯罐頭。

此時，馬援的身體才意識到自己中了埋伏。頭痛、全身肌肉痠痛隨之而來。他的體溫開始攀升了，這是免疫細胞與瘧原蟲戰鬥的結果，它們試圖焚毀、消滅這些可恨的入侵者。

此後，馬援覺得寒顫難忍，接著又是高燒、大汗淋漓。忽冷忽熱正是瘧疾的「招牌動作」。雖然遇到抵抗，但瘋狂的瘧原蟲還是狡猾地躲避著攻擊，仍舊繼續著猖獗侵蝕之旅。

惡性瘧原蟲還與眾不同，甚至可以「矯詔」命令馬援體內的某些細胞聽從其旨意，幫助它們存活。這些被感染的細胞，表面會長出令人不安的勾戟，經過腦血管障壁中的微血管時，便藉此勾住而停留，其體內潛藏的惡性瘧原蟲隨之魚貫進入大腦。於是，最可怕的腦型瘧疾由此發生，病人不幸到了這一階段，必然九死一生。

即使沒有惡性瘧，倘若瘧原蟲增長得太多太多，而又缺乏有效的治療時，人體就不得不開始崩潰了。瘧原蟲可以摧毀大量攜帶必要氧氣和養分的紅血球，僥倖殘存的紅血球不足以維持必要的生命功能，於是肺臟拚命縮張、心臟瘋狂搏動，但循環系統終因缺乏必要的營養物質和堵塞了大量的垃圾廢物，導致酸臭不堪，生命的跡象遂漸漸停息了。

# 萬人敵卻敵不過小人

一代名將，很可能就在冰炭般的雙重煎熬中，邊掙扎邊走向昏迷和死亡。在他彌留之際，也許為壯志難酬而惆悵不已，也許為終能馬革裹屍、為國盡忠而含笑良久，但他萬萬不會想到，一具陰謀大網正在悄然向他撲蓋而來，這陰謀並非來自於軍事對手五溪蠻。

為推卸責任，馬援的副手耿舒寫信告了馬援一狀，指責馬援不聽從他進軍充縣的正確主張，導致困於壺頭，大軍白白耗死，還暗指馬援止步不前、貽誤戰機。光武帝聞訊立刻派一個叫梁松的人前去責問馬援，並命他代監馬援的部隊。梁松到時，馬援已死。與馬援曾有過矛盾的梁松舊恨難消，落井下石，竟乘機誣陷馬援。光武帝大怒，遂剝奪了馬將軍的爵位。

強壯的體魄、高潔的情操、淳樸的精神，在大自然的魔力面前，終究顯得弱不禁風，在小人的讒言中傷之下，則可化為烏有！人言可畏啊！畢竟，就科學發展而言，惡性瘧還是有藥可治、有法可防的，而陰險小人呢？他們的口水、他們的表情、他們的心胸，裡面隱藏著多少令人防不勝防的萬惡之毒啊！又有誰能鑄造一面抵禦他們的盾牌呢？

❶范曄《後漢書・馬援列傳》：「初，援軍還，將至，故人多迎勞之。平陵人孟冀，名有計謀，於坐賀援。援謂之曰：『吾望子有善言，反同眾人邪？昔伏波將軍路博德開置七郡，裁封數百戶；今我微勞，猥饗大縣，功薄賞厚，何以能長久乎？先生奚用相濟？』冀曰：『愚不及。』援曰：『方今匈奴、烏桓尚擾北邊，欲自請擊之。男兒要當死於邊野，以馬革裹屍還葬耳，何能臥床上在兒女子手中邪？』冀曰：『諒為烈士，當如此矣！』」

❷〈馬援列傳〉：馬援「常謂賓客曰：『丈夫為志，窮當益堅，老當益壯。』」

❸馬援〈戒兄子嚴敦書〉：「……龍伯高敦厚周慎，口無擇言，謙約節儉，廉公有威，吾愛之重之，願汝曹效之。杜季良豪俠好義，憂人之憂，樂人之樂，清濁無所失，父喪致客，數郡畢至，吾愛之重之，不願汝曹效也。效伯高不得，猶為謹飭之士，所謂刻鵠不成尚類鶩者也。效季良不得，陷為天下輕薄子，所謂畫虎不成反類狗者也。」

❹〈馬援列傳〉：「八年，帝（劉秀）自西征囂（隗囂），至漆，諸將多以王師之重，不宜遠入險阻，計冘豫未決。會召援，夜至，帝大喜，引入，具以群議質之。援因說隗囂將帥有土崩之勢，兵進有必破之狀。又於帝前聚米為山谷，指劃形勢，開示眾軍所從道徑往來，分析曲折，昭然可曉。帝曰：『虜在吾目中矣。』」

❺〈馬援列傳〉：「二十四年，武威將軍劉尚擊武陵五溪蠻夷，深入，軍沒，援因復請行。時年六十二，帝愍其老，未許之。援自請曰：『臣尚能披甲上馬。』帝令試之。援據鞍顧眄，以示可用。帝笑曰：『矍鑠哉是翁也！』」

❻〈馬援列傳〉：「三月，進營壺頭。賊乘高守隘，水疾，船不得上。會暑甚，士卒多疫死，援亦中病，遂困，乃穿岸為室，以避炎氣。賊每升險鼓譟，援輒曳足以觀之，左右哀其壯意，莫不為之流涕。」

## 如果馬援活在現代，醫生會建議……

一、控制病媒是減少瘧疾傳播的主要手段，也是唯一可將瘧疾傳播率從高水準降至接近零傳播率的干預措施。對個體而言，防止蚊蟲叮咬是預防瘧疾的第一道防線。除了積極滅蚊、減少蚊蟲孳生外，還有兩種有效的控制病媒的措施：①使用經長效殺蟲劑處理過的蚊帳。高風險地區每人每天晚上均應在經長效殺蟲劑處理過的蚊帳內睡眠。②在室內噴灑殺蟲劑，這是迅速減少瘧疾傳播的最有力措施。為充分發揮其效力，至少應對目標地區八〇%的房屋進行噴灑。室內噴灑的效力持續時間取決於所用的殺蟲劑和所噴灑表面的類型，一般可持續三～六個月。

二、服用抗瘧藥預防瘧疾。外來者可採取藥物預防措施，抑制瘧疾的血液感染期，以防罹患瘧疾。

# 痛惜江淮一瑾瑜。

## 周瑜是否被諸葛亮氣死？

瑜還江陵，為行裝，而道於巴丘病卒，時年三十六。（《三國志・周瑜魯肅呂蒙傳》）
道遇暴疾，昨自醫療，日加無損。（《三國志》裴松之注載周瑜遺書）

姓名：周瑜
身分：東吳偏將軍、南郡太守
活動範圍：長江中下游流域
生存年代：西元一七五年～二一〇年，三十五歲

### 被小說寫死了

一代大文豪蘇東坡〈念奴嬌・赤壁懷古〉有句：「雄姿英發，羽扇綸巾，談笑間，檣櫓灰飛煙滅。」如果沒有讀過全首詞，僅憑民間傳說或者《三國演義》的印象，那麼很可能以為這位北宋文學家是在讚

誦諸葛亮呢！

其實，東坡先生當年「遙想」的是周瑜，周公瑾。羽扇，用鳥羽製成的扇子；綸巾，用青絲帶做的頭巾，為古人紮頭的常用裝飾。拿著羽毛扇子，戴著青絲綬的頭巾，借指態度從容，尤其指瀟灑的儒將指揮若定。顯然在北宋以前，人們心目中周瑜的形象，與今人對諸葛亮的印象是如出一轍的。只是當民間藝人和羅貫中拚全力打造諸葛亮的完美形象時，周瑜身上一切美好的東西，從內在人格到外在衣著，都被剝下來組裝在諸葛孔明身上了，甚至杜撰出孔明「三氣周瑜」的故事。

周瑜，在小說演義中，是諸葛亮的勁敵，或者說是專為諸葛亮樹立的反角，用以烘托諸葛亮的神機妙算和高風亮節。不過，令諸葛迷大跌眼鏡的是，歷史上真實的周瑜比諸葛亮高明不少。

首先看看兩人的軍事才能。早年的周瑜追隨孫策南征北戰，為打下江東基業立下汗馬功勞。赤壁之戰，更不須多說，這場名垂千古的戰役放到歷史上也是少見的以弱勝強的經典之戰。面對風頭正勁、精通軍事的強敵曹操和他的幾十萬大軍，僅有三萬兵力的東吳統帥周瑜表現出完美的治軍、用謀、用人、指揮、戰前預見等綜合實力。赤壁之戰後，他攻南郡，驅曹仁，苦戰一年，又獲全勝。

諸葛亮呢，正史上完全沒有那些神乎其技的光環。周瑜叱吒風雲的時候，年輕六歲的諸葛亮還只是剛剛加入劉備陣營的政工外交官員，周瑜至死也不曾與他有過戰場交鋒。諸葛亮真正顯示軍事才能是在周瑜死後十多年的南征孟獲、北伐中原，不過，他的軍事謀略和指揮並不出眾。中間雖有一些小規模勝利，但對整個天下局勢產生不了決定性的影響，更不能對魏國造成什麼重大打擊，反而加速了蜀國的滅亡，不能不說是勞而無功。這與周瑜定江東、赤壁一戰天下三分的功業無法相提並論。也許上帝總是公平的，諸葛亮「理民之幹，優於將略，治戎為長，奇謀為短」，他是一流相才，但不是一流帥才。

再看看二人的氣量。這方面完全被小說家顛覆了。《三國志》評價周瑜「性度恢廓，大率為得人」。他氣度寬宏，雅量高致，為東吳推薦了魯肅、呂蒙等人才，每次作戰前都集思廣益，虛心聽取下屬的意見。宿將程普一開始倚老賣老，不服調遣並屢屢侮辱周瑜，但他有謙謙君子之風，從不與之計較，最後使得老將軍無地自容，自嘆不如❶。

反觀諸葛亮，從史書上找不出關於他胸襟氣度廣闊的例子。同為劉備托孤大臣的李嚴，日後屢遭貶黜，諸葛亮從中排斥異己的嫌疑難以洗脫。有人評價他是和霍光一樣的「正直權臣」，筆者深以為然。他大權獨攬，事必躬親，絕不假手於人，雖然勤奮但缺乏全盤戰略的智慧，也無擅長用人的度量和管理人才的能力，致使蜀國人才凋零，到後來竟出現「蜀中無大將，廖化作先鋒」的局面。〈出師表〉中推薦的幾個文臣武將，表現都很一般，他自己最後被累死。由此可見，諸葛亮的胸襟遠遠不如周瑜。如果兩人真有機會同臺競技，恐怕最後被活活氣死的是諸葛亮，「既生瑜，何生亮！」可能變成「既生亮，何生瑜！」

周瑜，人如其名，品如其名，應是美玉將軍！

客觀地說，三國時期英雄豪傑輩出，孔明與公瑾二人，一文一武，文者孔明亦能帶兵；武者公瑾本為儒將，具儒者風範。孔明的〈出師表〉文采斐然，公瑾的音樂造詣也達到酒醉後「曲有誤，周郎顧」的境界❷。

兩人有著太多相似和不同，這才是真實的歷史、精采不輸小說的歷史，毫無必要貶周褒諸。然而，兩人卻有一處共同點就是短命，在陽壽方面，周瑜比諸葛亮福分更少。

諸葛亮的隆中路線是輔佐劉備成就帝業，要先把荊州、益州打造成劉備的根據地，伺機北伐。周瑜的路線是竟長江之極，要奪取荊州、益州，劃江與曹操抗衡，再圖中原。赤壁戰後，周瑜與曹仁爭奪南郡，打了一年多的仗，周瑜雖然取得了勝利，卻也費了很大力氣，左肋還受了箭傷。孫權拜他為偏將軍，領南郡太守，屯駐江陵。此時，同盟的另一方，劉備稱荊州牧，駐屯在公安。臥床之側，豈容他人酣睡，他實在是周瑜的一塊心病。

西元二一〇年，為共同抗曹、鞏固聯盟，吳主孫權答應把荊州最具戰略價值的南郡借給劉備（就是「借荊州」的來由，實際上南郡只是荊州的一部分），要周瑜讓出地盤，對東吳忠心耿耿、早已察覺劉備野心的周瑜內心憂憤可想而知。他親赴建業（今南京）向孫權建議，搶先劉備一步奪取西蜀，再吞併漢中，然後聯合北方馬超，自己前據襄陽，壓迫曹操。這一次，孫權同意了，讓周瑜帶領大軍西上。劉備發出警告，派兵阻攔，吳兵未敢輕進。這時，日夜勞碌的周瑜感到力不從心，走到今之湖南岳陽巴丘山附近時突然病死了❸。

一代名將身死途中，東吳上下震驚。「（孫）權素服舉哀，感動左右。」他留著眼淚說：「公瑾有王佐之資，今忽短命，孤何賴哉！」後來孫權稱帝，還念念不忘：「孤非周公瑾，不帝矣。」由此可見，周瑜在東吳政權的建立、鞏固和發展過程中，有著無可替代的棟梁作用。那麼，年僅三十五歲的周瑜究竟得了什麼病？

## 凶手到底是誰？

先研究一下具體死亡時間。周瑜是否死在冬季呢？

北宋司馬光《資治通鑑》把周瑜之死寫在建安十五年（西元二一〇年）十二月之後，而成書更早，更為接近歷史真實的《三國志》卻沒有在周瑜的傳記中把死亡時間精確記錄到月分，作者陳壽（蜀漢—西晉人）的治史態度嚴謹，但也過於惜墨如金了。

透過資料調查，筆者還是從茫茫史海中找到印證《資治通鑑》記載的資料。因為《三國志》的周瑜傳記中記錄了建安十五年前去建業最後一次面見孫權的談話，其中提到的建議之一就是要「與馬超結援」，至於談話具體時間，陳壽沒寫；但在曹操的傳記中卻有建安十六年正月，屯兵西北地區的馬超等人反叛曹氏集團的記載❹。據此得知，周瑜面陳孫權的時間距離次年正月不會太遠，周瑜必然是知道馬超將叛，才提出建議的，如果兩者的時間間隔較長，比如超過一、兩個月，以曹操的果斷、機敏，早已派兵鎮壓，馬超等人怎麼可能堅持到第二年正月之後才豎起反旗？更何況，曹氏集團的間諜活動也是非常厲害的，江南東吳獲得的小道消息，難道中原曹操不會更早知道嗎？

《資治通鑑》記載周瑜死於冬季十二月基本是準確的。那麼，周瑜是否死於箭傷呢？

根據史書記載，建安十三年（西元二〇八年）冬天，赤壁之戰結束不久，周瑜又與程普等人乘勝進攻曹操手下大將曹仁，與之爭奪南郡。這持續一年的戰爭，以東吳最終勝利告終。但是，周瑜在一次戰鬥中，身先士卒，躍馬上陣，結果不小心被曹軍的暗箭射中右側胸肋，當時的傷勢很嚴重。曹仁聽說周瑜受傷臥床不起，大喜過望，遂親自領軍前來挑戰。周瑜獲悉後，強打精神檢閱部隊，激勵士氣。曹仁最終怏怏而去❺。

周瑜中箭的具體時間，史載不詳。根據《資治通鑑》記載，赤壁大戰整整一年後，即建安十四年十二月，此時曹仁已經敗北，周瑜被委任為南郡太守，其後，曹操「密遣九江蔣幹往說周瑜」。周瑜「因延幹，與周觀營中，行視倉庫、軍資、器仗訖，還飲宴，示之侍者服飾珍玩之物」，還對蔣幹說：「丈夫處世，遇知己之主，外託君臣之義，內結骨肉之恩，言行計從，禍福共之，假使蘇（秦）、張（儀）更生，能移其意乎！」雖然沒有演義中誘騙蔣幹的精采情節，但周瑜依舊表現得瀟灑自如，看起來毫無重傷未癒的影子。到了第三年，即建安十五年的十二月，周瑜還「詣京見（孫）權」，向主公陳述曹、劉兩家的態勢，建議發兵西川，一點傷病的影子都沒有，不久卻在路途中暴病身亡。從時間上看，周瑜病死距離受傷的時間，很可能在一年以上，而死前這一年裡，他的身影依然活躍，且被授予新官職、賦予新任務，又沒有病情惡化需要交代後事的記載，完全不像是有病在身之人。戰傷常常引起的破傷風、傷口長期感染等死亡原因，顯得過於牽強，而中毒箭的說法更是難以自圓其說。由此可見，周瑜的箭傷雖然可能損害健康、削弱體質，但至少不是死亡的直接原因。

周瑜死前生龍活虎，暴病身亡的一定不是慢性疾病，而是急性嚴重疾病。現代急性奪命的疾病中，心腦血管（比如心肌梗死）疾病的比例最高，可是這類疾病以中老年人多見，且抽菸在發病原因上占重要的一席之地。周瑜死時不過三十五歲，且中國人在那個年代根本沒見過菸草，更不會有機會陶醉在這等「享受」當中，所以死於心腦血管急症的可能性不大。最可能的死因還是傳染病（瘟疫）。

周瑜是死於長江流域的地方性瘟疫嗎？

也不大可能。儘管之前冬季的赤壁大戰中，眾多曹軍的北方將士進入南方後水土不服，疫病流行，導致戰鬥力嚴重削弱，最終被孫、劉聯軍擊敗。但周瑜早在孫權面前準確地預見到這一情況，他本人豈無防範？再說，他是廬江郡舒縣（今安徽省舒城縣）人，生於長江流域，長於長江流域，也一直在長江流域戰鬥，對這一帶的風土病或瘟疫（比如血吸蟲病），應該有著與生俱來的抵禦能力，不易染病而死。

正如現代著名學者盧弼所說：「公瑾生長江、淮，諳識險要，出入彭、蠡，久涉波濤，熟籌彼我，用能以寡擊眾，遁走阿瞞（曹操），一戰而霸，克建大勳。」最後，周郎是高雅之士，完全不是行伍出身的大老粗，生活條件優越，被蝨子叮咬的機會不多，由此得所謂戰爭瘟疫──流行性斑疹傷寒的可能性也不大。

此外，痢疾、霍亂、傷寒等也是野戰部隊經常頭疼不已的軍中瘟疫，可是這些疾病畢竟是夏季高發，冬季少發。我們還是要把周瑜的死因和冬季聯繫在一起，仔細考量。

普通感冒、麻疹、水痘、風疹、腮腺炎等都是冬季常見的傳染病，大多透過呼吸道傳播，但一般較少致命，且病情發展不會太快，凶險程度不高。

腦脊髓膜炎也是冬季流行的傳染殺手。暴發型病患發病急劇，病情變化快，如不及時治療會在二十四小時內危及生命，但以兒童多見，身上會有特殊瘀斑。輕型病患多見於流行性腦脊髓膜炎大流行的後期，病變輕微。至於慢性型則少見，一般為成人病患，病程可遷延數週甚至數月。據上分析，周瑜又不大可能患腦脊髓膜炎。

真相，就像大洋蔥的核心，當蔥皮被一層層剝去時，最核心之處就將露於眼前。

## 敵不過老天爺

還是與天氣冷有關！

有學者總結從東漢光武帝到漢獻帝建安年間的歷次瘟疫，發現在月分紀錄較明確的十七次大疫中，十次發生在春季，四次發生在冬季，兩次發生在秋季，一次發生在夏季。也就是說，東漢時期傳染病高發於春季和冬季。

天氣寒冷這一因素不容忽視。熟讀東漢末張仲景《傷寒雜病論》可知，建安年間流行的大疫主要是以寒邪為症候特點和病理機制的寒性瘟疫。東漢時代即西元初，中國天氣有趨於寒冷之勢，到三國時代，曹操在銅雀臺種橘，只開花不結果；其子曹丕於西元二二五年到淮河廣陵視察十多萬士兵的水面攻防演習，由於嚴寒，淮河竟突然凍結，演習不得不中止。可見，那時的氣候比現在寒冷得多。《後漢書・五行志》亦記載「獻帝初平四年（西元一九三年）六月，寒風如冬時」。氣候明顯變冷，導致「陰陽失位，寒暑錯時，是故生疫」，這是東漢後期疫情劇增的重要原因，也提示該時期的疫病流行與氣候寒冷關係密切。

從這些疫病的病情發展看，與《傷寒雜病論》緊密關聯的《輔行訣臟腑用藥法要》明確指出：「外感之疾，日數傳變，死生往往在三、五日間。」由此得知，病勢凶險，可造成「無論長少」、「闔門而殪」。所謂「外感」是指具傳染性、病情變化極快、死亡率高的天行瘟疫，而非一般受寒感冒。

嚴寒的氣候，幫助周瑜打敗了曹操，不經意間也把他推入死神的魔掌中。

奪去周瑜生命的元凶逐一排除，只剩下最後也是最大的嫌疑犯——流行性感冒 (influenza) 及其造成的肺部嚴重感染。

氣溫較低的冬、春季節是流感橫行的黃金時期。現代醫學認為流感初起以畏寒、高燒、劇烈頭痛和周身痠痛為常見症狀，若無繼發感染和併發症，則為單純型流感，一般發燒二至三天可漸癒；若發生混合感染或合併症，發展成支氣管炎型或肺炎型，病患出現氣促、呼吸困難，可因呼吸衰竭而死。感冒固然司空見慣，但大流感作為嚴重瘟疫肆虐人間時，「萬戶蕭疏鬼唱歌」的恐怖情景是太平盛世的人們難以想像的。第一次世界大戰後期出現的「西班牙流感」曾席捲全球，吞噬了數以千萬計生命，其發病之猛、進展之快、死亡率之高，的確與東漢末年的大瘟疫不相伯仲！

流感，莫非具有三頭六臂？

## 流感界「鼎足三分」與「特洛伊木馬」

寧靜的夜晚，一位政治家詩人仰望萬籟俱寂的星空，只見一群鵲鳥在枯槁的樹枝上徘徊，月光顯得冷清和飄渺。於是千古名句脫口而出：「月明星稀，烏鵲南飛。繞樹三匝，何枝可依？」

漢末、三國、魏晉時代，風流名士都喜歡把飛禽作為吟誦的對象，魏武帝曹操自然也不例外，又如阮籍在〈詠懷〉詩中吟道：「孤鴻號外野，翔鳥鳴北林。」

然而，當時人們並不知道禽流感——沒有血與火的爆發中致人於萬劫不復的大瘟疫——正是透過野禽傳播的。不管是禽流感、人流感，還是豬流感，都是流感病毒作的孽，流感病毒同時也是一個子嗣繁多的龐大家族。

根據病毒核蛋白的差異，科學家將流感病毒分為A、B、C三大類型。如果說三國時期曹魏三分天下有其二，以實力最雄堪稱大老，孫吳、劉漢是小弟的話，恰恰A型流感病毒也是三種類型當中最為凶悍殘忍和最為惡劣的，是當之無愧的流感界江湖大老，它的變異及進化速度之快、多變偽裝之奇、感染性和致死性之強、傳播速度之速，都讓B型和C型望塵莫及，因此成為人類歷史上歷次大流感的主要幕後黑手，也是病毒研究者的主攻對象。

A型流感本身派系林立。通常人們把在豬群中發病的流感稱為豬流感，在禽類中發病的稱為禽流感，而人類常患的季節性流感稱為人流感。有些病毒可以從野生動物傳給家畜、家禽等，從而在雞、鴨、豬等身上廣泛傳播，甚至可以直接傳染人。

野生鳥類很多時候都無辜地充當了病毒「特洛伊木馬(Trojan Horse)」的角色。作為健康的病毒攜帶者，牠們在內臟裡窩藏著病毒卻不知不覺，依舊周遊世界，流感病毒就隨著牠們的排泄物散播傳染。家禽、家畜和人類大多不能像野禽那樣與病毒和平共處，一旦感染都會發病，只是病情程度不同，有的死亡，有的康復。古代詩人哪能想到在幾萬、幾十萬公里的遷徙途中，南來北往的鴻雁肚子裡可能正運載著死亡的信號，病毒正在裡面策劃著「木馬屠城」的陰險詭計。在塵封的歲月裡，生靈塗炭、士人凋落，一切痛苦可能源自於那些可愛的鳥兒。

著名外交家顧維鈞博士曾任駐美公使，賢內助唐寶玥同往赴任。他們的生活幸福美滿，然而天有不測之風雲，一九一八年十月的一天，產後不久的唐寶玥外出歸來，竟染上當時橫掃美國的大流感，幾日後便撒手人寰，時人皆為之哀嘆不已。

流感爆發多在冬、春時節。病患除出現咳嗽、咳痰、流涕等症狀外，常伴有嚴重的全身中毒症狀：如高燒、寒顫、畏寒、全身不適、頭痛乏力以及周身痠軟等，嚴重者會繼發細菌性肺炎、中毒性休克、心肌炎等。老人、兒童、伴有基礎疾病或體質虛弱者感染流感後，都容易發生上述嚴重的併發症，甚至因此死亡。

曾經給人類帶來深重災難的瘟疫，近百年來由於醫學和社會的進步，大多得到了控制。為何唯獨流感像脫韁的野馬猖狂作亂，人類至今沒辦法真正找到馴服它的利器？

研究發現，A型流感病毒危害人間有兩招殺手鐧是其他病毒豔羨不已的：一是變化多端簡直出神入化；二是合縱連橫也頗爐火純青。特別是第一招，往往讓自以為防線固若金湯的人類防不勝防、捉襟見肘、疲於奔命。

《三國演義》中，諸葛亮以足智多謀、用兵如神成了智慧化身，魯迅曾批評羅貫中「狀諸葛之多智而近妖」。不過，用變化莫測的手段抗衡對手，總是對自己最有利的，A型流感病毒也深諳此道，而且它確實比妖魔更可怕。

血凝素（簡稱H）和神經氨酸酶（簡稱N）是它體表的兩種糖蛋白，十分重要。H和N均可分為不同的類型，科學家發現僅一個A型流感病毒家族，就有一百四十四種不同HN組合的可能。如近年鬧得比較厲害的高致病性禽流感是H5N1亞型，二〇〇九年流行的豬流感是H1N1亞型。

近年來，美國病理學家曾發表報告指出：一九一八～一九一九年猖獗的H1N1「西班牙流感」病毒，正是禽流感病毒的一種類型，可能先在鳥類身上發生，經過突變後，進化到了人傳人的地步，從而一發不可收拾。

更可怕的是，A型流感病毒的基因變異又是一種驚險高超的技藝。如果有兩種不同類型的流感病毒同時入侵一個豬的細胞，各自的基因混在一起，複製後再組裝成新的病毒，就有可能產生二百五十六種遺傳學上不同、毒力各異的後代。倘若它們都八仙過海、各顯神通的話，人類將受到滅頂之災！

正是透過這種變幻莫測的伎倆，A型流感病毒遠遠凌駕於其他病毒之上，總是走在人類前面，總會搞出新花樣，對人類形成了一次又一次嚴重的傷害。

一戰後期出現的「西班牙流感」，今人聞之依然色變。那些恐怖的日子裡，幾乎誰也難以倖免。美國死亡人數約五十萬，僅一九一八年十月十日，費城就有七百五十九人死於流感。在西班牙，包括國王阿方索十三世(Alfonso XIII)在內，馬德里三分之一的市民都受到感染。英格蘭和威爾士死亡人數達二十萬，英國國王喬治五世(George V)也因此臥病在床。皇家艦隊三週無法入海，嚴重影響作戰計畫。傳奇五星上將道格拉斯·麥克阿瑟(Douglas MacArthur)，當時的美軍旅長也被流感折磨得奄奄一息，只好讓四名傳令兵用擔架抬著指揮戰鬥。

我們也不能忽視A型流感病毒常常引狼入室，和其他病原體協同作戰，共同進攻人類的潛在威脅。周瑜和諸葛亮都洞悉聯盟的作用，畢竟一加一有時會大於二；沒有孫劉聯盟，就沒有三足鼎立。A型流感病毒似乎也精於此道。

它的身旁、身後總會追隨著一批蠢蠢欲動的投機分子，伺機分一杯羹，比如金黃色葡萄球菌、肺炎鏈球菌、綠膿桿菌之流，在業已虛弱不堪的人體上，乘虛而入，趁火打劫，導演了諸如支氣管炎、肺炎、腦膜炎，甚至敗血症的慘劇，不少人並非直接死於流感的第一波打擊，而是喪命於這些從犯最後時刻雪上加霜的惡毒偷襲。

周瑜完全有可能死在這種無比狡詐、適應力超強的病毒手裡。

二〇一三年春天，A型流感病毒重出江湖，造成恐慌。這是一種H7N9型禽流感病毒，科學家早在二〇〇八年從西班牙東北部的小水鴨中就首次分離出來，後來在中歐、北美等許多國家也相繼發現，可惜當時未引起足夠的關注。

## 千年不泯周郎功

在嚴寒的冬日，戎馬倥傯、操勞顛簸、體質下降的周瑜，很可能與眾將飲酒後，為冷雪所侵，受涼而一病不起。他臉色憔悴，愁眉不展，自知將回天乏術，望著窗外凋零的枯枝敗葉，望著凜冽狂風中瑟瑟發抖的寒鴉，實在心有不甘。高燒和咳嗽可以吞噬他的肉體，卻不能撲滅胸懷中那一團火。他呼來身旁的人，用斷斷續續的語氣留給孫權一段話：

「瑜以凡才，昔受討逆殊特之遇，委以腹心，遂荷榮任，統御兵馬，志執鞭弭，自效戎行。規定巴蜀，次取襄陽，憑賴威靈，謂若在握。至以不謹，道遇暴疾，昨自醫療，日加無損。人生有死，修短命矣，誠不足惜，但恨微志未展，不復奉教命耳。方今曹公在北，疆埸未靜，劉備寄寓，有似養虎，天下之事，未知終始，此朝士旰食之秋，至尊垂慮之日也。魯肅忠烈，臨事不苟，可以代瑜。人之將死，其言也善，儻或可採，瑜死不朽矣。」說罷，他慢慢閉上了眼睛，永遠地沉睡了。

這段光照千秋的話只出現在南朝劉宋裴松之為《三國志》所作的註釋中，是已失傳的《江表傳》裡僅存的殘言片語，沒有流傳深遠。後人不大理會這位美玉將軍的忠貞、恢弘和深謀遠慮，反而因儒家傳統的慣性思維，走向了尊劉備集團為正統的極端，把一代名將刻劃成氣量狹隘的跳梁小丑，且讓世世代代的人信以為真。可惜！可痛！

這是目光深邃的周瑜，萬萬沒有想到的吧？真正的大英雄，其實不會在乎個人的榮辱得失，在乎的是國家的宏圖大業、核心利益。筆者相信，周瑜是這樣的人！

❶陳壽《三國志．吳書．周瑜魯肅呂蒙傳》：「性度恢廓，大率為得人，惟與程普不睦……普頗以年長，數陵侮瑜。瑜折節容下，終不與校。普後自敬服而親重之，乃告人曰：『與周公瑾交，若飲醇醪，不覺自醉。』時人以其謙讓服人如此。」

❷〈周瑜魯肅呂蒙傳〉：「瑜少精意於音樂，雖三爵之後，其有闕誤，瑜必知之，知之必顧，故時人謠曰：『曲有誤，周郎顧。』」

❸〈周瑜魯肅呂蒙傳〉：「是時劉璋為益州牧，外有張魯寇侵，瑜乃詣京見權曰：『今曹操新折衄，方憂在腹心，未能與將軍連兵相事也。乞與奮威俱進取蜀，得蜀而並張魯，因留奮威固守其地，好與馬超結援。瑜還與將軍據襄陽以蹙操，北方可圖也。』權許之。瑜還江陵，為行裝，而道於巴丘病卒。」

❹《三國志．魏書．武帝紀》：「（建安）十六年春正月……張魯據漢中，三月，（曹操）遣鍾繇討之。公（曹操）使淵等出河東與繇會。是時關中諸將疑繇欲自襲，馬超遂與韓遂、楊秋、李堪、成宜等叛。」

❺〈周瑜魯肅呂蒙傳〉：「瑜與程普又進南郡，與仁相對，各隔大江……瑜親跨馬擽陳，會流矢中右脅，瘡甚，便還。後仁聞瑜臥未起，勒兵就陳。瑜乃自興，案行軍營，激揚吏士，仁由是遂退。」

## 如果周瑜活在現代，醫生會建議……

一、注射疫苗：每年九～十一月，流感流行前兩個月，是注射疫苗的最佳時間。但並非任何人均適合疫苗注射，必須在醫師的指導下進行。

二、保持清潔：保持良好的個人及環境衛生：勤洗手，勤晒衣服，勤晒被褥，勤晒太陽；每天開窗通風，保持室內空氣新鮮；流感病患和疑似流感症狀者外出時應戴口罩；在流感高發期，盡量不到人多擁擠、空氣汙濁的場所，避免飛沫汙染；被病毒汙染的餐具、毛巾甚至門把手，應仔細清潔；雙手接觸呼吸道分泌物（如打噴嚏）後要立即洗手；不要用已被汙染的毛巾擦手。另外，食用禽類製品前要高溫充分烹煮；避免接觸禽鳥或其他動物及其分泌物、排泄物，如有接觸，應立即洗手。

# 出師未捷身先死。

## 神機妙算諸葛亮竟不知自己的死期

亮糧盡勢窮，憂恚歐血，一夕燒營遁走，入谷，道發病卒。（《三國志》裴松之注引《魏書》）

姓名：諸葛亮
身分：蜀漢丞相
活動範圍：四川—甘肅—陝西
生存年代：西元一八一年～二三四年，五十三歲

## 諸葛亮，走下神壇

諸葛亮，字孔明，號臥龍，徐州琅琊陽都（今山東臨沂市沂南縣）人，三國時期著名的政治家、軍事家。他一生主要的業績是治理蜀國，北伐中原，為匡復漢室嘔心瀝血，在後世受到極大的尊崇，是忠

臣的模範、智慧的化身。

如果你是他的粉絲，看了下文之後，請千萬別生氣。

火燒博望、火燒新野、舌戰群儒、草船借箭、巧借東風、三氣周瑜……這些體現著臥龍先生超凡智慧的戰績和傳奇，全部不是真實的，有些是正史完全不存在的子虛烏有，有些是把別人的功勞移花接木到他身上。羅貫中作為三國民間故事的集大成者，用一部演義小說，既征服了世世代代的讀者，也有意無意地誤導了對偶像頂禮膜拜的人們。

歷史上真實的諸葛亮作為軍事統帥，推演了令敵人望而卻步的「八陣圖」，還指導設計出可一次發射十箭的「連弩」、能極大提升後勤運輸的「木牛流馬」，確實才華橫溢，然而他的指揮才能到底如何呢？

「諸葛一生惟謹慎」是後人對他的客觀評價，六出祁山是小說家的杜撰。實際上，諸葛亮一共只領導了五次北伐，而且全部無功而返。蜀漢建興六年（西元二二八年）初，第一次北伐，大將魏延獻「子午奇計」，建議自領精兵從子午谷奇襲長安，諸葛亮以用兵太險為由棄之不用，錯失良機，仍舊採用四平八穩的進軍方針，最後用人不當，遭到街亭慘敗，飲恨撤兵。

同年冬，第二次北伐，捲土重來的諸葛亮率領大軍通過大散關，進入關中平原，以數萬兵力圍攻陳倉。但魏將僅以千餘守軍成功抵抗蜀軍二十多日。諸葛亮一籌莫展，損失慘重、糧食耗盡和魏軍援兵大舉反擊之際，不得不又一次飲恨撤兵。

西元二三四年，鍥而不捨的諸葛亮最後一次率大軍北伐，與魏國主帥司馬懿對峙於渭水兩岸。鑑於每次出兵都受糧秣不足的制約，且此番魏軍「堅壁拒守，以逸待勞」，諸葛亮決定分兵屯田，做打持久戰的準備。僵持數月之後，諸葛亮急於決戰，但老謀深算的司馬懿無論如何都堅守不出。為誘使魏軍出戰，諸葛亮採用了各種方法進行挑釁，竟有點黔驢技窮的感覺，以至於想到激將法，遣使至魏軍，送上一些女裝來侮辱他們（孫盛《魏氏春秋》載：「亮既屢遣使交書，又致巾幗婦人之飾，以怒宣王。」）司馬懿卻專心防守，不為所動，他給弟弟的信中寫道：「亮志大而不見機，多謀而少決，好兵而無權，雖提卒十萬，已墮吾畫中，破之必矣。」（《晉書・宣帝紀》）

八月，心瘁力竭的諸葛亮死於五丈原帳中，年僅五十三歲。蜀軍密不發喪，整軍後撤，他的宏圖大業終究化為泡影。

諸葛亮之所以被後世的統治者極力推崇，被黎民百姓景仰緬懷，不是因他在行軍作戰上有著出神入化的造詣，歷史上比他高明的統帥非常多，如白起、李牧、韓信等輩，但他們的歷史地位和在中國人心目中的分量，無法與諸葛亮相提並論。盡瘁國事、忠心耿耿、清正廉明，這些人格操守和高風亮節，把無法神機妙算且軍事指揮缺乏靈活機動的諸葛亮，逐漸神化為智慧的化身、道德的楷模。不過平心而論，諸葛亮在治理國家、訓練軍隊，甚至研發新式武器方面，仍然是古代頂尖級的高手[1]。

綜合分析，諸葛亮是三國時期一流的政治家，但不是一流的軍事家。戰場上，他長於排兵布陣、練兵養卒，但短於權變奇謀。

話說回來，三國時期風流人物無數，司馬懿略顯大器晚成，在曹魏集團的創業階段似乎有點不起眼，直到曹操晚年才逐漸嶄露頭角。他絕不是這個英雄輩出的時代最出色、最聰明、最搶眼的角色，然而很可能是身體最健康的梟雄，曹魏集團的頭三代領導人都被他一一熬死了（曹操、曹丕、曹叡），以至於發展成尾大不掉的勢力，為晉朝取曹魏而代之並一統天下奠定了基礎。年輕他兩歲的諸葛亮在與他的抗衡中被活活拖死，早早退出了歷史舞臺。活了七十二歲的司馬懿，絕對是那個時代的長壽明星。如果諸葛亮再多活些歲月，也許歷史的走向會有所不同，可惜歷史不能假設。看來「身體是革命的本錢」這句話一向都是正確的。

那麼，為何司馬懿在與諸葛亮的對峙中，顯得穩如泰山、信心百倍呢？

## 司馬懿，神機妙算

兩軍對壘，殺氣騰騰。不過，古人起碼的禮尚往來得假惺惺地做一下，畢竟大家都是讀書人，都拜過孔夫子。

以下是史書記載的事件，絕非來自羅貫中的異想天開❷。

收到諸葛亮那套羞辱性的女人服飾之後，司馬懿強忍惱怒，笑咪咪地對蜀國使者說：「這套衣服真是精美絕倫啊！敝人穿上正合身呢！」

深信「兩國交兵，不斬來使」的使者還是顯得誠惶誠恐，畢竟司馬懿的眼神透露出一絲凶狠和陰詐。他小心翼翼地說：「諸葛丞相希望大都督能在戰場上一展雄風。」

司馬懿聽罷，捋著大鬍子哈哈大笑道：「今日不談軍事，不談政事！敝人與諸葛先生只有國恨，沒有私仇，而且十分佩服先生的學識和風範。先生近來無恙吧？聽說先生工作得廢寢忘食，果有其事？」

使者慢慢進入了放鬆狀態，隨口嘆息道：「諸葛丞相夙興夜寐，日理萬機，打二十軍棍以上的處罰，都親自過問、親自審查。事無巨細，一概總攬不放，每天只能嚥下一點點飯食。我們都為他的健康揪心啊！」

司馬懿邊聽邊竊喜，重重回了一分厚禮，打發使者回去。望著渭水對岸蜀軍大營迎風飄揚的諸葛帥旗，他冷冷一笑，得意洋洋又狡黠地對眾將說：「諸葛孔明食少事煩，其能久乎？」

從此，司馬懿對戰勝諸葛亮更是成竹在胸，對蜀軍的辱罵挑戰更是一笑置之。因為他知道時間可以讓對手迅速走向死亡，蜀軍的退卻指日可待，而魏國官兵可以毫髮無損。

事情的發展果然不出司馬懿所料。這一次神機妙算的不是諸葛亮，而是他臨終前最大的對手。那位無意中透露國家一級機密的使者大概不會想到，自己的疏忽大意會讓本已陷入窘態的蜀軍敗局早定。

「出師未捷身先死，長使英雄淚沾襟」的諸葛亮，《三國志》作者陳壽說他「身長八尺，容貌甚偉，時人異焉」，偉丈夫居然過勞而死，究竟得的是什麼疾病？

## 五丈原，風起星沉

在渭水邊那個名為五丈原的地方，諸葛亮終於一病不起了。星空黯淡，群鴉沙啞。

病榻上的諸葛亮一想到再也無法完成先主劉備的遺願時，不禁老淚縱橫。後主劉禪在成都聽說丞相病重，立刻派人前去探望。諸葛亮見到皇帝的使者，嘴角露出一絲難得的笑意，吃力地將軍國大事、身後繼承人問題等，向使者一一做了交代，又把自己死後如何退兵的安排詳細囑託給長史楊儀。說完這些令他放心不下的事之後，諸葛亮忽然大吼一聲，一大口鮮血嘔得滿身、滿地皆是，他累得喘不過氣，痛苦地閉上雙目，豆大的汗珠從額上、臉上傾洩而下，把被鮮血染紅的衣襟浸淫得通透。

許久，諸葛亮緩過神來，氣若游絲地繼續說道：「我死後，一定要把我葬在漢中定軍山。喪葬務必求簡，依山造墳，墓穴只要能容納一口棺木即可。入殮時，讓我穿上平時的便服，千萬不要放任何陪葬品……」他的聲音愈說愈低，終於歸入一片寂靜……這就是諸葛亮生前的最後要求，他以實際行動兌現了「鞠躬盡瘁，死而後已」的諾言。眾人想到丞相為匡復漢室操勞一生，臨終要求竟如此簡單，簡直與普通百姓無異，感動、悲慟不已，忍不住放聲痛哭。

從茫茫史海中，筆者根據南朝史學家裴松之對《三國志》的註解找到些許線索，裡面正好有「亮糧盡勢窮，憂恚歐（嘔）血」的記載❸。

諸葛亮之死，難道會與嘔血不無關係？大口血，來自何方？

急怒攻心、吐血而亡是小說和戲劇中經常出現的情節，不過作家和導演們未必知道吐血也可以分門別類的，其中消化道出血經口腔吐出，就稱為「嘔血」。

嘔血的病因雖多，但主要的三大原因按發生率高低依次是：消化性潰瘍、食道—胃底靜脈曲張破裂出血、急性胃黏膜出血，其他如胃癌、食道癌、食道炎、食道黏膜撕裂症等，相對少見。

儘管食道—胃底靜脈曲張破裂出血導致的嘔血比較多見，但這種疾病通常都和肝硬化有關，而肝硬化又是肝炎或肝癌的最後歸宿，此外經常酗酒也會引起肝硬化。我們從史書上無從得知諸葛亮曾患有肝病，而且他一生作風嚴謹、工作至上，且經常忙得連吃飯都顧不上，應該沒興趣也沒時間和美酒打交道。

急性胃黏膜出血的凶險程度又不及消化性潰瘍，其他疾病在史料上欠缺具體證據。

綜合來看，消化性潰瘍導致諸葛亮嘔血而死的可能性最大。這是一種現代人耳熟能詳又一知半解的疾病，今天的發病率仍相當高，而諸葛亮恰恰和現代人（尤其是職場上辛苦打拚的白領們）有著類似的困擾和易發因素。

消化性潰瘍（peptic ulcer）主要指發生在胃和十二指腸的慢性潰瘍，破損的深度已超越了黏膜和肌肉層，這種程度明顯比一般糜爛更深。長期以來，醫學家認為這些潰瘍的形成與胃酸和胃蛋白酶的消化作用有關，故稱消化性潰瘍。本病絕大多數（九五％以上）位於胃或十二指腸，病發於胃稱為胃潰瘍（gastric ulcer），在十二指腸則稱十二指腸潰瘍（duodenal ulcer）。病情嚴重，尤其是潰瘍侵犯了大血管時，除了腹痛，嘔血也是會出現的。

或許潰瘍本就讓諸葛亮長期處於慢性內臟出血，繼而發生貧血狀態，當然他是不會知道病根在哪裡的，依舊忙碌地與司馬懿鬥智、鬥勇，在不斷的消耗中，體質必然日益衰弱，病情必然更趨惡化，以至於出現其他合併症，如嚴重感染等。在缺醫少藥的五丈原前線，這些狀況都把他推向死亡的邊緣。

又或許當獲悉司馬懿識破他的計策時，真的「急怒攻心」，潰瘍周邊的血管破潰大出血，大量鮮血從食管一湧而出，有些化為無情的血塊，從咽喉進入呼吸道，卡出了通氣的進出隘口，引起窒息身亡。

兩軍對壘，為何偏偏是諸葛亮而不是司馬懿患上潰瘍病呢？

近年研究發現，潰瘍的形成與幽門螺旋桿菌（helicobacter pylori）的存在有著密切的關係。藥物刺激、吸菸喝酒、過量飲用咖啡、生活緊張、壓力巨大、飲食不規律等，都是非常重要的患病因素，可以透過生活習慣的改變而一一糾正。

諸葛亮的時代，與中國完全隔絕的美洲印第安人可能正在燃燒菸草吞雲吐霧，與中國極少打交道的阿拉伯人祖先也許還沒有發現咖啡豆，中國人尚未染上抽菸的惡習，也尚未學會品味咖啡的情調。至於強烈刺激胃腸的西藥：阿斯匹靈、類固醇等，還要等一千六百多年才發明出來呢！

前文談過，忙碌的諸葛先生幾乎不可能酗酒，況且那個年代，酒品的酒精濃度比較低，有限地喝也難以直接損傷消化系統。

因此，我們得從諸葛先生的作息、生活習慣，甚至工作態度上，探究發病原因。

## 大忙人，一病不起

為什麼原本用於消化食物的胃酸、胃蛋白酶等消化液，會轉而盲目地攻擊、腐蝕主人的胃、十二指腸呢？

其實人體的臟器（包括上述消化器官）都有神經系統（植物神經）的支配，與大腦和人的七情六欲息息相關，也就是說，胃腸都是有感情、有情緒的器官，他們的活動狀態、分泌多寡都會隨「心」而動，並非設好程式、一成不變的。

第二次世界大戰中，同盟國與軸心國鏖戰正酣，美國自從插手二戰之後，再也無法置身事外，在強敵日本與德國面前，美國人面臨著立國以來最大的挑戰，乃至生存的危機。此時的醫學調查卻發現，一些城市和軍隊內，罹患消化性潰瘍病患的人數顯著上升，說明精神因素對此病的發生有著不容忽視的作用。

當人存在緊張、恐懼、抑鬱、憤怒、痛苦、憂慮等負面情緒時，胃液分泌就會增多，胃酸繼而升高，而胃黏膜抵禦胃酸侵蝕的能力卻下降，容易引起胃及十二指腸的糜爛，進而發展至潰瘍。

飲食不規律的人由於進餐時間、進餐量都處於紊亂狀態，食物對胃腸道的刺激不定時，因此胃腸道的消化液分泌也被動地不定時發生，由此造成了胃腸黏膜受到密集而過量的消化液刺激，對潰瘍的誘發至關緊要。

至於那些性格內向、壓抑、易緊張、好克制的人，遇到壓力時不易排解，卻更依靠吸菸、喝酒來舒緩情緒，就更易出問題了。

讓我們仔細看看諸葛亮是怎樣一步一步地患上消化性潰瘍，繼而嘔血而逝的吧！

適當的壓力可以催人奮進，有所建樹，但過度的則會把人壓垮。諸葛亮不僅一人肩負著建設、保衛蜀漢政權的重任，還承擔著先主劉備白帝托孤、復興漢朝的囑託。龐統、法正等政才先後離世，關羽、張飛等大將也死於非命，蜀漢人才青黃不接，而後主劉禪卻是個無遠見、無經驗、無責任心的「三無人員」，可想而知，整個蜀漢好像只有諸葛亮一個人苦苦支撐，承受著巨大的壓力，「受命以來，夙夜憂嘆，恐託付不效，以傷先帝之明……願陛下托臣以討賊興復之效，不效，則治臣之罪，以告先帝之靈。」（〈前出師表〉）可憐的蜀漢是三國中人口最少、面積最小、實力最弱的一方，諸葛亮憑著這一點家底，加上過人的才幹和努力，慘淡經營，維持局面。獨木難支，蜀漢終究一天天地消耗著有限的生命，而諸葛亮也一天天地在沉重壓力的碾壓之下，慢慢患上消化性潰瘍。

焦慮、煩躁、憂鬱等不良情緒，時時刻刻折磨著「志存高遠」的諸葛亮。在關羽失荊州、劉備敗猇亭之前，蜀漢的發展還算蒸蒸日上：聯東吳、敗曹操、借荊州、取西川、占漢中。這一時期，諸葛亮的心情應該是開朗、愉快的。然而自從劉備兵敗病亡之後，蜀漢精銳喪盡、人心惶惶，魏吳虎視眈眈，南方伺機叛亂，身為蜀漢實際掌權者的諸葛亮，其心情可想而知。隨後，他連續發動五次北伐，戰爭曠日持久，雖與曹魏在局部戰場上互有勝負，但總體上無法取得戰略優勢，他「隆中對」的宏偉藍圖並未實現。魏國依舊兵精糧足，雄踞北方，蜀漢則已精疲力盡。沉浸在小說情節中的後人很難察覺到這些挫折。無數個孤獨、寂寞，甚至無助的夜晚，諸葛亮必定是長嗟短嘆、愁眉不展、輾轉反側、難以入睡。糾纏於這樣的心態，焉能不病？

諸葛亮的飲食肯定是不定時、不定量的，一言以蔽之：混亂而無規律。為什麼？因為他心情經常不好，因為工作實在太忙。試想一下，作為國家第一把手，連「罰二十」這樣的小事，居然都事必躬親，那些事關成敗存亡的大政方針已把他逼得難以喘息了，再加上這些本來可以完全委任他人的瑣事，堆積形成一片吞沒的海洋，他還有活路嗎？不累得吐血才怪！

## 空扼腕，英雄末路

我們從史書上看到，司馬懿對諸葛亮有著清晰的認識，對他的優缺點瞭如指掌，甚至對他的心理揣摩都準確到位，顯得氣定神閒；但幾乎沒有看到諸葛亮對司馬懿進行過深刻的分析，雖然我們相信他的智商更高。為什麼？也是太忙、沒時間的緣故，已經累得「寢不安席，食不甘味」，哪有時間去「關心」

司馬懿。

諸葛亮常自比管仲、樂毅，但我們不得不說，他在性格上過於自負，甚至有點剛愎自用、獨斷專橫，已超越了良性的自信，反而把他逼上了絕路。從管理學的角度看，作為國家最高級管理者，諸葛亮其實不懂管理。如果劉禪是蜀漢公司的董事長，諸葛亮就是總經理了，但這位總經理的管理學其實學得不怎麼好。

管理本質上就是透過別人來完成任務。在某個領域做得出色，充其量就是專家，但不是領導人。看高級管理者是否高明，不是看他做了什麼事，而看他用了什麼人。關鍵一點，就是學會如何授權。看看，劉邦文不如蕭何、張良，武不如韓信、英布，但他能用這些人打造出大漢江山。若大事小事攬於一身，想事事親為，做到滿分，簡直就是找死！如果有人問諸葛亮：「你手下有哪些能委以重任的人才？」也許他會說：「他們都不行，我都不放心，只有我才是最可靠的。」從大處看，諸葛亮這種對管理的認知，毀了劉備苦心打下的江山；從小處看，毀了他自己本來強壯偉岸的身軀。

這些性格和觀念因素，讓諸葛亮在壓抑、壓力和忙碌中，不斷惡性循環，直到「鞠躬盡瘁，死而後已」。這是他一生的悲劇。

諸葛亮的事業到底有沒有做大、做久呢？中國河南大學有一位教授在媒體上說：這要看一個人能否首先做到四個「行」。

第一，自己要行。筆者歸結為個人能力。諸葛亮學富五車，的確不假，個人才華橫溢，也很讓人羨慕。不過，他們家世代為文官，他的軍事鑽研有所欠缺，而且當時沒有專門的軍事院校。軍事指揮學畢竟和醫學一樣，是一門實踐的學問，不是讀完幾本書就能成事的。歷史上許多傑出將領都是從小兵幹起，諸葛亮可沒有這樣的機遇，因此其文治工夫明顯優於戎事，實屬正常。這樣的人如果只擔當戰略家的角色，無需親臨指揮，配以周瑜、樂毅之類的大將，可能會取得更大成就（如張居正重用戚繼光、李成梁）。

第二，有人說你行。筆者歸結為歷史機遇。諸葛亮生活在亂世，恰逢不得志的劉備苦心經營身邊的人才隊伍。諸葛亮此時加入，算是捉住千載難逢的機會，為日後的大展拳腳埋下伏筆。

第三，說你行的那個人，本身也要行。筆者歸結為活動平臺。劉備晚年對諸葛亮非常欣賞、倚重，這是人所共知，可惜劉備集團實力最弱、地盤最小、人才最少，諸葛亮要靠這一點點資本去競爭，確實有點勉為其難，何況魏國、吳國尚未衰落。

第四，自己身體要行。筆者歸結為體格素質。不須說，諸葛亮這方面是完全不及格的。

看了上述四點，不知道你是否對諸葛亮的認識加深了呢？一句話，悲劇式歷史人物，往往博得後人更多同情，甚至喜愛，項羽如此，諸葛孔明也如此。

---

❶陳壽《三國志．蜀書．諸葛亮傳》：「亮性長於巧思，損益連弩，木牛流馬，皆出其意；推演兵法，作八陣圖，咸得其要云……諸葛亮之為相國也，撫百姓，示儀軌，約官職，從權制，開誠心，布公道……可謂識治之才，管、蕭之亞匹矣……應變將略，非其所長歟。」

❷司馬光《資治通鑑．卷第七十二》：「亮遣使者至懿軍，懿問其寢食及事之煩簡，不問戎事。使者對曰：『諸葛公夙興夜寐，罰二十已上，皆親覽焉；所啖食不至數升。』懿告人曰：『諸葛孔明食少事煩，其能久乎！』」

❸〈諸葛亮傳〉裴松之注：「相持百餘日。其年八月，亮疾病，卒於軍，時年五十四。《魏書》曰：『亮糧盡勢窮，憂恚歐血，一夕燒營遁走，入谷，道發病卒。』」

## 如果諸葛亮活在現代，醫生會建議……

一、生活上要注意：消化性潰瘍屬於典型的心身疾病範疇，心理—社會因素對發病產生重要作用，因此保持樂觀的情緒、規律的生活，避免過度緊張與勞累，均十分重要。

二、飲食上要注意：①細嚼慢嚥，避免急食；②有規律的定時進食，以維持正常消化活動的節律；③飲食宜注意營養，但無需規定特殊食譜；④餐間避免零食，睡前不宜進食；⑤應戒菸酒，並避免咖啡、濃茶、濃肉湯和辣椒、酸醋等刺激性調味品或辛辣飲料；⑥飲食不過飽，以防止胃竇部的過度擴張而增加胃泌素—胃酸的分泌。

三、避免應用致潰瘍藥物，如①水楊酸鹽及非類固醇抗炎藥(NSAIDs)；②腎上腺皮質激素等。如果因風溼病或類風溼病必須用上述藥物，應當盡量採用腸溶劑型或小劑量間斷應用，同時進行充分的抗酸治療和加強黏膜保護劑的應用。

四、檢查與治療：懷疑潰瘍者可行胃鏡檢查，並檢驗有無幽門螺旋桿菌的存在。倘若發現幽門螺旋桿菌和潰瘍，可在醫師的指引下服用足量、足療程的殺菌藥物，同時進行抗酸、護胃治療。

# 萁豆相煎骨肉焚。

## 曹植七步成詩之後的下場

植每欲求別見獨談，論及時政，幸冀試用，終不能得。既還，悵然絕望。……又植以前過，事事復減半，十一年中而三徙都，常汲汲無歡，遂發疾薨。（《三國志・魏書・陳思王傳》）

姓名：曹植
身分：曹魏陳思王
活動範圍：山東—河南
生存年代：西元一九二年～二三二年，四十歲

《詩・小雅》有〈棠棣〉一詩，云：「棠棣之華，鄂不韡韡，凡今之人，莫如兄弟。死喪之威，兄弟孔懷。原隰裒矣，兄弟求矣。」棠棣，指的就是兄弟情誼。

中華民族自古以來不僅十分重視兄弟之情，而且將其上升到道德乃至法統的高度，概括在「父慈子孝、兄友弟恭」等信條之中。

父親對兒子慈愛，兒子愛父親；哥哥對弟弟呵護，弟弟也愛哥哥，這真是一副美好的設想。的確，很多人也做到了，儘管不乏曲折、艱辛的過程，這應該是大多數家庭還能保持和諧的重要原因吧！

可惜這種和諧、這種「兄友弟恭」，在君主專制的古代顯赫家族是大打折扣，甚至蕩然無存的。《左傳》開篇就記載了春秋早期鄭莊公和弟弟叔段的君權之爭，直至把弟弟逼死。到了清代，圍繞康熙帝的繼承人問題，一群阿哥爭得你死我活，上演一齣齣明爭暗鬥、爾虞我詐的醜劇，最後四阿哥脫穎而出成為雍正帝，隨即又對兄弟們展開殘忍的迫害，完全置自己的道德形象於不顧。而這幾千年的陰霾中，最極端的例子莫過於秦王李世民發動玄武門之變，把皇位爭奪者——親哥和親弟當場殺死並滿門抄斬，最後還威脅父皇承認既成事實。一代明君唐太宗的雙手也是無比的血腥。畢竟皇權家庭的君臣關係才是第一位的，而最高權力的誘惑會將一切道德都扭曲成嘴上空談。

諸侯紛爭、激烈動盪的三國時代，這樣的悲劇自然也無法避免。

## 千夫所指的家庭悲劇

這是家喻戶曉的故事。某日，魏文帝曹丕命人把弟弟曹植押到跟前，惡狠狠地說：「朕聞汝頗具文采，不知實有其事抑或小人代筆作偽。現限汝七步之內，吟出一詩。若成，則饒汝不死；若不成，汝即犯欺君之罪，當受極刑。」

曹丕洋洋得意，因為他也是文學高手，以他的認知，即使是慣於出大手筆的名家，七步之內出口成章，就算屈原再世也是不可能的。他磨刀霍霍向弟弟，不料，曹植不愧是文學大家魏武帝曹操之子，不愧是「建安才子」之冠，不但七步之內吟出一詩，還寄託了對曹丕的諷喻、規勸之情。

就是膾炙人口、小孩都會脫口背出的〈七步詩〉：「煮豆燃豆萁，豆在釜中泣。本是同根生，相煎何太急？」豆和豆萁是同一根上長出來的，好比同胞兄弟。豆萁燃燒起來把鍋內的豆煮得不停哭泣，比喻兄長凌逼弟弟，十分貼切感人。曹丕聽罷慚愧不已。

曹植，字子建，曹操第三子，與曹丕同為卞夫人所出，曾受封「陳思王」，他「思捷而才俊，詩麗而表逸」，東晉謝靈運更說：「天下才有一石，曹子建獨占八斗，我得一斗，天下共分一斗。」這位才高八斗的貴族公子一生筆耕不輟，創作數量和藝術成就都堪稱一時冠冕。可惜沉浸在通俗文化的現代人，往往只記得〈七步詩〉，對真正代表其水準的傑作早已一無所知。

必須澄清的是，〈七步詩〉只是原始作品的簡化版，是民間口口相傳和《三國演義》影響的必然。原詩是「煮豆持作羹，漉菽以為汁。萁在釜下燃，豆在釜中泣。本自同根生，相煎何太急？」❶那則童叟皆知的故事，最早見於兩百多年後南朝的《世說新語》，並不見於《三國志》；而那首現代人最熟悉的詩也不見於曹植流傳後世的個人著作集。

雖然真偽難辨，不過不妨礙我們對曹丕與曹植關係的認識，而且更加深了我們對無情兄長曹丕的醜惡形象，對文學天才曹植的美好印象。

## 是放浪公子哥，更是政治失敗者

年輕時的曹植，典型的風流才子，生活在安寧、優越的環境中，深受愛好文學的父兄影響，藉助凡人難以享受的物質條件和世間罕有的天賦，給自己帶來了冠絕的名聲和父親的關注。他十歲時就已誦讀了詩論辭賦數十萬言，十二歲就完成了才情奔溢的〈銅雀臺賦〉，名震公卿。本身喜歡橫槊賦詩且不拘一格的曹操，曾動過廢長立幼的念頭，考慮把魏王（曹操終其一生未稱帝）寶座傳給曹植。可惜曹植只是一介文人，有當帝王的衝動，卻毫無政治伎倆和權謀心機，而文學藝術畢竟不是當一國之君最重要的資本，不少藝術造詣頗深的皇帝都是暴君或昏君，下場大多相當悲慘，真是入錯門、幹錯行。

在帝王之家當不成接班人是很倒楣的，而參與挑戰過接班人位置的更是險象環生。曹植一輩子前半生風流蓋世，後半生沉寂悲憤。界限很明顯，就是西元二二〇年，曹操去世，新的魏王登基，但不是曹植。他的前半生集中了令天下人陶醉的雄心壯志、鶯歌燕舞、詩情畫意，而後半生又凝聚了令人同情的無盡辛酸、悽楚和傷感。生命最後十二年，曹植就在不斷斥責、打壓、控制、監視中度過，他的爵位被一貶再貶，他的封地被一再遷徙，他的待遇被一再削減，他顛沛流離，甚至窮困潦倒，名為王侯，實為囚徒，「常汲汲無歡，遂發疾薨」（《三國志·陳思王傳》），年僅四十歲。

曹丕對曹植的猜忌和壓制，乃至迫害，在帝王之家是常見的，而更不幸的是，其中不僅有專制皇權的傳統惡性思維。在政治上頗想有所建樹的曹丕，逼迫另一位皇家囚徒——漢獻帝禪位，自己名正言順地稱孤道寡，然而，此人實在是心胸狹隘之徒。論政治、軍事的管理能力，兩兄弟無從比較，歷史也沒有給曹植太多機會去檢驗，只是從曹丕執政六年多的歷史來看，不過政績平平，至少可肯定沒什麼雄才大略，與其父相比，差距甚矣！

如果他只是「略輸文采、稍遜風騷」的一般帝王，曹植的日子可能還好過些。悲哀的是，曹丕本人也是文壇領袖，畢生大力創作並進行理論研究，是描寫男女愛情和遊子思婦的能手。他的《典論·論文》

更是中國最早的文學理論與批評著作。當然，曹植的純文學創作成就遠在兄長之上，受追捧的程度也是曹丕望塵莫及的。即使在今天，著名導演和演員也是最能吸引大眾眼球的，人們對李安及其名作耳熟能詳，但試問又有多少人留意或記住了影評人的名字乃至文章？因此，正是曹丕的失意＋嫉恨＋戒心＋自私的皇權，造成了骨肉相殘的悲劇。

史書沒有說曹植是自殺和他殺，那麼他究竟得了什麼病，在四十歲時就撒手人寰呢？

## 出口成詩卻食不下嚥

一代文壇驕子的病症隱蔽成蛛絲馬跡，沉積在浩浩的古代文獻中。經過查閱，筆者驚奇地發現，他居然出現過兩大症狀。

其一，吞嚥困難。

《太平御覽》記載：「陳思王精意著作，食飲損減，得反胃病。」中醫學理論認為此為飲食之後，宿穀不化，脘腹脹悶，自感難忍而復吐。或朝食暮吐，或暮食朝吐，吐出之物，完穀不化。曹植在〈釋愁文〉中提到「臨餐困於哽咽，煩冤毒於酸嘶」。全心投入文藝創作可能導致食欲減少，但不會成為噁心嘔吐的直接原因，而曹植的描述卻讓後人得到吞食不暢的重要資訊。看來，他的消化道症狀不是忙於寫作引起的，很可能是食道和胃之間真的存在某種可怕的病理改變。

其二，明顯消瘦。

曹丕死後，曹植的境況稍有好轉，但生命也即將走到盡頭。去世前一年，太和五年（西元二三一年）冬，魏明帝曹叡召見曹植，見到叔叔的潦倒之狀，甚為驚訝：「王顏色瘦弱，何意耶？腹中調和不？今者食幾許米，又啖肉多少？見王瘦，吾驚甚，宜當節水加飡。」（《太平御覽．卷三百七十八．人事部十九》）於是乎，明帝惻隱之心偶動，賜給曹植一些食品。為此，曹植上表：「近得賜御食，拜表謝恩。尋奉手詔，湣臣瘦弱。奉詔之日，泣涕橫流……」親情之切，早已無影無蹤，君臣之禮，躍然紙上，除此之外，已陌如路人。

食欲減退、吞食障礙、營養不良，當然會導致體格消瘦，但身為王侯，說他到活活餓死的邊緣，也太誇張了，「顏色瘦弱」還當另有原因。

瘦骨嶙峋的曹植得到皇帝侄子恩賜的食物，百感交集，就算想吃，也嚥不下了。最終沒有長胖一絲一毫，朝見明帝不久之後，便帶著無盡的病痛與傷感，在山東東阿離開了人世。

綜合分析，筆者覺得曹植死於食道癌（esophageal carcinoma）的可能性很大。

## 被哀愁、惶恐、失望、悲憤包圍

食道癌是發生在食道的惡性癌腫，是常見的消化道腫瘤。現代全世界每年約有三十萬人死於食道癌。中國是世界上食道癌高發地區之一，發病年齡多在四十歲以上。

雖然癌細胞浸潤食道，但早期症狀常不明顯，病患在吞嚥粗硬食物時可能有不適感，包括哽噎感，胸骨後燒灼樣、針刺樣或牽拉摩擦樣疼痛。食物通過緩慢，並有停滯或異物感。哽噎停滯感常經由吞水後緩解。症狀時輕時重，進展緩慢。

到了中晚期，腫瘤愈長愈大，不僅形成明顯阻塞，還可能擴散到食道周圍的器官。典型的症狀為日益加重的吞嚥困難，先是難嚥乾的食物，繼而是半流質食物，最後連水和唾液也不能嚥下。

此時，由於長期攝入不足和日益膨脹的癌組織搶奪營養、能量，病患逐漸消瘦、脫水、無力，或再合併重要器官被侵蝕，最終全身衰竭而死。

四十歲早早離世，就今日而言，主要也是惡性腫瘤（癌症）造的孽。但僅憑兩個常見症狀診斷曹植患有食道癌，而且無從得知他是否喜歡吃危害極大的鹽漬醃製食物，是否太武斷了呢？不然。從曹植的生平以及作品來看，他患癌症，特別是食道癌，確實存在不少的高危險致病因素。

首先，和大多數癌症病患一樣，曹植長期被嚴重的不良情緒控制著，苦悶不欲生。作為傑出的文學家，感情必然是細膩的、敏感的，但這是一把雙刃劍。細分之下，這些不良情緒又是多種多樣。

第一，深沉哀愁。

像「形影忽不見，翩翩傷我心」（〈雜詩六首．其一〉）、「弦急悲聲發，聆我慷慨言」（〈雜詩六首．其六〉）、「路人尚酸鼻，何況骨肉情」（〈鞞舞歌．聖皇篇〉）這樣的詩句在曹植的作品中可謂俯拾即是。

黃初元年（西元二二〇年），父親屍骨未寒，曹植便在曹丕的逼迫下，離開久居的京師洛陽，前往遙遠的封地就藩，實際上就是被一腳踢出權力中心。曹植作〈九愁賦〉唱道：「嗟離思之難忘，心慘毒而含哀……愁戚戚其無為，遊綠林而逍遙。臨白水以悲嘯，猿驚聽而失條。亮無怨而棄逐，乃餘行之所招。」後又作〈雜詩〉哀嘆：「悠悠遠行客，去家千餘里。出亦無所之，入亦無所止。浮雲翳日光，悲風動地起。」悲愴之情，令人聞之涕泣。

第二，惶恐不安。

曹丕一即位就立即誅殺了曹植的黨羽丁儀、丁廙等文人。白色恐怖好像一張大網，悄悄向曹植撒去。黃初二年，安插在曹植身邊的監國謁者灌均，迫不及待地誣告曹植，向曹丕檢舉「植醉酒悖慢，劫脅使者」。曹丕如獲至寶，立即召集群臣討論治罪方案，當場有人提出「可削爵土，免為庶人」，甚至有人主張「暴之朝廷」，處以極刑。幸好卞太后從中維護，曹植才撿回一命，但被曹丕由食邑萬戶的臨淄侯降為安鄉侯，後又改封鄄城侯。

給皇帝哥哥的檢討書〈上責躬應詔詩表〉中，曹植寫道：「臣自抱釁歸藩，刻肌刻骨，追思罪戾，晝分而食，夜分而寢，誠以天網不可重罹……臣植誠惶誠恐，頓首頓首，死罪死罪。」雖有違心的客套話在裡面，但驚恐之情依然讓千百年後的讀者感受到專制皇權的高壓與恐怖。

為了苟且偷生，曹植不得已自我羞辱、自我貶損，向曹丕承認莫須有「罪行」，又吹捧皇兄的恩德，還說「心之雲慕，愴矣其悲。天高聽卑，皇肯照微。」（〈責躬詩〉）這就是君主專制社會中，那種冠冕堂皇的君臣關係掩蓋下，赤裸裸又無比醜陋的兄弟相殘。

第三，極度失望。

黃初三年，誣告事發後一年，曹丕興師討伐吳國。曹植感覺將功補過的機會到了，久已沉寂的抱負熱情被再次喚起。他急於求見曹丕，屢屢希望別見獨談，得受試用，可惜終究被曹丕冷拒門外。「悵然絕望」的曹植寫下了流傳千古的名篇〈洛神賦〉：「……夜耿耿而不寐，沾繁霜而至曙。命僕夫而就駕，吾將歸乎東路。攬騑轡以抗策，悵盤桓而不能離去。」失意落寞的大詩人，騎馬走在孤獨的歸途上，望著落日，惆悵滿懷。

黃初四年，曹丕詔令曹植赴京朝會。五月，曹植聞訊，立即啟程，星夜急行，曉行夜宿，跋山涉水，倦不能息，饑不暇食，雖然勞苦，但內心卻充滿喜悅和期待，不料抵京之後竟再次受到曹丕的冷遇。此時此刻，曹植的沮喪心情可想而知。

第四，悲憤抑鬱。

那次失敗的赴京朝會，曹植其實是和另兩位兄弟——白馬王曹彪、任城王曹彰同去的。曹彰到達京師不久，忽然不明不白地死去。七月，悲慟欲絕的曹植、曹彪打算同路回封地，可是朝廷仍舊顧忌，居然禁止他們同行。曹植「憤而成篇」寫就〈贈白馬王彪〉，沉痛地說：「鬱紆將何念？親愛在離居。本圖相與偕，中更不克俱。鴟梟鳴衡軛，豺狼當路衢……心悲動我神，棄置莫復陳……憂思成疾疢，無乃兒女仁。倉卒骨肉情，能不懷苦辛。」

情緒就是人思想感情的流露，是大腦皮層興奮、抑制過程所處的一種狀態。可分為兩大類：一類是有利於身心健康的愉快情緒；如希望、快樂、恬靜、好感等；另一類是有損於身心健康的不愉快情緒；如焦慮、抑鬱、憤怒、恐懼、沮喪、悲傷、痛苦、緊張等，我們把後者叫做負性情緒。現代醫學認為負性情緒超過人體生理活動所能調節的範圍，就有可能與其他內外因素交織在一起，引起癌症的發生。對癌症患者做心理調查時，科學家發現有克制、壓抑、不滿和悲憤等情緒的人更容易發生癌症。醫學界的調查又表明：食道癌病患中，五六・五%在病前就有憂愁和急躁等消極情緒。

# 又是酒精惹的禍

長期酗酒是曹植容易患食道癌的第二個重要原因。

曹植年少得志，受到父親曹操的寵愛，嗜酒成性，縱情遊樂，甚至到了貽誤戰機的地步，確實表現得很不成熟。《三國志》評論：「任性而行，不自雕勵，飲酒不節。」

建安二十四年，曹仁為關羽所圍，曹操任命曹植為「南中郎將，行征虜將軍，欲遣救仁」，打算樹立他的軍中威信，並增補其軍政履歷。出發前，曹操鑑於愛子的老毛病，早已有言在先，對他千叮萬囑，要注意收斂個人的放縱行為。可曹植偏偏就是恨鐵不成鋼的種，大軍整裝待發，鼓角震天，他卻因前一晚大飲特飲，不勝酒力，此刻「醉不能受命」，千呼萬喚起不來。曹操聞言大怒大悔，立刻罷免了曹植的職務。這次事件確實讓曹植在儲君爭奪中失分不少，像曹丕這樣深得老爸真傳，懂得「御之以術，矯情自飾」的人，肯定不會犯這種錯誤。單就此事來看，繼承人之爭，勝敗已定。

是不是後來的曹魏正統修史者故意抹黑失敗者曹植呢？非也！曹植在詩文中多次提到他心愛杯中物，像「騰觚飛爵闌干」的描寫幾乎成了招牌語言，留下大量諸如「置酒高殿上，親交從我遊」（〈箜篌引〉）、「歸來宴平樂，美酒斗十千」（〈名都篇〉）的詩句，也是美酒廝守相伴、生活孟浪放蕩的真實寫照。

曹丕全面贏得儲君之爭的勝利後，天真的曹植還未意識到往後的日子會愈來愈難過。他在〈侍太子坐〉吟道：「清醴盈金觴，肴饌縱橫陳。」仍然對美酒情有獨鍾。

到了曹丕即位，實施冷酷的打擊報復時，曹植的意志日漸消沉，更加鬱悶地沉迷於酒色之中，不能自拔；又或許學乖了、學精了，懂得用酒色犬馬之樂來掩人耳目，尋求自保。總之，酒精依然在他的窮途末路中扮演著重要的角色，他在〈當來日大難〉寫道：「別易會難，各盡杯觴。」又在〈當車已駕行〉感嘆：「不醉無歸來，明燈以繼夕。」

酒精為何會在食道癌的發病中有著舉足輕重的作用呢？

有關食道癌與飲酒的關係，國外學者做了大量調查。他們發現許多食道癌病患有大量飲酒史，或者多是釀酒工人及與酒精有關的職員。最近英國和香港的科學家調查了香港食道癌病患的吸菸及飲酒情況，經過詳盡對比分析，發現飲酒可能比吸菸更容易致食道癌發生。

原來食物中某些致癌物本來不能吸收而透過大便排出體外，但酒精卻是這些致癌物的良好溶劑，促進了吸收。另外，長期大量飲酒損傷了胃黏膜，造成各型胃炎，以致胃酸缺乏，細菌得以繁殖，促進了某些致癌物的合成。最後，酒精不是人體必需的物質，進入體內卻可以導致某些致癌物質的啟動。

光是以上兩個因素未必把曹植置於食道癌的死地，還有第三個危險因素，就是胃食道逆流病。

還記得曹植在〈釋愁文〉提到「臨餐困於哽咽，煩冤毒於酸嘶」嗎？他的胃液反流到喉嚨，引起聲音嘶啞、反酸難忍，就是胃食道逆流病的部分症狀。

胃食道逆流病（簡稱 GERD）是指胃、十二指腸內容物反流入食道引起的以燒心、反酸為主要特徵的疾病。一般來說，胃內儲存著胃酸，十二指腸內有膽汁液，都是消化液，可消化肉類或其他食物。胃內天生有層像瓷器般的黏膜保護屏障，因此胃酸在胃內很安分守己。若胃液反流入食道腔，食道並無黏膜保護層，胃酸就會腐蝕破壞食道黏膜引起糜爛、潰瘍，黏膜容易反覆受損，因此病人就有增加罹患食道癌的風險。

一代才子承受著沉重的心理負擔，在美酒的麻醉下，人生愈走愈黯淡，詩歌愈寫愈悲涼，終於在四十歲時走進了墳墓。

## 與政治絕緣造就出八斗才

斯人已逝，情何以堪？對於曹植的悲劇，固然曹丕等人有著不可推卸的責任，但是曹植本人也是咎由自取。作為詩人，曹植的純真、率性、放縱、恣意，本是無可厚非，常人會認為此乃詩人之特性。但作為政治家，哪怕是生活在底層的普通百姓都知道這樣做實在太不穩重，不僅易授人話柄，難以服眾，而且對個人的前程乃至健康都是極為不利的。

曹植的一生，勳績在翰墨、賦辭之間，有遠大政治抱負卻無半點政治頭腦，又受自身性格所困，率性胡為，結果還是葬送了自己。倘若曹植後來當了曹丕的角色，歷史上也許只是多了一個比李後主更出色的文壇巨匠兼昏庸「君二代」，卻會少了一個在江邊寬衣博帶，賦詩飲酒，既有紅袖添香，又惹鶴唳猿嘯，酒入愁腸愁更愁的可愛大文豪。

❶劉義慶《世說新語．文學》：「文帝（曹丕）嘗令東阿王（曹植）七步中作詩，不成者行大法。應聲便為詩曰：『煮豆持作羹，漉菽以為汁。萁在釜下然，豆在釜中泣；本自同根生，相煎何太急。』帝深有慚色。」

## 如果曹植活在現代，醫生會建議……

一、飲食有度：盡量不吃隔夜蔬菜、腐爛水果、發黴糧食，盡量少吃市售的鹹魚、鹹肉和醃菜，以及煎、炸、烤等食品。不吃過熱、過硬和刺激性強的食物。否則口腔、食道和胃黏膜都會被損害。刺激性食物包括濃茶、濃咖啡、烈性酒等。要注意口腔衛生，口腔任何病變都對消化不利，如有感染也容易蔓延到食道。此外，飲水要注意水源，自來水也要防汙染，否則有致癌的風險。

二、細嚼慢嚥。

三、營養均衡。

四、及早發現：對於早期的疑似症狀應提高警覺，盡快行胃鏡檢查。

## 金樽豈止有瓊漿。

### 李白一飲三百杯，沒醉死卻中毒？

白在宣州謁見，遂辟從事。永王謀亂，兵敗。白坐，長流夜郎。後遇赦，得還，竟以飲酒過度，醉死於宣城。（《舊唐書．李白傳》）

姓名：李白
身分：唐朝翰林待詔
活動範圍：四海為家
生存年代：西元七〇一年～七六二年，六十一歲

### 死因撲朔迷離、眾說紛紜

大唐寶應元年（西元七六二年）某天，安徽當塗境內的長江上有艘小舟，舟上站著一位老者，他是唐代最偉大的浪漫主義詩人李白。

這時的李白已沒了昔日「俱懷逸興壯思飛，欲上青天覽明月」的豪情與風采。他老了、頹唐了，雖然還抱有「功名富貴若長在，漢水亦應西北流」的渺茫希望，但戰亂頻仍、民不聊生的「安史之亂」中，六十一歲的他確實已衰朽了。他的創作雄心雖不斷煥發，報國熱忱雖不斷點燃，但不斷受到打擊、不斷受到壓抑。到底是一介文人，缺乏政治的敏感和權變，空有一腔愛國情懷。在此之前，李白為了參與討伐叛軍，加入了永王李璘的軍隊，李璘既是唐肅宗李亨的弟弟，又是皇權的競爭者，不久就被朝廷「中央軍」鎮壓，李白被牽連獲罪，遭到流放。儘管很快就僥倖得到赦免，但大詩人已心力交瘁，身心俱殘。

李白依然是李白，不會因體力衰頹、人生坎坷而有所屈辱。

他沒有官職、沒有地位、沒有盤纏、沒有立足之地，前途只是晴空中的游絲、風波中的水點，沒有資料顯示他死前身邊有哪位親人陪伴左右，在四顧茫茫的長江上漂泊的恐怕只有煢煢孑立、形影相弔的孤客，白髮蒼蒼，滿臉皺紋。詩人所有的只有詩，吟詩可以度日、可以充饑、可以暫時忘卻人生的苦痛和悲哀。

此刻，無邊無涯的惡浪正向漂泊的小舟猛拍過來，李白畢竟經受不了惡浪的摧殘，他的生命就像一縷殘焰，慢慢消逝在長江無盡的長夜中。

李白之死，死因歷來眾說紛紜，莫衷一是。總體可概括為三種死法：其一是醉死，其二是病死，其三是溺死。

第一種死法見諸《舊唐書・李白傳》，記載李白「竟以飲酒過度，醉死於宣城」。約八十年之後，詩人項斯作〈經李白墓〉云：「夜郎歸未老，醉死此江邊。」李白直接死於酗酒，在不少人看來是可信的。

第二種說當大將李光弼東鎮臨淮時，李白不顧花甲高齡，聞訊前往請纓殺敵，希望在垂暮之年為挽救國家危亡而盡力，因病中途返回，次年病死於當塗縣令、唐代最有名的篆書家李陽冰之處。

李陽冰是李白的族叔，他的〈草堂集序〉曰：「陽冰試弦歌於當塗，心非所好。公暇不棄我，乘扁舟而相顧，臨當掛冠，公又疾亟，草稿萬卷，手集未修，枕上授簡，俾予為序。」原來重病的李白把文稿親手交給了他。

唐代的李華〈故翰林學士李君墓誌序〉云：「姑熟東南，青山北址，有唐高士李白之墓……（李白）年六十二，不偶，賦〈臨終歌〉而卒。」

距李白歿約三十年，劉全白在〈唐故翰林學士李君碣記〉也說：「君名白，天寶初詔令歸山，偶遊至此，以疾終，因葬於此。全白幼則以詩為君所知，及此投弔，荒墓將毀，追想音容，悲不能止。」

這些古代文獻所述的「疾亟」、「賦〈臨終歌〉而卒」、「以疾終」，都告訴人們李白是病卒的。一百多年後，晚唐詩人皮日休曾作〈李翰林詩〉云：「竟遭腐脅疾，醉魄歸八極。」他也認為李白是因病致死的，連升天的靈魂都帶著醉意。

第三種死法則多見諸民間傳說，極富浪漫色彩，與詩人的性格非常吻合。大致說李白在當塗的江上飲酒，因醉跳入水中捉月而溺死。王定保《唐摭言》中云：「李白著宮錦袍，遊采石江中，傲然自得，旁若無人，因醉入水中捉月而死。」將李白喜酒、好月的性格揉合，塑造出浪漫的死亡。宋人洪邁《容齋隨筆》云：「世俗多言李太白在當塗采石，因醉泛月於江，見月影俯而取之，遂溺死。故其地有捉月臺。」李白是「謫仙人」、是超脫人間的天才，自然不容於人間，赴江流而去也許正是他在人們心中獨特的「回歸」。

酒、病、溺三種說法，仔細考量，捉月溺死應是以訛傳訛的猜想，帶有神話色彩，很可能是杜撰。事涉無稽，值得玩味的是人們寧肯捨棄醫學科學的探求，而驅馳想像，實在是大有深意。

綜合來看，三種死法都和酒有著密切的聯繫，歸根結柢，李白還是病死的可能性最大（酒精中毒也是一種疾病）。在當時人和後人看來，李白的死與酒精脫不了關係。

曾有學者由皮日休的「腐脅疾」得到啟發，從醫學角度進行研究推測，認為李白晚年曾遊金陵，李光弼東鎮臨淮，詩人決計從軍，可惜發病半途而歸。「腐脅疾」就是現代醫學所說的「膿胸」，此病為胸膜腔感染細菌而化膿，在沒有抗生素的古代，自然很容易奪命。

然而，皮日休的說法只是孤證，他比李白晚一百多年出生，何曾親眼目睹李白離世的細節，儘管會有坊間傳聞，也只是捕風捉影，經過文學家的藝術加工，可信度必然大打折扣。更何況，腐脅疾在古人謂由沉湎於酒而使胸部潰爛。宋代葉夢得《石林詩話》云：「凡溺於酒者，往往以嵇阮為例，濡首腐脅，亦何恨於死邪。」我們應該這樣理解：皮日休寫李白患「腐脅疾」，其實是酗酒而死的藝術表達，恰恰表明：他也認為李白之死與酗酒相關。

## 酒徒詩仙誤闖人間

西諺云：一千個讀者就有一千個哈姆雷特。李白對中國人而言，也是如此。

關於李白的形象，唐代魏顥的描述最為傳神。這位仁兄是李白的忠實粉絲，年輕時為了追星，曾經跑了三千多里路去找李白。他眼中的李白，「眸子炯然，哆如餓虎，或時束帶，風流醞藉」。就是說：

李白的兩顆眼珠子又大又亮，像餓虎的眼睛似的。這形象豈非生氣勃勃的猛男？再看他的衣著，想像他摯愛的佩劍，豈非高蹈遠舉、俯視紅塵的仙子？

李白博覽群書，習研劍術，曾混跡於江湖。他愛好自由，性情浪漫，「五嶽尋仙不辭遠，一生好入名山遊」，從小喜歡神仙，學過道，煉過丹，做過酒徒。自視甚高，眼高手低，不屑於科舉卻熱衷功名……李白在人們心目中的形象是天才、詩仙、俠客、道士、旅行家、縱橫家、隱士、性情中人……而且每一種形象都是那樣鮮明耀眼，令人過目不忘，以致於人們有時會很迷惘，李白究竟是完全屬於他自己，還是我們想像的產物呢？

不過有一個形象是大家都認可的，那就是——酒徒詩人。

李白曾有詩〈贈汪倫〉：「李白乘舟將欲行，忽聞岸上踏歌聲。桃花潭水深千尺，不及汪倫送我情。」這是膾炙人口的作品。然而，並不是人人都知道汪倫是誰。相傳汪倫曾為唐開元間涇縣令，卸任後，居涇縣桃花潭畔。李白遊歷時，他以美酒待客，原來美酒是他們之間的友誼橋梁。令筆者突發奇想，李白到底是捨不得汪倫，還是捨不得汪倫的美酒？

李白一生嗜酒成性是出名的，除了有「詩仙」之稱外，又有「酒仙」之稱。李白究竟嗜酒到什麼程度呢？〈將進酒〉有所描述：「鐘樓饌玉不足貴，但願長醉不復醒。五花馬，千金裘，呼兒將出換美酒，與爾同銷萬古愁。」為了「長醉不復醒」，什麼好東西也不在乎了，金銀財寶、名駒錦袍都可以拿去換酒，難怪後人稱其為「酒仙」！

酒對人來說，真是功用繁多，可抒情，又可作樂，對詩人而言尤其重要，古往今來不少作品皆在文人的觥籌交錯、悲歡歌嘯中寫下，宣洩了他們心中多樣的情緒。酒不只在日常生活占有一席之地，在文學上也是一大功臣。

品讀李白詩作，人們往往能聞到一股濃濃的酒味。詩人的〈將進酒〉有「烹羊宰牛且為樂，會須一飲三百杯」；〈敘贈江陽宰陸調〉有「大笑同一醉，取樂平生年」；〈贈劉都史〉有「高談滿四座，一日傾千觴」……

李白說自己的詩是「興酣落筆搖五嶽，詩成嘯傲凌滄洲」，杜甫稱讚他的詩「筆落驚風雨，詩成泣鬼神」。這種無比神奇的藝術魅力，其存在自然也得益於美酒的熏化。

「百年三萬六千日，一日須傾三百杯。」表面上是李白的生活寫照，看似他貪戀杯中物，恣意放誕。仔細研讀後，筆者才明白酒是李白的面具，是保護色，背後藏著辛酸、苦痛、挫敗與無奈，令人扼腕嘆息。李白與酒關係如此非同尋常，難怪後人總把他的死和酒扯在一起。

## 美酒雙刃劍，奪命於無形

「酒仙」無疑是「詩仙」嗜酒最佳的註腳，成就了盛唐豪邁、放達的李白。他縱酒，書寫了一生的傳奇，也釀造了流傳千古的瑰麗詩篇，但酒精畢竟是一把雙刃劍，長期喝酒對身體是有損傷的。

從醫學的角度看，酗酒可導致急性酒精中毒（包括普通醉酒和複雜性醉酒）、酒精依賴和慢性酒精中毒，其臨床表現各有千秋，最常見的是普通醉酒，病患出現微醉時，常感心情舒暢、妙語趣談、詩興大作，酒催詩發，詩助酒興。少量的酒使人大腦短暫地興奮，使情緒和思維進入高度活躍狀態，這是酒的魅力所在。對詩人來說，酒能產生異常的創作衝動和豐富的聯想，催化出多彩的靈感，比如李白「會須一飲三百杯」之後，「酒入豪腸，七分釀成了月光，還有三分嘯成劍氣，秀口一吐，就是半個盛唐」。

李白之死到底和酒精有多大的關係呢？由於史料匱乏，無法找到他去世前的病況資訊，尤其是症狀的資料，因此不敢妄下結論說他直接死於酒精中毒。不過，對於這樣愛好美酒的老者，其身體多多少少合併諸如酒精性脂肪肝，甚至酒精性肝硬化之類的慢性損傷，都是情理之中的。老人到了生命的終點時，衰朽的軀體往往不僅得一種疾病，最後離開這個世界也經常是多種疾病共同作惡的結果。

李白還可能患有哪些疾病呢？筆者不打算單純從酒精中毒的角度去闡述，從健康生活的另一視角切入，人們也不應忽視唐人日常用的酒器。

在李白永遠閉上雙眼時，這具冰涼的遺體不但被酒精浸泡過，很可能也被過多的重金屬侵蝕得千瘡百孔，儘管金屬中毒不一定是死亡最直接的病因。

先看看李白拿什麼來喝酒的。俗話說：「好酒若有美器配，常人也能品千杯。」美酒與美器相得益彰，能增飲酒之樂、宴饗之美。李白詩中出現的多種酒器也是唐代酒文化的體現之一，李白提到的酒器，正是當時一套完整的酒具，包括飲酒器（杯、觴），取酒器（杓），盛酒器（樽、罍）和貯酒器（壺）四大類。這些酒器的名稱不同，用途也不一樣。詩中借用種種不同的酒器，既烘托氣氛又表達情致，非常真實地描繪了詩人的生活與個性，試看下文。

杯：「兩人對酌山花開，一杯一杯復一杯。」（〈山中與幽人對酌〉）；「烹羊宰牛且為樂，會須一飲三百杯。」（〈將進酒〉）

觴：「金陵子弟來相送，欲行不行各盡觴。」（〈金陵酒肆留別〉）；「龍泉解錦帶，為爾傾千觴。」（〈夜別張五〉）

杓：「鸕鷀杓、鸚鵡杯，百年三萬六千日，一日須傾三百杯。」（〈襄陽歌〉）

樽：「春風東來忽相過，金樽淥酒生微波。」（〈前有樽酒行〉）；「腸斷枝上猿，淚添山下樽。」（〈題情深樹，寄象公〉）

罍：「咸陽市中嘆黃犬，何如月下傾金罍。」（〈襄陽歌〉）；「故山定有酒，與爾傾金罍。」（〈酬張卿夜宿南陵見贈〉）

壺：「提壺莫辭貧，取酒會四鄰。」（〈擬古〉之三）；「滌蕩千古愁，留連百壺飲。」（〈友人會宿〉）

說到古代酒器的材質，普通人家用的是青銅、漆製、瓷製和錫製等。青銅不是純銅，而是銅與錫、鉛的合金。青銅中的鉛是可以慢慢溶於酒中的；此外，錫製酒器在盛酒的過程中，錫離子也可溶入酒中。古代的金屬冶煉技術並不發達，所謂的錫壺是鉛錫合金所做，那麼溶出的就不僅是錫，還有鉛。酒中的酸性物質和鉛結合，形成的鉛鹽就會進入人體。即使是陶瓷酒具也不一定安全，這類酒具為了美觀，製作時表面上常施有彩釉，彩釉中的鉛、汞、鐳、鎘等都是對身體有害的元素，而酒對鉛元素的溶解是與時間成正比的。

從出土的實物分析，唐代一般市民的金屬酒器多為青銅和黃銅鑄成，中外技術人員鑑定後發現這些酒器或多或少都含有鉛。

李白一生大多數時間都是與榮華富貴無緣的，自然也就只能用這類器皿了，更糟糕的是，李白有喝溫酒的愛好。在嚴寒冬夜，李白常取來小爐，盛上木炭，以小壺盛老酒置於火上，既可取暖，又可以熱酒，或邀約三兩知己，或自飲自斟，看雪花落滿窗櫺，他不是求醉，而是求一種灑脫的生活態度，一種溫潤的人生雅致。他有〈暖酒〉為證，情趣盎然，詩曰：「熱暖將來鑌鐵文，暫時不動聚白雲。撥卻白雲見青天，掇頭里許便成仙。」明明只是溫溫酒，詩仙眼中卻有撥雲見天的翩翩浮想，流露出「掇頭里許便成仙」的迫不及待。倘若飲酒少了溫酒這一環節，不僅飲者會失掉不少樂趣，詩人們的靈感也得被消磨三分。

中國古代，人們喜歡喝溫酒，因為溫酒不傷脾胃，能夠發揮保健作用。同時，經過溫熱的酒，喝起來更加綿甜可口，讓人體會到「溫酒澆枯腸，戢戢生小詩」的意境。但他們不知道酒器中所含的鉛遇熱後，更容易溶於酒中。

由此可見，李白很可能是慢性鉛中毒 (chronic lead poisoning) 病患。

鉛進入人體消化道，部分被吸收入血，以磷酸鉛等形態藏於骨組織內。當血鉛濃度不高或血鉛增高時間不長時，病患不會立即發病。倘若鉛不斷被吸收入血，骨鉛含量漸多，骨骼內的磷酸鉛便會轉變為磷酸氫鉛重新緩慢入血，尤其在病患感染、發燒、饑餓、食酸鹼性食物，或缺鈣等情況下，骨鉛可短時間大量釋放入血液。當血鉛濃度超過人體自然解毒功能時，就會對器官、組織產生損傷，以致突然發病，產生多種鉛中毒症狀。

輕度中毒的病患僅出現頭暈、頭痛、失眠、乏力或腹部不適、腹脹、噁心、嘔吐，嚴重的可出現中毒性腦病、癲癇樣發作、中毒性周圍神經病、中毒性腎炎、中毒性肝炎等。不過，現有的史料沒有提供李白的上述臨床表現。

但有一點值得注意，鉛對神經系統有損害作用，主要表現為神經衰弱、頭昏、頭痛、全身無力、記憶力減退、睡眠障礙、多夢等。

李白一生的作品，除了有美酒入詩外，也有不少以夢入詩的，〈夢遊天姥吟留別〉——夢境中的縱情放歌，就是最著名的一例。

唐玄宗天寶元年，四十出頭的李白經人推薦，來到京城長安，任職「翰林待詔」（又稱翰林供奉），與「翰林學士」完全不是一回事，只是微不足道的、編制外的小官，實際上也無事可管。但他自以為能藉此施展才能，有所作為。可惜唐玄宗只將他看作御用文人，那些同僚和權貴又排擠他。不到兩年，李白最終不得不在失意和憤懣中被「賜金放還」，黯然離開長安。這首詩就作於此時，〈夢遊天姥吟留別〉可說是李白借夢陳情的傑作。詩似山水之作，又似遊仙之作；似夢境，又似仙境。從「我欲因之夢吳越」到「失向來之煙霞」，完整記錄了此次神奇的夢遊。李白用縱橫馳越的神思創造出了闊大雄奇的境界。他透過夢境，天馬行空，妙筆生花，描述了從出發到抵達，從山腳到山頂，從白天到黑夜，從入夢到驚醒的整個過程，以其神馳八極之筆描畫了一幅炫惑心目的神仙圖景。

我們完全有理由相信，只有多夢的詩人才能寫出這樣的作品，而如此多夢，大概不乏神經衰弱的可能，這裡還真有慢性鉛中毒的陰影呢！

## 失意文人，悲哀社會

懷著失望和憂愁，剛過花甲之年的李白孤零零在漂泊中走完一生的路程。他輝煌過、豪放過、得意過，更多時候恐怕是失意。曾經離盛唐的最高統治者如此之近，終究讓「由布衣而卿相」的夢幻迅速破滅。李白為何如此失意？因他看不慣那個社會，甚至看不透那個社會；悲哀的是，那樣的社會看透了他，但也看不慣他。不知道李白臨終前，是否悟到了這一點。

李白是文人，但文人不是一種價值的最終體現。古代文人如果不能在官場上占據一席之地，即使才高八斗，氣衝霄漢，到頭來也只是卑微的人物。

當時的社會中，謀求官位是每個文人本能的衝動，李白也不例外。其時「開元之治」如日中天，大唐王朝生氣勃勃，籠罩在一片金色的光輝之中，唐玄宗李隆基昭示天下，求賢若渴。李白才華橫溢，意氣風發，不必懷疑朝廷求賢若渴的真實性，更不必懷疑其文學上冠絕一世的超邁之才。可是，當李白站在船頭，將滿江風光納入胸襟，將天下興亡收入懷中時，怎麼也想不到，直到生命終結也沒能實現政治理想。

為什麼會這樣？李白的悲劇既在於傳統的中國社會，也在於其人個性。李白天真灑脫、狂放傲慢，與官場所需的拘謹權變、順服謙恭恰恰構成了最鮮明的對比，這是無法調和的對抗。朝廷求賢是真的，但本質上需要能幹的奴才，絕對無法容忍獨立鮮明的個性。哪怕李白之才千古獨步，也無法擺脫終生潦倒的命運。率真的天性成就了李白，也貽誤了李白。

在長安，李白很快就失望了，唐玄宗欣賞的僅是他的文采而已，只不過「倡優蓄之」，讓他侍宴、侍遊、歌功頌德、粉飾太平。即使在離天子這麼近的地方，李白也沒有泯滅自己的個性色彩。杜甫〈飲中八仙歌〉刻劃出他的神采：「李白斗酒詩百篇，長安市上酒家眠。天子呼來不上船，自稱臣是酒中仙。」

敢叫天子久等，敢叫寵臣高力士脫靴，這些都是誇張的描述和臆想，真實歷史未必如此。不過李白確實是傲岸灑脫依舊、狂放不羈依舊。這種姿態是官場上絕對不能接受的，這兒需要的是謙順、機變、圓滑和平庸。

這是大文豪李白的不幸，卻又是千古詩仙的大幸。在歷史長河中，因這個性僅失去了一個可有可無的平庸官員，卻贏來了一位影響千年、獨一無二的文學巨匠。

歷史上最開放、最偉岸、最包容的大唐尚且如此，今日文人還能奢望什麼？當下的中國社會，尤其是官場上的思維模式，與唐朝並無本質上的區別，文人縱然不是個個想當官，但也考量著經濟回報，憧憬著聲名顯赫，說白了就是要體面地活下去，進而想博得社會的認可。可悲的是，有些人就此喪失了人格和操守。李白也是人，也要生存，但沒有因對富貴的渴望而放棄個性，自始至終保持了心靈的純真和天性的狂放。「安能摧眉折腰事權貴，使我不得開心顏。」，「人生在世不稱意，明朝散髮弄扁舟。」就是真正的、可愛的李白。

在相互傾軋、世態炎涼的社會，達官們輕歌曼舞，小民們維持一分溫飽，唯獨沒有李白的一條窄窄生路，寂寞、淒涼、卑微、貧困，就是李白式文人的命運。難道這不算是民族和歷史的悲哀嗎？

# 如果李白活在現代，醫生會建議……

生活中，許多帶有鮮豔色彩的用具、用品都是含鉛的，請注意如下：

一、對嬰兒應慎用鮮豔的奶瓶。

二、兒童要避免咬筆，少抱玩具睡覺。

三、青中年人宜減少染髮次數。

四、勿用含鉛的器皿裝酒和加熱。

如果想瞭解自己是否鉛中毒，可以透過檢查血液、尿液或頭髮中的鉛含量進行診斷。血液和尿液中的含鉛量是表示近期鉛進入體內的情況，頭髮中的含鉛量則表示較遠期人體吸收鉛的情況。

# 大唐僥倖別有因。

## 安祿山狡詐奪權，最終難逃胖死？

祿山以體肥，長帶瘡，及造逆後而眼漸昏，至是不見物，又著疽疾。……祿山眼無所見，床頭常有一刀，及覺難作，捫床頭不得，但撼幄帳大呼曰：「是我家賊！」腸已數斗流在床上，言訖氣絕。（《舊唐書・安祿山傳》）

姓名：安祿山
身分：唐朝范陽節度使—偽「燕」雄武皇帝
活動範圍：遼寧—河北—河南
生存年代：西元七〇三年～七五七年，五十四歲

說起中國歷史上規模最大、影響最惡劣的叛亂，當數唐朝「安史之亂」了。

安史之亂驚破的不僅是李隆基和楊貴妃的愛情神話，更是千千萬萬老百姓的安居樂業之夢。北宋歷史學家司馬光說：「由是禍亂繼起，兵革不息，民墜塗炭，無所控訴，凡二百餘年。」這場戰亂持續了將近八年，不但給唐玄宗的皇帝生涯畫上了句號，也成為大唐盛衰的分界點，中央威權一去不返，藩鎮

割據連綿不息，直至把大唐逼向死路。安史之亂甚至是整個帝制時代的分水嶺。

從此中國不再自信地吸收外來文明，文化保守主義傾向日趨濃厚；由於安史之亂對北方的摧殘，經濟重心最終從北方轉移到了江南。更令人遺憾的是，此後雖又經歷了若干朝代，經濟也曾強盛，疆域也曾遼闊，文化也曾昌明，但是說起全盛，已不復盛唐風範……

安史之亂的爆發原因非常複雜，唐玄宗好大喜功、驕傲自滿、瀆職怠政，乃至政策失誤，都為此承擔嚴重的歷史責任，但直接的罪魁禍首，無疑就是安祿山（叛亂的二號人物便是他的大將史思明）。

## 無賴發跡全憑狡黠

安祿山，何許人也？本是生活在遼寧錦州一帶的雜種胡人，據《新唐書》介紹，本姓「康」，「康」是粟特人的昭武九姓之一。他母親是突厥的女巫師❶，丈夫早死。安祿山便隨母改嫁而轉姓「安」。「祿山」實乃譯音，突厥語是「光明」之意，十分常用。

「粟特」一詞，一說來自伊朗語的詞根，意為「閃耀」、「燃燒」；一說來自塔吉克——波斯語中的「聚水窪地」。今烏茲別克斯坦(Uzbekistan)仍有粟特部落的傳人。「突厥」則是古代中亞和西亞等主要民族之一，現代最主要的突厥後裔是土耳其人、維吾爾族人、土庫曼人等。

唐三彩的展覽中，可以清晰地觀察到唐代胡人的基本特徵：鬍鬚蓬勃、高鼻深目。對漢人來說，胡人也是不確定的稱謂，泛指漢族以外的民族，有些膚色、毛髮、五官與漢人大致相當的遊牧民族，也一度被稱為胡人。安祿山的相貌，大概就是伊朗人和土耳其人混血後的模樣。

誰都沒想到，竟然是雜種胡人掀起了盛唐的狂風惡浪、腥風血雨，乃至整個歷史都為此顫抖。

生活在社會底層的安祿山，自小就在多民族雜居的邊疆地帶走東闖西、混跡江湖，偶爾做點小買賣、幹點偷雞摸狗的事，雖屢遭白眼和欺凌，倒也逐漸見多識廣，深諳多種民族語言，在特殊地區遊刃有餘，甚至學得見風使舵、狡詐多變。

在「開元盛世」年代，唐朝百姓過著有史以來最富足安定的日子，用杜甫的話說，就是「憶昔開元全盛日，小邑猶藏萬家室。稻米流脂粟米白，公私倉廩俱豐實。」安居樂業自然離不開軍事力量的有效保護，當時唐朝正以開闊的胸襟做出令後世稱奇的事：大量、大膽地任用胡人，尤其是漢化胡人擔任重要的軍事將領，國防安全相當程度上依賴胡人將軍的忠誠。

藉著機緣巧合，特殊人才安祿山步入軍旅，從部隊的斥候（偵察兵）做起，憑著對民俗民情瞭如指掌和驍勇善戰，又藉著巧言令色和狡猾多智，不到四年時間就升任平盧將軍。天寶初年，四十出頭的安祿山一躍成為駐守邊疆藩鎮的最高軍事統帥——平盧軍節度使。此後，更加俘獲唐玄宗的寵信，飛黃騰達，創造了和平年代武將晉升的神話。不到五十歲，目不識丁的他已是身兼三鎮的節度使，同時兼領多項職務，麾下擁有十多萬唐朝邊防軍精銳，榮耀君寵達到頂峰。

其時天下太平日久，唐玄宗春秋漸高，嬖幸豔妃，驕情荒政，李林甫、楊國忠輪流獨專大權，綱紀大亂。本質是潑皮無賴的安祿山表面上偽裝得一味愚忠，其實狡黠異常、野心勃勃。他看穿了大唐表面強盛的背後，腐朽而危機四伏，於是「計天下可取，逆謀日熾」。

# 獸性殘暴是為哪般？

天寶十四年（西元七五五年）冬，蓄謀已久的安祿山以叛軍十五萬之眾突然揮師南下。乘鐵甲戰車，「步騎精銳，煙塵千里，鼓噪震地」，「漁陽鼙鼓動地來，驚破霓裳羽衣曲」。大唐君臣、兵民承平日久，早對戰爭的危險和準備拋到九霄雲外，幾乎毫無還手之力。腐化墮落的唐玄宗整天只顧把楊貴妃摟在懷裡，此刻大呼上當，但為時已晚。

百姓不識兵革，四散奔逃。不少官吏嚇得魂飛魄散，棄城而竄。守城兵士未經沙場，一聽到叛軍的號角之聲，竟「授甲不得，氣已奪矣」，甚至「自墜如雨」。叛軍所過州縣，有的望風瓦解，有的開城出降。

安祿山一路所向披靡，進兵迅速，十二月初就過了冰凍的黃河，進入河南境內。從范陽起兵，長驅直入，至年底攻占東都洛陽，僅用了三十五天。短短時間內，叛軍控制了河北大部郡縣，河南部分郡縣也望風歸降。其時，唐京師長安守備空虛，但是安祿山進入洛陽後，忙於籌措登基稱帝、搜刮享受，減弱了攻勢，給唐朝以喘息的機會，各路援兵漸漸雲集長安，加強了守備，不得不說是安祿山的戰略失誤。

西元七五六年正月一日，安祿山自稱「雄武皇帝」，竊國號「大燕」，改元「聖武元年」，設置丞相等朝官，封其子安慶緒為晉王，謀反的重要謀士嚴莊為御史大夫，定洛陽為都。

輕易拿下洛陽，安祿山何其得意？可是狂喜過後，他就迷失了，忘記要徹底摧毀唐朝，而是忙於稱帝，戰機一再喪失。雙方後在潼關對峙，唐玄宗急於求成，又聽信小人讒言，強迫老將哥舒瀚開門出戰，結果正中安祿山下懷，導致唐軍主力在野戰中被安史叛軍殲滅。這是對手白白送給安祿山的禮物，唐朝失去京畿大門潼關，繼而丟掉長安。唐玄宗匆匆逃離京城，退往西蜀的路上，被迫處死了楊國忠和楊貴妃，然而天下已不再屬於他了；太子李亨在靈武自立為帝，尊玄宗為太上皇，與父皇分道揚鑣，獨立豎起了平叛的大旗，唐玄宗從此淡出歷史舞臺。不過，安祿山依舊沒有吸取教訓，依舊再度迷失，他沒有追擊玄宗，卻命叛軍在長安白白待了十天，忙著殺人搶掠。機會在鼠目寸光的賭徒面前流走了，靈武的朝廷收攏了強大的兵馬，唐朝重新站起。安祿山的破綻也讓郭子儀、李光弼等看了出來，唐軍計畫迫使安祿山的部隊在千里戰線上疲於奔命，然後伺機反攻。

戰爭發展到關鍵階段，叛軍的指揮居然屢屢出現失誤。如果不是唐朝也腐朽不堪、臭棋百出的話，這場叛亂的平定用不了多久。此時，曾經久經戰陣的安祿山在幹什麼？為何一向聰敏過人的他會如此失策？自從攻占洛陽後，他就深居簡出，漸漸疏遠了前線的軍事。即使安祿山打算繼續全心指揮大軍與唐朝決戰，也恐怕無法用一顆理智的腦袋去思考了。

這段時間雖然節節取勝，但安祿山的人格似乎更加扭曲，更加狂躁不安、殘忍暴戾、喜怒無常。他對攻下的城池進行大規模屠城報復，他的軍隊把唐朝的皇族、百官、太監、宮女都抓起來，那些沒有及時投降的、看不順眼的、懷疑不可靠的都被一網打盡，用繩子拉著，「殺之，以鐵棒揭腦蓋而死，血流於地」，讓人毛骨悚然。他把長安的美女、樂隊、犀牛、大象等全部運往洛陽，要擺好排場享樂一番。樂隊到達洛陽後，安祿山在凝碧池大會部屬，命令玄宗的樂工演奏。這些樂工看著群醜張牙舞爪，憤怒傷心不已，彈不下去，士兵便威逼他們，有個叫雷海清的樂工悲憤得當場摔碎樂器，安祿山立刻暴跳如雷，當場把他肢解，聞者無不落淚。田園詩人王維此時也身陷叛軍中，聽罷痛苦地寫道：「萬戶傷心生野煙，百僚何日更朝天。秋槐葉落空宮裡，凝碧池頭奏管弦。」

唐軍和叛軍打成白熱化之時，叛軍的首腦居然有點精神失常了。此時的安祿山狂暴發展到不可理喻的地步，對左右侍從稍不如意非打即罵，稍有過失便遭到殺戮。他身邊最倚重的大管家、閹人李豬兒，就經常被虐待、毒打得遍體鱗傷，叫苦不迭。偽「御史大夫」嚴莊雖身居高位，曾長期為安祿山出謀劃策，貢獻不少，竟也常因一些小事被喪心病狂的安祿山鞭撻得皮開肉綻❷。

這一切為他的死於非命種下禍根，報應就來自身邊！

唐玄宗以安祿山反叛，把他的兒子砍頭示眾。不過，復仇心理顯然只是安祿山行為變態的原因之一，狂躁不安，加重了判斷和指揮的失當。究竟是什麼深層的原因導致頗有心計的安祿山如此暴戾恣睢、昏聵荒唐呢？難道有病？

## 特大號胖子累死馬

說到安祿山，不得不說到他的超級肥胖，這算是一種病態，甚至是一種殘疾。如果歷史上有名人胖子大賽，安祿山無疑就是肥胖排行榜上不折不扣的冠軍。

安祿山的肥胖大概有先天或遺傳的因素，因為年輕時就這樣。有次，尚未當兵的安祿山因盜竊羊隻被人抓獲，幽州節度使張守珪打算棒殺這個胡人，絕望的安祿山大聲呼喊：「大人您不是正準備剿滅北方蠻族嗎？為何要殺死像我安祿山這樣的壯士？」張守珪定睛一看，見此人長得胖又皮膚白皙（唐人以膚白為美），且語出驚人，想想當下正是用人之際，於是赦免了他，還讓他和同鄉史思明充任斥候。不過此二人確實有本事，驍勇機智，軍功不斷累積。張守珪當時是很有威信的，安祿山當了他的義子，依然很懼怕義父的威嚴。大概出於有礙軍容或為義子的健康考量，張守珪不時批評安祿山不注意體重，善於察言觀色的安祿山竟不敢飽餐多吃❸。

如果是先天有病，光是節食無法解決問題。果然安祿山的肚子愈來愈大，居然不能獨自完成更衣，需要三、四個侍從捧著他的腹部，宦官李豬兒親手幫他寬衣解帶或穿衣戴帽。由此觀之，他的生活自理能力不斷走下坡❹。

安祿山的大肚子竟然也黏上昏聵的唐玄宗，在歷史上寫下好幾筆笑話。有次，他在宮門外等待唐玄宗召見，大概是腰圍又增加了，衣服有點不合身，稍一挺胸，肚子部位便突然衣紐崩裂，煞是大出洋相。覲見聖上在即，安祿山焦急得直跺腳，慌亂得不知所措。碰巧有個叫孫孝哲的侍從，身長七尺，孔武有力，卻擅長女紅裁縫之事，此刻「天生我材必有用」，順手拈來針線幫安祿山把衣紐縫得完美如初。安祿山長得驃肥體壯、大腹便便，看來也只有這位老兄的精湛技藝才能幫他度過難關❺。

他乘馬外出所經之路的每個驛站都必須加建「大夫換馬臺」，供他換馬之用，因為再身強力壯的神馬，在他的胯下都得累得氣喘吁吁、精疲力竭、死去活來，必須定時更換休息，不然會被壓死、累死、過勞死，損耗國家寶貴的戰略資源。估計每匹被安祿山騎乘過的馬都難逃腰肌勞損或椎間盤突出等後遺症。當然不是每匹馬都有資格當安祿山的坐騎，牠們得通過嚴格的考試。這些馬必須一次負擔「五石」土袋的重量，才能被錄取加入安祿山的服務隊伍。一石大致等於六十公斤，即成年人的體重，要當安祿山的「特供」馬很不簡單，需要具備一次馱載五個成年人的體能，還得行動自如，算是馬匹中的舉重冠軍或特種兵了，這樣的稀缺資源只有安祿山這種封疆大吏才能出得起高價購買。準備了好馬還不算完整，好馬配好鞍，每個馬鞍前部要特製加上小鞍，用以安置安祿山聞名遐邇的肚子❻。

到了中老年，發福的安祿山體形愈加嚇人，自稱體重足有三百五十斤。劉備「手長過膝」已夠讓人瞠目結舌了，而安祿山竟然「腹垂過膝」，簡直難以想像。走動時，需要左右多人攙扶方可移步。唐玄宗笑話他：「朕看見愛卿的肚子都垂到地上了。」❼ 又有一次，玄宗拿他的大肚皮取樂：「愛卿，你的大肚腩裡究竟裝著何物？」假裝傻癡的安祿山不愧是「性巧黠」之徒，隨口答道：「陛下，臣腹中只有一顆大忠心。」❽ 老皇帝自以為是尋安祿山開心，往後的安史之亂證明，是歷史拿唐玄宗當笑話。

某日，安祿山參加玄宗的宴會後醉臥，人們風傳他化作一隻豬身龍頭的怪魔，似要警惕玄宗。玄宗聽罷，自信而輕蔑地說：「我是真龍天子，他就算是豬龍，又能怎麼樣？」若干年後，玄宗肯定會為自己說的話而後悔不已。

## 過度肥胖導致雙目失明？

安祿山是肥胖症患者。過度肥胖的確會導致病患常年累月存在潛意識的自卑感，對周圍人有種莫名其妙的仇恨，對他的暴戾形成某種推波助瀾的作用。不過，安祿山的肥胖年輕時早已有之，數十年如此，且本就缺乏教化，性格暴虐。看來，肥胖不是引起他晚年狂躁不安、動輒狂怒的直接原因。

那麼，安祿山的身體到底發生了什麼事？原來，攻占洛陽後，他身上長癰瘡，治療無效，極難癒合，更糟糕的是，他的一雙眼睛徹底瞎了❾。敵方的最高統帥突然病殘，而且殘的是雙目，對戰場的態勢影響不小，對岌岌可危的大唐皇朝絕對是天大的喜訊。

曾經叱吒風雲的大將突然被迫生活在萬劫不復的黑暗世界，突然變得生活不能自理，其煩躁、壓抑、痛苦的心情可想而知，演化為變態而瘋狂的發洩，很正常。但安祿山為何會在關鍵時刻瞎眼了呢？

從醫學角度看，致盲的原因很多，有嚴重感染導致，有白內障導致，有青光眼導致，更有外傷引起的可能，但雙目同時受上述因素影響而瞎掉比較少見。這些因素畢竟是眼內的局部病變，病根在眼，兩隻病眼受損的程度是不對等的，就像近視一樣，一般來說，度數都有差異。以文盲安祿山的德性，不讀書、不寫字，自然也不會用眼過度加重病情。受傷致盲更是不可能，身為統帥，坐鎮後方，無需親歷箭石。只要還有一隻眼存在視力，就能看東西，就能繼續指揮行軍打仗，不至於完全失明淪為廢人。因此他雙目失明的病根不在眼睛，很可能是源於全身性疾病，致盲只是疾病的合併症之一。

聯繫到安祿山的過度肥胖，以及長癰瘡不癒合，最後雙目失明，筆者推斷他很可能長期患有糖尿病，最後出現嚴重的微血管合併症——糖尿病視網膜病變(diabetic retinopathy)。

現代科學認為糖尿病是一種代謝性疾病。肥胖和糖尿病互為因果，是糖尿病的高危因素，也是一部分糖尿病自然病程的起源。

胖子易患糖尿病的原理並不複雜，人體內的胰島素是促進血液中葡萄糖被利用的關鍵物質，能使血糖下降。當一個人變得肥胖時，體內的胰島素受體數量就會減少，受體的功能就會減弱，引起所謂「胰島素抵抗」，使胰島素降血糖的效應下降。人體為了降低血糖就會迫使胰島代償性地分泌更多胰島素，以保持糖代謝正常，此時病患表現出高胰島素血症。長此以往，胰島素總是「超負荷」工作，總有一天被榨乾，功能就會出現損害，致使胰島素分泌量代償不了胰島素抵抗，導致血糖異常升高，稱為糖耐量減低(IGT)。如果此時不採取措施，胰島功能進一步受損，血糖超過界限，就被診斷出糖尿病。血糖過度增高，自然也導致了小便中糖分的異常攀升，就是該病得名的緣由。

男性腰圍超過八十五公分、女性腰圍大於八十公分者被稱為中心型肥胖，是內臟脂肪增多的後果，這種病患更易出現胰島素抵抗。安祿山顯然就是中心型肥胖的病理標本。

這位混血胡人除了生來就偏胖以外，以他們胡人喜歡吃肉喝酒，又不大注意蔬菜五穀攝取的生活習性來看，肥胖症和糖尿病的自然病程加速是很正常的。更何況他長期顯赫，驕奢淫逸，生活腐化，暴飲暴食在所難免。這樣的病體加上這樣的不良習慣，實在撐不了多久。

得了糖尿病，安祿山會不時覺得煩渴、多尿，但不一定對他構成嚴重的生活不便乃至痛苦。令他苦不堪言的是由於皮膚不潔、破潰，長了癰瘡，裡面含有大量膿汁和細菌。一般人的創口得到適當的治療後是可以癒合的，可是安祿山血液中的糖分太高，形成對微細組織的毒性作用，減弱了皮肉修復的功能，致使創口極難癒合。現代人都知道糖尿病患者的傷口是不容易癒合的，走路要防止磨損皮膚，做手術前後要加倍呵護。可惜安祿山雖然幾乎一人之下、萬人之上，但當時的醫療條件不足以應付這樣的狀況，於是他只有臥病在床，痛苦呻吟，每天由瘡口中滲出大量腐臭的膿液，汙穢難聞，旁人避之唯恐不及了。

然而，最痛苦的事情還在後頭。人們常說眼睛是靈魂的窗戶，視力沒了，對一些人來說，靈魂已是行屍走肉。可悲的是，對古人來說，這種生命的缺陷絕大多數無法改變。

攻陷洛陽後，安祿山一覺醒來，本已模模糊糊的雙眼突然什麼也看不見了。失去光明的他，肯定會恐懼、憤怒、無助、茫然、失落、絕望，甚至可能想到放棄生命。上天為充滿正能量而積極奮發的人關上一扇門時，也一定會為他打開另一扇窗；不過，滿心負能量的安祿山不是這樣的人，他的所有門窗都被自己堵死了，歸咎於他的貪婪、自私、荒誕和殘暴，他早早放棄了心中的光明，早早把心靈出賣給了魔鬼，浸泡在黑暗之中。

冒著生命危險苦心經營的花花世界，瞬間化為黑色一片，對物欲和權力無限遐想、野心無限膨脹的人來說，幾乎就是心理的致命一擊。於是，安祿山瘋了，瘋狂虐打身邊的人；安祿山精神垮了，整天癱在病榻上，兩耳不聞窗外事，「大燕」軍隊勝利與否、唐朝能否被推倒，對他來說已是明日黃花了，每日只顧吃喝，倒數著自己蒞臨地獄的時間。

為什麼說糖尿病視網膜病變是糖尿病的重要合併症呢？原來，長期的高血糖內環境會損傷視網膜血管的內皮，引起一系列的眼底病變，如微血管瘤、硬性滲出、棉絮斑、新生血管、玻璃體增殖甚至出血，最後視網膜脫離，突然出現視力下降。一般糖尿病發病十年以上的病患就開始出現眼底病變，若血糖控制差，可能更早出現。

過度肥胖、糖尿病和高血壓都是縮短現代人壽命的主要黑手，三者沆瀣一氣，互為犄角，相互協同，造成惡性循環。像安祿山這樣的體形，加上不良嗜好，同時患上高血壓也是很有可能的。長期高血壓本身就會導致眼底血管病變，同樣會造成視力下降，乃至失明。真是禍不單行，雪上加霜。

古人對糖尿病乃至視網膜病變的認識極其有限，也缺乏有效方法可以治療和控制，因此這樣的典型病例肯定比現在多，擅長文字的人就更容易留下自訴的病史。

南宋著名愛國詩人陸遊就可能患有糖尿病，他的詩中有句：「十年肺渴今夕平，皓然胸次堆冰雪。」所謂的肺渴，大概指的就是現代的糖尿病，中醫叫消渴病（病患煩渴多飲）。他又曾作詩云：「不堪酒渴兼消渴，起聽江聲雜雨聲。」這樣描述的症狀就更明顯了。時間長了，發展到視網膜病變也是很有可能的，試看這句：「昏眸雲霧隔，衰鬢雪霜新。」意思是說，混濁的眼眸看東西彷彿隔著一層雲霧。他還寫道：「天知病眼困風沙，借與蓬山閱物華。」似乎不是閱讀等近距離用眼時出現的老化現象，倒很像眺望遠處時出現的無限感慨。

陸放翁雖然無法根治糖尿病，但沒有諸如肥胖、酗酒等危險因素，一輩子養生小心翼翼，到頭來還能活到八十五歲高齡。而安祿山可謂集百毒於一身，其能久乎？

## 多行不義，自食惡果

顯然安祿山不是進入洛陽才患上糖尿病視網膜病變，應該說這個合併症早已存在，只是由於兩個月來戰事緊張，鞍馬勞頓，日夜研看地圖，為排兵布陣而苦思冥想，為後方的不穩而寸中焦慮，休息嚴重不足，攻占洛陽後一陣狂喜而大量喝酒，情緒大起大落，各種隱患的病情遂突然加重，以至一發不可收拾。

安祿山選擇此時起兵造反的原因非常多，其一，應與他的身體每況愈下有關。他大概也覺察到自己有心無力，老眼昏花，視物朦朧，擔心有生之年坐不上皇帝寶座，便趕緊趁著唐朝邊防軍被其大量控制，精銳力量任其掌握，國內守軍久疏戰事而戰力不強，唐玄宗麻痺大意而疏於防範，大舉叛亂，企圖一鼓作氣，推翻大唐，建立安家天下。他一味迷信武力，草草建立「大燕」政權，年號「聖武」，自稱「雄武皇帝」，都帶一「武」字。赳赳武夫兼冷血屠夫，實在也無德、無心、無力、無能去治理好國家。

不料，短暫的勝利面前，安祿山突然雙目失明，失去自理能力，也漸漸失去對外部世界的掌控。他自知病得不輕，時日不多，遂自暴自棄、暴戾恣睢。安祿山有不低的軍事指揮才能，對部隊瞭如指掌，且對安史叛軍的主力有絕對的權威，對唐朝的體制和軍備也爛熟於心，他臥病在床、遠離戰場，對節節敗退的唐軍肯定是天大的好事，還勝過郭子儀、李光弼等人打幾場勝仗呢！

荒謬可笑的的是，失明的安祿山最終不是死於疾病，也不是死於唐軍的嚴懲，而是死在自己人手裡。這和失明有關——他愈發喜怒無常，性如烈火，對手下無論貴賤，一律鞭撻錘擊，但忘了自己作為盲人和病人，已不再具備控制和反抗能力了。

飽受虐待的御史大夫嚴莊和宦官李豬兒忍無可忍，夥同在儲君爭立中失勢的安祿山次子安慶緒，謀劃了一場驚天大陰謀。西元七五七年正月五日，三人直奔安祿山寢室，安慶緒和嚴莊守在帳外，李豬兒手持尖刀直闖進去，安祿山雙目失明，無法覺察到死期將近，且此時早已眾叛親離，成為名副其實的「孤家寡人」，衛士們一動不動。只聽見裡面一聲淒厲的嚎叫，如胖豬引頸受戮般。不久，李豬兒拿著血淋淋的利刃，渾身血汙地走出來，一臉如釋重負。可憐的安祿山大肚皮洞開，血流如注，肝腸塗地，顫顫的手試圖在黑暗中摸回護身刀，卻在罵罵咧咧和痛苦呻吟中慢慢嚥氣了。喪失人倫的安慶緒命人用氈子把父親的屍首裹起，匆忙掩埋了事，矯詔登基稱帝⑩。

弒父的安慶緒，後來誘殺安慶緒的史思明，再後來殺死老爸史思明的史朝義，上演著一幕幕醜劇，他們都是唯利是圖之輩，有奶便是娘，連親父、上級都想殺便殺，簡直毫無道德底線。他們具備安祿山的野心，卻不具備他的經驗和威望。最高領袖一死，絕對權威化為烏有，為了爭權奪利，叛軍內部勾心鬥角、爾虞我詐頃刻上升為戰場上的寸土不讓、自相殘殺，由是內訌紛紛，內耗不斷，聲威和戰鬥力大不如前。

唐軍得以坐山觀虎鬥，緩過氣來繼續平叛，逐個擊破，經過七年兩個月的苦戰，安史之亂最終平定。

雖然唐朝為此付出的代價太大，山河破碎，國勢一落千丈，但好歹國破山河在，唐人可以繼續在廢墟上延續文明，歷史繼續向前發展，雖然光環愈來愈少，雖然愈走愈保守，愈走愈缺乏應有的自信，但那場大災難終究還是停止了，華夏文明沒有遭到滅頂之災。安祿山之患病、失明、被殺，對整個安史之亂的最終平定，有著關鍵作用。試想，如果安祿山不生病、不瞎眼、不死亡，唐軍的作戰難度肯定有增無減，形勢可能繼續惡化，這場叛亂會持續更長的時間，唐朝甚至有可能被顛覆。此刻，安祿山突然死了，糖尿病視網膜病變是否可說立了個大功呢？

❶姚汝能《安祿山事蹟》：「安祿山，營州雜種胡也。小名軋犖山。母阿史德氏，為突厥巫。」

❷歐陽脩、宋祁《新唐書．列傳第一百五十上》：「（安祿山）尤卞躁，左右給侍，無罪輒死，或棰掠何辱，豬兒尤數，雖嚴莊親倚，時時遭笞靳。」

❸劉昫等《舊唐書．列傳第一百五十》：「二十年，張守珪為幽州節度，祿山盜羊事覺，守珪剝坐，欲棒殺之，大呼曰：『大夫不欲滅兩蕃耶？何為打殺祿山！』守珪見其肥白，壯其言而釋之。令與鄉人史思明同捉生，行必克獲，拔為偏將。常嫌其肥，以守珪威風素高，畏懼不敢飽食。以驍勇聞，遂養為子。」

❹姚汝能《安祿山事蹟》：「祿山腹大，每著衣服，令三四人擎腹，豬兒頭戴之，始得繫衣帶。玄宗賜祿山華清宮浴，豬兒得入宮與祿山解著衣裳。」

❺姚汝能《安祿山事蹟》：「祿山常因對見宮門，俟玄宗之召，衣紐無故斷落，祿山驚忙不知所為，孝哲探懷內，取針線為祿山綴之，祿山轉憐之。常侍祿山，皆先意曲，言必嘉悅。又善於女工裁縫之事，祿山形大肚垂，與眾稍異，非孝哲裁縫，不稱其身也。」

❻姚汝能《安祿山事蹟》：「祿山乘驛馬詣闕，每驛中間築臺以換馬，謂之大夫換馬臺。不然馬輒死。驛家市祿山乘馬，以五石土袋試之，能馱者，乃高價市焉，飼以候祿山；鞍前更連置一小鞍，以承其腹。祿山肉疾轉甚，富貴之已極。」

❼姚汝能《安祿山事蹟》：「晚年益肥，腹垂過膝，自秤得三百五十斤。每朝見，玄宗戲之曰：『朕適見卿腹幾垂至地。』祿山每行，以肩膊左右抬挽其身，方能移步。玄宗每令作〈胡旋舞〉，其疾如風。嘗夜晏祿山，祿山醉臥，化為一黑豬而龍首，左右遽言之，玄宗曰：『豬龍也，無能為者。』」

❽歐陽脩、宋祁《新唐書．列傳第一百五十上》：「帝（玄宗）視其腹曰：『胡腹中何有而大？』答曰：『惟赤心耳！』」

❾姚汝能《安祿山事蹟》：「祿山先患眼疾，日加昏昧，殆不見物，又性轉嚴酷，事不如意，即加捶撻，左右給侍微過，便行斧鉞。」

❿姚汝能《安祿山事蹟》：「二年正月五日，遂相與謀殺祿山。嚴莊、慶緒執兵立於帳外，豬兒執大刀直入帳下，以刀斬其腹，左右懼不敢動。祿山眼無所見，床頭常著佩刀，始覺難作，捫刀不得，但以手撼帳竿大呼云：『賊由嚴莊。』須臾，腹已數斗血流出。掘床下地，以氈裹其屍埋之，戒宮中勿令泄。」

## 如果安祿山活在現代，醫生會建議……

一、控制血脂。

二、控制血糖是關鍵。血糖控制不好，糖尿病視網膜病變就可能惡化。

三、根據自己的實際情況選擇適當的運動。糖尿病視網膜病變的病人要避免劇烈運動，劇烈運動易引起眼底血管破裂，從而加重視網膜病變。一般以散步、打太極拳、輕度的肢體活動等較適宜。

四、控制血壓。

五、合理飲食。推薦高蛋白、低脂低鹽、富含纖維的飲食，適當補充維生素、礦物質和微量元素；肥胖者應減少熱量的攝入。

六、定期檢查，早發現，早診斷，早治療。至少每年檢查眼底一次，一旦出現眼部不適要及時就醫，以便保護現有的視力，從而提高生活品質。

## 霧裡看花不是淚。

### 白居易未老先眼花，飛蚊症作怪

無子，以其侄孫嗣。遺命不歸下邽，可葬於香山如滿師塔之側，家人從命而葬焉。

（《舊唐書・白居易傳》）

姓名：白居易

身分：唐朝翰林學士

活動範圍：長安—杭州—洛陽

生存年代：西元七七二年～八四六年，七十四歲

### 詩壇巨星的另類作品

相傳大唐貞元年間，來自河南新鄭的十五歲少年前往首都長安參加科舉考試。當時有一種風氣，為了提高成功機率，學子們往往拿著自己的詩文習作拜謁文化界名人，以博得名家賞識乃至推薦，名曰「投卷」。

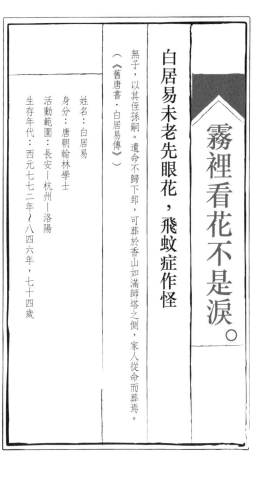

這位少年也不例外，他拜訪的是中唐時期的大詩人顧況。這位詩壇大家一看來者姓名，樂了，撚著長鬚，望著眼前那張稚嫩的白臉，笑著說：「姓白，名居易。京城的米價如此昂貴，以現在的狀況想在這裡白吃白喝，並輕鬆自在地過日子，談何容易？」他有點漫不經心地翻閱少年的詩集，突然幾行清新脫俗、詩寓並茂的字句走進他的眼簾，完全不像出自十多歲的少年之手：「咸陽（後世傳為「離離」）原上草，一歲一枯榮。野火燒不盡，春風吹又生。」顧況立即拍案叫絕，驚為天人，話鋒為之一轉：「不過以你的詩才在京城裡混個如魚得水，恐怕也易如反掌啊！」❶

大凡國之首都都是人才薈萃之地，百舸爭流，再加上經濟發揮著無情的作用，不是物價飛漲，就是房價高踞。試想，就算在今天，來自外鄉的少年尚未完成學業，僅憑著文學才華，在臺北輕鬆置產，日子過得有滋有味，也是令無數人瞠目結舌、豔羨無比的吧？恐怕連暢銷書作家都自愧不如。經過大詩人這番感嘆，白居易的輿論策略大獲成功，很快便在大唐朝的長安聲名鵲起。

白居易，字樂天，號香山居士，又號醉吟先生，祖籍山西太原，出生於鄭州新鄭東郭宅（今河南新鄭市東郭寺村）「世敦儒業」的中小官僚家庭。他自小天賦過人且勤奮好學，一生亦仕亦文，文學成就巨大，在華人世界可謂家喻戶曉，是古典詩詞世界裡璀璨的明星，甚至在日本也深受追捧。長江後浪推前浪，曾經揶揄他的前輩顧況，反而在歷史的天空中成了一顆黯淡寂寞的寒星，除非是唐詩愛好者或文學專業之人，一般人對這個名字大多聞所未聞。

白氏前後歷官二十任，從政四十年，無論在朝廷為言官或在地方主政，都致力為社稷著想、為民眾辦事。但他的一生並不平順安坦，中年時曾遭到政治上的打擊，宦海沉浮，仕途輾轉，一度官場失意、生活清苦；幼女和幼子先後夭折，家庭生活也很不幸。作為偉大的詩人兼文化名人，白居易勤奮筆耕六十載，創作詩詞、文學作品共計近四千首（篇），編成《白氏文集》七十五卷。他的詩文主張「文章合為時而著，歌詩合為事而作」，具有強烈的現實主義精神，對社會的進步產生積極的推動作用。「諷喻詩」是創作精髓，而〈琵琶行〉與〈長恨歌〉更是膾炙人口的作品。

「人生七十古來稀」，白居易的身體向來不怎麼健壯，飽受多種疾病的困擾，歷盡艱難，但依然頑強地活到了高壽七十四歲。古語云：「詩言志。」現實主義詩人白居易除了抒發胸臆外，也在作品中大量滲入日常生活中真實的點點滴滴。在欣賞他流傳千古的名篇時，往往從中發現一部分詩句和疾病相關。據專家統計，白居易現存數千首詩歌中，涉及醫藥學的有一百餘篇，涉及「眼病」的有四十來篇。

懸梁刺股般讀書、筆耕不輟的大文豪，眼睛有毛病是很正常的事，有何值得大驚小怪的？

## 不是春天亦見花

古代記載苦讀的典範很多，如匡衡的「鑿壁偷光」、孫康的「映雪」、車胤的「囊螢」等，那時不像今天有光如白晝的電燈作照明工具，也沒有科學養眼的知識，讀書人因用眼不當、用眼過度而造成視力受損的肯定不在少數。據說明代江南四才子之一的祝枝山就是視力很不好的人，當時有人作了一首打趣詩拿他開玩笑：「笑君雙眼太稀奇，子立身旁問誰是？日透窗櫺拿彈子，月移花影拾柴枝。因看畫壁磨傷鼻，為鎖書箱夾著眉。更有一般堪笑處，吹燈燒破嘴唇皮。」清代名臣紀曉嵐也被記載成「貌寢短視」之人，意思是相貌醜而視力差。

「亂花漸欲迷人眼，淺草才能沒馬蹄。」這是白居易的名句，錢塘湖（西湖）春色迷人，的確不假，可是白居易的視力倒不敢恭維，筆者相信當年他遊覽錢塘湖時必然是瞇著眼睛，十分費力地欣賞遠景，視野少不了「亂」和「花」。

白居易的病況到底如何？他五十四歲時寫下最著名的「眼病」詩：「散亂空中千片雪，蒙籠物上一重紗。縱逢晴景如看霧，不是春天亦見花。僧說客塵來眼界，醫言風眩在肝家。兩頭治療何曾瘥，藥力微茫佛力賒。」（〈眼病二首〉其一）

霧中觀「花」，白居易看東西是一片朦朧，眼花繚亂，甚至可能有不少點狀物在視野中干擾，可見其視力受損的嚴重程度。儘管生性開朗，正像他的字叫「樂天」一樣，奈何眼睛蒙了「一重紗」的生活，畢竟是一件苦惱的事。他嘗試以中醫和佛法療養，但效果不佳；遍訪名醫，醫生知他酷愛杯中物，幾乎無日不飲，無日不醉，直言眼疾乃嗜酒如命所致，力勸戒酒。

究竟是什麼病？說到白居易的病例，首先聯想到的是近視，尤其是高度近視。近視在全世界都相當流行，中國十多億人口中，近視人數已達三分之一。近視是指眼睛看近處清楚而看遠處不清楚的病理狀態，主要由晶狀體變形引起。有近視的人看遠處時，平行光線通過眼球屈光系統的折射，匯聚在視網膜前，不能在視網膜上形成清晰的成像，因此無法看清。近視的人透過瞇起眼睛可以限制光線入射，從而減小像差，使自己看得清楚一點。我們都有這樣的經歷，少年、青年時用眼不當造成的近視，在十多歲左右就開始出現，讀完大學二十出頭時是高峰，該配眼鏡的都配好了，而往後近視度數明顯增高的不多。但大詩人似乎並非如此。

日本靜岡大學國際關係學研究科的埋田重夫教授對漢語言文學，尤其是白居易的詩歌研究頗深，他發表了一篇題為〈眼病對於白居易的意義——視力障礙給詩人帶來了什麼〉的文章。該文蒐集和研究了涉及眼病的白居易詩句，並考證出具體的創作時間。以下是筆者從此文總結出部分字句，由此可一窺白氏眼病發展的概況❷：

三十九歲「眸昏」。

四十歲「病眼昏似夜」、「昏兩眼」。

四十二歲「漠漠病眼花」、「眼損」、「春來眼暗」。

四十三歲「眼病」。

四十五歲「眼昏」。

四十六歲「眼花」。

四十九歲「兩眼日將暗」。

五十歲「目已昏」、「覺眼花」。

五十一歲「病眼昏」。

五十二歲「兩眼春昏」、「眼昏」。

五十四歲「眼昏」、「日覺眸暗」、「不是春天亦見花」、「眼藏損傷來已久」。

五十八歲「眼痛」、「眼不明」。

五十九歲「目眩」、「花發眼中」。

六十七歲「目眩」、「目昏」、「眼隨老滅」。
七十歲「眼昏」、「右眼昏花」。

白居易不是從三十多歲才開始寫詩，但青年時代的作品中卻沒有「病眼」的表述，可見他青少年時代很可能沒有近視，到了中老年（古人壽短，年過不惑就算中老年了）才罹患眼病。再說，近視病人在中年眼睛老化後，由於屈光系統的變化，反而中和了視力變差的傾向，看近物不清的老花眼在近視（看遠物不清）者中反倒不那麼嚴重，這是大家所知的一般規律。不過從上述總結來看，白居易的視力障礙在不惑之後開始，嚴重程度有增無減。

排除了近視眼，又有人提出白居易很可能得了白內障。凡是各種原因，如老化、遺傳、局部營養障礙、免疫與代謝異常、外傷、中毒、輻射等，都能引起眼睛的晶狀體代謝紊亂，導致晶狀體蛋白質變性而發生混濁，稱為白內障，此時光線被混濁的晶狀體阻擾，無法準確、有效地投射在視網膜上，導致視物模糊。多見於四十歲以上之人，且隨年齡增長而發病率增多。白居易如果有白內障，也是最常見的老年性白內障。

無獨有偶，白居易試圖進行的療法，居然也和白內障有點關係。他五十四歲時寫下〈眼病二首〉其二：「眼藏損傷來已久，病根牢固去應難。醫師盡勸先停酒，道侶多教早罷官。案上謾鋪《龍樹論》，盒中虛撚決明丸。人間方藥應無益，爭得金篦試刮看。」

據臺灣榮民總醫院陳克華醫師考證，這首七律描述白居易當時正在閱讀眼科專書《龍樹論》，藥盒中存放著準備服用的「決明丸」。決明丸由石決明、車前子、黃連蜜丸製成，是中醫治療肝虛氣浮、風眩眼花的方劑。他考慮一旦服藥無效，就得求助手術治療，用「金篦」術來刮除眼中的障翳❸。

有趣的是，唐人患眼疾，求助於印度醫學的狀況似乎十分普遍，說明古代印度的眼科學十分先進，與西域交通頻繁的唐代（或更早）便隨佛經傳入了中土，「眼睛有問題須找天竺醫師」可能成為當時的風氣。

陳醫師認為此詩的「龍樹」為梵文Nagarjuna，《龍樹論》乃印度之眼科專著，因後世避宋英宗諱（英宗趙曙，樹與曙同音），改名為流傳至今的《龍木論》。宋代太醫局將《龍木論》列為醫師必讀之書，可見此書的重要地位。

值得注意的是，白居易提到「金篦」這項手術。所謂「金篦」，又稱「金針撥障術」，是古代醫學家對白內障眼病施行的一項手術。由古籍記載來看，白內障患者接受這項手術後，一般能改善症狀。唐代孫思邈《千金方》和王燾《外臺祕要》對此均有記載。早在一千多年前的唐代，這種由印度僧人傳入中國的眼科手術就很普及了。唐代另一些詩人在作品中也有提到「金篦」術的，如杜甫〈秋月夔府詠懷〉：「金篦空刮眼，鏡像未離銓。」以及〈謁文公上方〉：「金篦刮眼膜，價重百車渠。」李商隱〈和孫樸蟾孔雀詠〉也有兩句：「約眉憐翠羽，刮目想金篦。」

如果白居易真的接受了金篦術，恐怕視力障礙改善不明顯，弄不好還會發生醫療事故，因為診斷他白內障實在有點武斷。

白居易的症狀遠遠不只是視力下降這麼簡單，我們根據《白居易年譜》和埋田重夫教授之文總結詩句創作時間，細細捋一捋他的病況吧！

三十八歲。〈與元九書〉：「瞥然如飛蠅垂珠在眸子中者，動以萬數。」（眼花，飛蚊症）

三十九歲。〈自覺二首〉：「悲來四支緩，泣盡雙眸昏。」（視力下降）、〈閒居〉：「眼昏入夜休看月，腳重經春不上山。」（視力下降）

四十歲。〈答卜者〉：「病眼昏似夜，衰鬢颯如秋。」（視力下降）

四十二歲。〈別行簡〉：「漠漠病眼花，星星愁鬢雪。」（眼花，飛蚊症）、〈眼暗〉：「眼損不知都自取，病成方悟欲如何？」（視力下降）

四十三歲。〈舟中讀元九詩〉：「眼痛滅燈猶暗坐，逆風吹浪打船聲。」（眼痛）

四十五歲。〈詠老贈夢得〉：「眼澀夜先臥，頭慵朝未梳。有時扶杖出，盡日閉門居。懶照新磨鏡，休看小字書。」（眼乾澀，視力下降）

四十九歲。〈不二門〉：「兩眼日將暗，四肢漸衰瘦。」（視力下降）、〈自問〉：「黑花滿眼絲滿頭，早衰因病病因愁。」（眼花，飛蚊症）

五十二歲。〈自嘆二首〉：「二毛曉落梳頭懶，兩眼春昏點藥頻。」（視力下降）

五十四歲。〈重詠〉：「日覺雙眸暗，年驚兩鬢蒼。」（視力下降）、〈眼病二首〉：「散亂空中千片雪，蒙籠物上一重紗。縱逢晴景如看霧，不是春天亦見花。」（眼花，飛蚊症）、〈自嘆〉：「眼闇猶操筆，頭斑未掛簪。」（視力下降）、〈九日寄微之〉：「眼闇頭風事事妨，繞籬新菊為誰黃。」（視力下降，頭暈）

五十七歲。〈和劉郎中曲江春望見示〉：「肺傷妨飲酒，眼痛忌看花。」（眼痛）

五十八歲。〈無夢〉：「老眼花前暗，春衣雨後寒。」（視力下降）

五十九歲。〈病眼花〉：「頭風目眩乘衰老，只有增加豈有瘳。花發眼中猶足怪，柳生肘上亦須休。大窠羅綺看才辨，小字文書見便愁。必若不能分黑白，卻應無悔復無尤。」（頭暈，眼花，飛蚊症，視力下降）

六十歲。〈任老〉：「面黑眼昏頭雪白，老應無可更增加。」（視力下降）

六十一歲。〈答夢得秋日書懷見寄〉：「眼昏燈最覺，腰瘦帶先知。」（視力下降）

六十五歲。〈六十六〉：「安得頭長黑，爭教眼不昏。」（視力下降）

六十七歲。〈病中詩十五首．病中五絕句〉：「目昏思寢即安眠，足軟妨行便坐禪。」（視力下降）

六十八歲。〈老病幽獨偶吟所懷〉：「眼漸昏昏耳漸聾，滿頭霜雪半身風。」（視力下降）

七十歲。〈病中看經贈諸道侶〉：「右眼昏花左足風，金篦石水用無功。」（視力下降，眼花，飛蚊症）

七十二歲。〈歡喜二偈〉：「眼闇頭旋耳重聽，惟餘心口尚醒醒。」（視力下降，頭暈）

七十三歲。〈齋居春久，感事遣懷〉：「月明停酒夜，眼闇看花人。」（視力下降）

原來白居易的眼病主要有三大症狀：眼昏（視力下降）、眼痛和眼花（飛蚊症），間有眼澀和頭暈混雜一起。

白氏的眼病詩好比他的詳細病史介紹，症狀和患病時間樣樣俱全。

他從年近不惑時開始出現眼花和眼昏，大約在四十三歲時又合併了嚴重的眼痛，此後三大症狀便不時困擾著這位在燈下頻繁用眼的文學家，雖然他幾乎蒐羅了當時所有的眼病醫治方法（甚至考慮過動「金篦」手術），但病情沒有好轉，依舊每況愈下。似乎在五十四歲時，病況尤為嚴重，連續作了好幾首病情介紹詩。

## 看朱成碧露端倪

自古以來，被稱為「靈魂之窗」的雙眼在生病、受傷、損壞時，都會造成病人的心靈震撼，更何況是多愁善感的詩人。

有趣的是，白居易不時會出現所謂的「飛蚊症」——一種獨特的眼花表現，這是單純的白內障和近視眼，乃至諸如葡萄膜炎、眼角膜病變等很少出現的。為何他的視野會「瞀然如飛蠅垂珠」，看東西彷彿隔著一層紗呢？其實飛蚊症一般是由玻璃體變性引起，隨著老化或病變，玻璃體或液化、或蛋白沉澱、或積血，產生一些混濁物，投影在視網膜上便見黑點飛舞，猶如飛蚊，其形狀有圓形、橢圓形、點狀、線狀等，故名之。當病患看藍色天空、白色牆壁等較為亮麗的背景時，更容易發現它的存在。敏感的人甚至可以描繪出各種不同形狀。

晶狀體、玻璃體、視網膜是眼睛的三個重要結構，由外到內，每一關都肩負著重要而獨特的任務，分工合作，給我們帶來光明和景觀。近視和白內障主要是晶狀體出了毛病，白居易則很可能是玻璃體有了異常，然而，光是玻璃體發生病變，還不足以解釋白居易的全部症狀。

唐憲宗元和十年（西元八一五年），宰相武元衡遇刺身死，四十三歲的白居易上書要求嚴緝兇手，因此得罪權貴，被貶為江州司馬。他被攆出長安，九月抵襄陽，然後浮漢水，入長江，東去九江。在寂寞的謫戍旅途中，他想念早五個月遠謫通州（今四川達縣）的好朋友元稹（字微之，排行第九，又稱元九，中唐時期「元白」二人齊名）。在漫長的水途中，深秋的夜晚，詩人伴著熒熒燈火，細讀好友的詩卷，寫下了〈舟中讀元九詩〉。

滿腔洶湧澎湃的感情，使得平素視力愈來愈差的白居易無法安枕。此刻，他兀坐在小船內。船下江中，不斷翻捲起狂風巨浪，心頭眼底突然展現一幅大千世界色彩黯淡的圖畫。更難忍的是，眼眶一陣陣脹痛，使得白居易苦悶之至，幾近精神恍惚，順口吟出：「把君詩卷燈前讀，詩盡燈殘天未明。眼痛滅燈猶暗坐，逆風吹浪打船聲。」

眼痛合併眼昏，筆者細想有一種病可以解釋，就是青光眼。更準確一點說，應該是原發性急性閉角型青光眼（acute primary angel-closure glaucoma, APACG）。這是指由於房角閉塞引起眼內壓力急劇升高的一類青光眼，因其發作時常出現眼前部充血，過去又稱為「充血性青光眼」。

白居易的詩友，另一位著名詩人劉禹錫（字夢得）也很可能患有青光眼，也對印度眼科很感興趣，他的〈贈眼醫婆羅門僧〉寫：「三秋傷望眼，終日哭途窮。兩目今先暗，中年似老翁。看朱漸成碧，羞日不禁風。師有金篦術，如何為發蒙。」詩中的「碧」字提供了難得的線索，因為青光眼早期，眼壓上升損及視網膜的藍色感光錐形細胞，病患會有青碧色視覺的現象，就是「青光眼」一詞的由來。

和白居易的病況相似，劉禹錫的眼病也不應該用專治白內障的「金篦術」去解除病痛。

根據急性閉角型青光眼的臨床經過及疾病轉歸，醫師將其分為臨床前期、先兆期、急性發作期、緩解期、慢性期、絕對期。

先兆期，即青光眼在急性發作前間歇出現的小發作史，病患在勞累或較長時間在暗環境工作，或長時間近距離閱讀後，發生輕到中度的眼球脹痛，乃至短暫性視朦，經休息或睡眠後能自行緩解，但發作會逐漸轉頻繁，最後導致急性發作。

急性發作期，是青光眼的危重階段。病患覺劇烈眼痛及同側頭痛，常合併頭暈、噁心、嘔吐，視力下降在所難免，且會急劇加重，嚴重者僅見眼前手指數，甚至只留光感。不過，眼壓如能迅速下降，視力還是可以改善，病情緩解後，病患視野可恢復正常，但遺留不同程度的色覺、對比敏感度的損害。

急性發作期未經及時、恰當的治療，或多次頻繁出現，或由於眼內房角廣泛黏連，則可遷延為慢性期。這時病患的視力就慢慢下降了，直至完全失明，即到達最終的絕對期。

綜上所述，白居易眼病的臨床表現最接近原發性急性閉角型青光眼。從病因角度看，眼的解剖結構異常是主要方面，但長時間近距離工作、用眼疲勞、用腦過度，也是誘發因素。這一點身為文官兼文學創作大師的白居易，一輩子勤勤懇懇，再加上那個時代蠟燭、油燈的照明效果有限，自然無法避免患病了。

現在回過頭來看看，為何得了這種眼病的白居易會出現「飛蚊症」呢？青光眼和玻璃體有什麼關係？

青光眼導致眼內壓力的異常升高，這種壓力會過度壓迫位於玻璃體後面的視網膜血管，引起血管阻塞甚至出血，這些血液便聚積在玻璃體中，使屈光間質混濁，妨礙光線達到視網膜，病人遂發生所謂的「飛蚊症」。如果出血量很少，人體可以自行慢慢吸收。

白居易長期患眼病，面對身體的種種不適，《白氏文集》中談到了他的眼病對策，其中有依照本草學知識的點藥、服藥，有安眠熟睡法，有著意改善讀書生活，有靠佛教信仰驅除煩惱，他最大限度地使身心達到「居易」、「樂天」、「知命」、「委順」、「任老」的狀態。白氏心理的一流達觀，達到令人吃驚的多樣化地步，也使白居易的「眼疾文學」變得更加豐富多彩。

然而，出於排憂解煩，也出於個人嗜好，白居易的不良習慣加重了青光眼的病情。詩人大多貪戀杯中物，如陶淵明、李白，白居易自然也不免俗。在他的詩作中有不少體現，如「金多輸陸賈，酒足勝陶潛。」（〈書事詠懷〉）、「杜康能散悶，萱草解忘憂。」（〈酬夢得比萱草見贈〉）、「無情亦任他春去，不醉爭銷得晝長。一部清商一壺酒，與君明日暖新堂。」（〈早夏曉興贈夢得〉）、「賴有杯中神聖物，百憂無奈十分何。」（〈久雨閒悶，對酒偶吟〉）

他晚年自號醉吟先生，六十六歲時仿效陶淵明的〈五柳先生傳〉寫了一篇〈醉吟先生傳〉，略云：「性嗜酒，耽琴，淫詩，凡酒徒、琴侶、詩客多與之遊……與嵩山僧如滿為空門友，平泉客韋楚為山水友，彭城劉夢得為詩友，安定皇甫朗之為酒友。」

可以想像這位大詩人經常是一邊扶著酒壺，一邊酌著小酒，一邊哼著小曲，一邊在昏暗的油燈下，吃力地睇著昏花的眼睛，用大號的毛筆與劉禹錫、元稹等人對酬唱和。

飲酒不當為何會加重白居易的視力障礙呢？現代醫學研究證實，經常酗酒會造成慢性酒精中毒，使視神經受到損害而引起視神經炎、視神經萎縮、玻璃體混濁、視網膜炎，出現視力減退等症狀。另外，長期飲酒還會引起胃腸功能紊亂，消化吸收功能減弱，影響B族維生素和維生素C的吸收。缺乏這些維生素，眼部便易於出現角膜充血、角膜血管增生，甚至玻璃體出血等，都有損視力。此外，酒精可使血管擴張，導致眼壓升高，也會加重青光眼病情。

由此看來，當時的醫家雖然無法用先進的醫療技術做出明確的診斷，但對他「盡勸先停酒」還是正確的，而宗教人士勸他「早罷官」，目的也是為了讓他遠離官場，多加休息養眼，減少酒席應酬而已，終究還是一番有益的建議。

## 留得青山，視力常在

失去正常眼睛機能的詩人白居易，開創了一種與眾不同的、全新的文學，這是從內到外都較為獨特的詩歌構想，無怪乎白氏在中唐詩壇獨領風騷。

白居易只是個例子。古代的書生士子勤學苦讀者大有人在，當時的生活條件、營養維持、照明系統又大大不如當代，因此像匡衡、孫康、車胤這些人，多半也是視力有障礙的人，有些人是要錢不要命，他們是要「學」不要「眼」，當然「學」的背後還是挺複雜的，是出於興趣愛好？是出於學術鑽研？還是出於「學而優則仕」的功利動機？就不得而知了，從這個角度看，他們和現代人有很多共通之處，只是有一點重大差別，古人至少不會沉湎於電腦遊戲——一種既傷眼睛又耗費時間的惡習。

閉上眼睛，筆者彷彿聽到白居易低聲吟唱著晚年作品：「花非花，霧非霧。夜半來，天明去。來如春夢不多時，去似朝雲無覓處。」

整天凝視螢幕，整日奮筆疾書，究竟為了什麼？想到這裡，筆者真為自己，也為同行，更為天下讀書人的眼睛，捏一把冷汗呢！

❶張固《幽閒鼓吹》：「白尚書（居易）應舉，初至京，以詩謁顧著作（顧況）。顧睹姓名，熟視白公曰：『米價方貴，居亦弗易。』乃披卷首篇曰：『咸陽原上草，一歲一枯榮。野火燒不盡，春風吹又生。』即嗟賞曰：『道得個語，居即易矣。』因為之延譽，聲名大振。」

❷埋田重夫〈眼病對於白居易的意義——視力障礙給詩人帶來了什麼〉，《中國文學研究》第二十三期。

❸陳克華〈一個眼科醫師看中國古代的白內障手術——從白居易和劉禹錫的眼疾詩談起〉，《中華科技史學會學刊》第十六期（二〇一一年十二月）。

## 如果白居易活在現代，醫生會建議……

一、注意用眼習慣，保護用眼。不要在強光或暗光下閱讀，暗室停留時間不能過長，光線必須充足柔和，不要過度用眼。

二、生活、飲食起居規律。勞逸結合，適量運動，有眼病者不要劇烈運動；維持睡眠品質；飲食清淡，營養豐富；忌菸酒、濃茶、咖啡；青光眼病患應適當控制進水量。

三、保持心情舒暢，避免情緒過度波動。

四、青光眼家族成員及具危險因素者必須定期檢查，一旦有發病徵象，必須積極配合治療，防止視功能的喪失。

# 詩鬼泣血吟病身。

## 踽踽獨行的瘦弱書生李賀，創作無數錦囊佳句

長吉將死時，忽晝見一緋衣人，駕赤虯，持一板，書若太古篆或霹靂石文者，云當召長吉。長吉了不能讀，欻下榻叩頭……長吉獨泣，邊人盡見之。少之，長吉氣絕。（李商隱〈李長吉小傳〉）

姓名：李賀
身分：唐朝奉禮郎
活動範圍：長安—洛陽
生存年代：西元七九〇年～八一六年，二十六歲

### 錦囊鬼才面無血色

一千二百多年前，往來長安和洛陽的繁華道路上，一位瘦弱的年輕書生騎著更瘦弱的矮馬，似乎正漫無目的、不急不徐地挪動。

他臉上沒太多血色，眼眶有點凹陷，顴骨有點高，眉毛反襯得又粗又長，蒼白的嘴唇不時地一張一合，好像在吟誦著什麼，纖細的手指鬆弛地把玩著韁繩。儘管坐在馬鞍上，寬大的圓領袍衫裹著纖瘦的身體，像套著一根竹竿，隨風一晃一晃的，袍子前面的一層襟還故意鬆開垂下，形成翻領的模樣，顯得風流倜儻；眉宇間的氣質不失高貴，一頂簡約的襆頭把臉龐映襯得俊朗清秀，在頸後隨風輕輕擺動的硬腳飄帶，更平添幾分瀟灑之氣。

書生信馬由韁，雖有病態，但雙目依舊炯炯有神，且常流連於路旁的一景一物，時時迸發出驚喜的光彩。小書僮背著錦囊，與他結伴同行。

夕陽西下了，一叢蘭草在餘暉之中吐納著清芳的氣息，在黃土騰騰的古道上搖曳著孤單的身姿。書生看到了，微微點頭，皺皺眉，惆悵不已，一縷蒼涼瞬間在臉上若隱若現，隨口吟道：「衰蘭送客咸陽道，天若有情天亦老。」書僮一聽，馬上拍手叫絕。書生露出一絲得意的笑容，趕緊用隨身攜帶的文具把吟出的新句記下，並小心放到書僮的錦囊裡。

這就是成語「錦囊佳句」的出處，此人就是中唐著名詩人李賀，字長吉，福昌昌谷（今河南洛陽宜陽縣）人。這位天才七歲能吟詩，引得大文豪韓愈驚嘆不已。他的創作善於熔鑄詞采，馳騁想像，運用神話傳說創造出璀璨瑰麗的鮮明形象，構造出波譎雲詭、迷離惝怳的藝術境界，人稱「詩鬼」。

文學巨匠的人生大多是坎坷的，否則很難成為巨匠，李賀也不例外。他的祖先雖是皇室，但歷經數代，血緣疏遠，家道敗落。他自負才學過人，承載著家族復興的重任，卻不幸考場失意，仕途受阻，再加上體弱多病，一生可謂鬱鬱不得志，詩歌中充滿了深沉的苦悶，僅活了二十六歲。

二十六歲！現代研究生剛畢業，進入職場的美好年華，人生有許多精采在等待，可是天才詩人卻等不到了，他被病魔帶到另一個世界。這是一隻什麼病魔呢？

## 癆病折騰，骨瘦如柴

我們從李賀的忠實粉絲——晚唐大詩人李商隱筆下的〈李長吉小傳〉❶中，窺見一代鬼才的生理特徵，據李商隱說明，該文內容出自李賀姐姐口述。北宋歐陽脩編撰《新唐書．李賀傳》也採用此說，全文與〈李長吉小傳〉大同小異。連一向治學嚴謹的歐陽夫子都深信不疑，看來這篇文章的真實性頗強。

從李賀的體貌特點，乃至詩歌創作中，筆者驚奇地發現他很可能是肺結核（pulmonary tuberculosis）患者。

按照醫師經驗，肺結核常造成一種很有特徵性的形貌：病人體態纖瘦，甚至骨瘦如柴，臉色蒼白，雙頰下陷，有的經常咯血而嘴角常有一絲血跡；由於午後發熱，病人臉上常會增添一縷紅暈。

李商隱描寫李賀「細瘦，通眉，長指爪」，詩鬼的容貌可見一斑。此外，李商隱說李賀「恆從小奚奴，騎距驉，背一古破錦囊，遇有所得，即書投囊中」。據考證，「距驉」是一種小馬，色青，主要產於巴蜀地區。李賀騎的就是這種馬，牠體型小，個子矮，騎乘上下方便。歐陽脩等人編寫《新唐書》時，把李賀說成「騎弱馬」，意思也差不多。由此可見，李賀的體格符合肺結核患者瘦弱的形象，有點弱不禁風的感覺。

肺結核是慢性殺手，似乎不把人折磨得只剩下一具骷髏就不肯罷手；然而，它與文學、藝術的淵源，古今中外竟都出奇的深。

法國文學家小仲馬在《茶花女》裡刻劃女主人公：「夜宵快結束時，瑪格麗特一陣狂咳，這是我來到她家裡以來，她咳得最厲害的一次，我覺得她的肺好像在胸膛內撕碎了。可憐的姑娘臉漲得緋紅，痛苦地閉上了眼睛，拿起餐巾擦著嘴唇，餐巾上隨即染上了一滴鮮血。」

許多文學名流都患有肺結核，名單長得令人很感意外和惋惜：國外的巴爾扎克 (Honoré de Balzac)、雪萊 (Percy Bysshe Shelley)、愛倫坡 (Edgar Allan Poe)、契科夫 (A nton Chekhov)、莫里哀 (Molière)、卡夫卡 (Franz Kafka)、梭羅 (Henry David Thoreau)、席勒 (Johann Christoph Friedrich von Schiller) 等，中國的魯迅、蕭紅等。詩人在其中顯得十分突出，並且英年早逝。

他們都是青史留名的人物。或許肺結核的存在對他們顯得有點吟風弄月、附庸風雅，甚至矯揉造作，可真正的結核瘟疫不可能是人類的朋友，它的存在只能是痛苦和災難，而不是浪漫與瀟灑。

肺結核有個更通俗的名字——肺癆。中醫對癆病的記載和研究可謂悠久，最早見於《黃帝內經》，傳統醫學認為這種病是由於正氣不足，感染了「癆蟲」所致。肺結核病人因長期被疾病侵蝕、折磨，導致營養不良、形貌殘頽，甚至發育異常。那些瘦骨嶙峋、臉色慘白、有氣無力、一搖三晃、唉聲嘆氣、奄奄一息的可怕模樣，再加上一人得病、四鄰遭殃（勾走人的靈魂）、見者唯恐避之不及的現實，一切與人們想像中的鬼怪聯想在一起，病人遂被稱為「癆病鬼」——頗具貶義的詞語。

一生無緣科舉功名的李賀，雖然百般努力，也只能當個卑微的九品芝麻官——奉禮郎，根本無法讓他施展聰明才智，更實現不了遠大抱負，可謂報國無門，從此更鬱鬱寡歡。辭官回鄉的李賀，餘生就住在昌谷家中，過著貧窮的書齋生活。由於心境不好，窮困潦倒，健康每況愈下，最終天妒英才。李賀短暫的人生，給後人留下了一筆不菲的、不可複製的文化遺產，大量作品竟不時透露出被頑疾苦苦折磨的訊息。

## 佳句字字追病史

我們先來瞭解一些關於肺結核的基本知識吧！

經過數千年的經驗積累，古代名醫對「肺癆」的臨床表現都有了深刻的認識。清人李用粹《證治匯補》對結核病的描述頗具體：「癆瘵外候，睡中盜汗，午後發熱，煩躁咳嗽，倦怠無力，飲食少進，痰涎帶血，咯唾吐衄，肌肉削瘦。」

現代西醫發現肺結核病人常有結核中毒症狀，午後發低燒最常見，少部分病人伴有臉頰、手心、腳心潮熱感或高燒。夜間盜汗也是結核病的特徵性中毒表現，為熟睡時出汗，幾乎溼透衣服，醒後汗止。咳嗽、咳痰（尤其是黃濃痰加血絲）、咯血、胸痛、呼吸困難、逐漸消瘦等，雖然這些症狀很多疾病都有，但大多數肺結核病人的症狀較為典型，由此牢牢地吸引住醫師和文學創作者的眼球。

李賀可能長期患有肺結核，不知不覺中，把患病體會和感官世界揉合，融入到那些精雕細琢的詩歌創作字句裡。

首先，李賀的詩歌常出現「病、瘦、枯、弱」的意象。比如，「瀉酒木欄椒葉蓋，病容扶起種菱絲」（〈南園十三首〉）、「咽咽學楚吟，病骨傷幽素」（〈傷心行〉）、「自言漢劍當飛去，何事還車載病身」（〈出城寄權璩、楊敬之〉）、「犬書曾去洛，鶴病悔遊秦」（〈始為奉禮憶昌谷山居〉）、「病骨猶能在，人間底事無」（〈示弟〉）、「病客眠清曉，疏桐墜綠鮮」（〈潞州張大宅病酒遇江使寄上十四兄〉）、「歸來骨薄面無膏，疫氣衝頭鬢莖少」（〈仁和里雜敘皇甫湜〉）、「晚鱗自遨遊，瘦鵠瞑單跱」（〈昌谷詩〉）、「夢入神山教神嫗，老魚跳波瘦蛟舞」（〈李憑箜篌引〉）、「向前敲瘦骨，猶自作銅聲」（〈馬詩〉）、「風吹枯蓬起，城中嘶瘦馬」（〈平城下〉）、「石根秋水明，石畔秋草瘦」（〈感諷五首〉）、「柴門車轍凍，日下榆影瘦」（〈贈陳商〉）……看來，李賀是很枯瘦、病弱的，他用移情的手法觀察、感悟外界的事物，使得客觀的景物也染上了詩人濃厚的主觀感受。

其次，李賀的作品反覆透露出「死亡」、「鬼神」等訊息，正好反映了長期罹患惡疾，對治療失去信心，對即將離開人世早有預感，且充滿了恐懼和憂愁。他很早就學會煎藥治病以求恢復健康。「蟲響燈光薄，宵寒藥氣濃」（〈昌谷讀書示巴童〉），正是他半夜煎藥的真實寫照。那些暗藏不祥意念的詩句，往往最能打動讀者，如「津頭送別唱流水，酒客背寒南山死」（〈河南府試十二月樂詞並閏月・二月〉）、「離宮散螢天似水，竹黃池冷芙蓉死」（〈河南府試十二月樂詞並閏月・九月〉）、「筠竹千年老不死，長伴秦娥蓋湘水」（〈湘妃〉）、「王母桃花千遍紅，彭祖巫咸幾回死」（〈浩歌〉）、「九節菖蒲石上死，湘神彈琴迎帝子」（〈帝子歌〉）、「藍溪之水厭生人，身死千年恨溪水」（〈老夫采玉歌〉）、「潘令在河陽，無人死芳色」（〈賈公閭貴婿曲〉）、「白草侵煙死，秋藜繞地紅」（〈王濬墓下作〉）、「自然老者不死，少者不哭」（〈苦晝短〉）、「拜神得壽獻天子，七星貫斷嫦娥死」（〈章和二年中〉）、「惟愁裹屍歸，不惜倒戈死」（〈平城下〉）、「一方黑照三方紫，黃河冰合魚龍死」（〈北中寒〉）、「桂葉刷風桂墜子，青狸哭血寒狐死」（〈神弦曲〉）、「南山桂樹為君死，雲衫淺汙紅脂花」（〈神弦別曲〉）、「秋白鮮紅死，水香蓮子齊」（〈月漉漉篇〉）、「小人如死灰，心切生秋榛」（〈出城別張又新酬李漢〉）……這些「死」的意象充分反映了詩人內心的死亡焦慮。

從其詩來看，李賀似乎知道病死的不可抗拒性，所以才有「長安有男兒，二十心已休」（〈贈陳商〉）、「我當二十不得意，一心愁謝如枯蘭」（〈開愁歌〉）之類的感慨。

李詩鬼氣森森，譬如「天迷迷，地密密。熊虺食人魂，雪霜斷人骨」（〈公無出門〉），幾句話就讓讀者毛骨悚然；又譬如「漆灰骨末丹水沙，淒淒古血生銅花」（〈長平箭頭歌〉），僅僅十四字抵得上當代《鬼吹燈》幾百萬字的鬼域意境；又如「風長日短星蕭蕭，黑旗雲溼懸空夜。左魂右魄啼肌瘦，酪瓶倒盡將羊炙。蟲棲雁病蘆筍紅，回風送客吹陰火」（〈長平箭頭歌〉）——右魄左魂，恐怖瘆人，妖氛密布，鬼影重重，真是寫得淒迷恍惚。李賀的多數詩歌都這般瀰漫著陰鬱、無常、不安和絕望。

在古代和近代，肺結核幾乎是不治之症，一直是患病率及死亡率極高的疾病，其地位與今之癌症不相伯仲。傳統中醫對肺癆的治療是有功效的，但「十癆九死」的結局證明，在沒有科學瞭解結核病真相的前提下，任何經驗性治療都是不夠的。直到二十世紀三十年代，人們對肺結核的治療仍停留在休息、呼吸新鮮空氣、增強營養等間接療法上，療效依舊不足，死亡率仍高。一千多年前的唐代，李賀倘若患了肺結核，基本上就是等待死亡了。

再次，李賀詩歌裡出現過不少「溼」的意象，一度讓人百思不得其解，如「吳質不眠倚桂樹，露腳斜飛溼寒兔」（〈李憑箜篌引〉）、「野粉椒壁黃，溼螢滿梁殿」（〈還自會稽歌〉）、「玉輪軋露溼寒光，鸞佩相逢桂香陌」（〈夢天〉）、「小樹開朝徑，長茸溼夜煙」（〈南園十三首〉）、「玉瑟調青門，石雲溼黃葛」（〈黃頭郎〉）、「玉轉溼絲牽曉水，熱粉生香琅玕紫」（〈夜飲朝眠曲〉）、「菊花垂溼露，棘徑臥干蓬」（〈王浚墓下作〉）、「嘹嘹溼蛄聲，咽源驚濺起」（〈昌谷詩〉）、「臺前鬥玉作蛟龍，綠粉掃天愁露溼」（〈梁臺古愁〉）、「藕花涼露溼，花缺藕根澀」（〈塘上行〉）、「粉態夾羅寒，雁羽鋪煙溼」（〈月漉漉篇〉）……為什麼李賀如此鍾情於「溼」字呢？筆者不禁聯想到肺結核病人常有的症狀——夜間盜汗。也許正由於經常一覺醒來發覺渾身溼透，李賀暗暗把這種體會寄託到詩歌的意象中。

此外，李賀詩中也很喜歡用「血」字，比如，「箏人勸我金屈卮，神血未凝身問誰」（〈浩歌〉）、「秋墳鬼唱鮑家詩，恨血千年土中碧」（〈秋來〉）、「夜雨岡頭食蓁子，杜鵑口血老夫淚」（〈老夫采玉歌〉）、「傭刓抱水含滿唇，暗灑萇弘冷血痕」（〈楊生青花紫石硯歌〉）、「撞鐘飲酒行射天，金虎蹙裘噴血斑」（〈梁臺古愁〉）、「桂葉刷風桂墜子，青狸哭血寒狐死」（〈神弦曲〉）……讓人覺得李賀生前非常熟悉紅色。李商隱曾說李賀臨終前出現了奇怪的幻覺：大白天看見穿著紅衣服的人騎著一條紅龍，召他去見天帝，不久便撒手人寰。為什麼又跟紅色有關呢？紅色本是喜慶吉祥之色，但對李賀而言，卻是不祥之物，很可能就是鮮血的顏色，因患肺結核而經常咯出鮮血。在他母親口中似乎也找到蛛絲馬跡，愛子心切的媽媽看見病懨懨的李賀廢寢忘食地整理詩歌作品，簡直到了置健康於不顧的癡迷地步，心疼不已，遂埋怨道：「我的寶貝啊！你這樣拚命是要嘔出心肝才罷休嗎？」由此可見，李賀咯血的症狀很可能深深印在母親的腦海裡，以至於如此脫口而出，因為咯血（經氣管）和嘔血（經食道）在非醫學專業人士看來，都是吐血而已。

最後，我們還發現李賀對「光」異常敏感。在很多作品中都出現過，比如，「入水文光動，抽空綠影春」（〈竹〉）、「挼絲團金懸簏簌，神光欲截藍田玉」（〈春坊正字劍子歌〉）、「黑雲壓城城欲摧，甲光向日金鱗開」（〈雁門太守行〉）、「月綴金鋪光脈脈，涼苑虛庭空澹白」（〈河南府試十二月樂詞・九月〉）、「山頭老桂吹古香，雌龍怨吟寒水光」（〈帝子歌〉）、「寒鬢斜釵玉燕光，高樓唱月敲懸璫」（〈洛姝真珠〉）、「玉蟾滴水雞人唱，露華蘭葉參差光」（〈李夫人〉）、「蠟光高懸照紗空，花房夜搗紅守宮」（〈宮娃歌〉）、「朱城報春更漏轉，光風催蘭吹小殿」（〈春晝〉）、「光潔無秋思，涼曠吹浮媚」（〈昌谷詩〉）、「慘陰地自光，寶馬踏曉昏」（〈出城別張又新酬李漢〉）……作為醫師，筆者自然聯想起肺結核病人常見的發燒症狀。光與熱，感覺上是相通的，莫非李賀由於經常低燒，便在創作過程中對光、熱的感受格外地敏感？

帶著懷才不遇的遺憾，帶著苦不堪言的病痛，年紀輕輕的李賀早早地結束了人生之旅，留下了兩百四十多首瑰麗奇絕的詩歌。

## 人類的夢魇病史

結核曾是人類如影隨形的魔鬼。結核病的歷史本身就是人類歷史的一部分。西元前三千至兩千四百年的埃及木乃伊身上，研究者也發現了肺結核的主要病理特徵——結核結節。一九七二年，湖南長沙馬王堆一號墓出土的兩千一百多年前的女屍，其左肺上部及左肺門發現有結核鈣化灶，證明生前曾得過肺結核，是中國有證可查的最早肺結核病人。

無論是東方還是西方，肺結核曾給無數人造成深遠的災難。一八六五年，法國學者根據死於所謂「消耗病」的屍體解剖，發現肺部及其他器官有「黃白色顆粒狀」病變，其形態特徵遂被稱為「結核結節」，自此結核的名稱一直沿用至今。但直到一八八二年，科學家最終證實了肺結核是由結核分枝桿菌感染引起的。

二十世紀上半葉，中國肺結核的死亡率一度高達千分之二～三，居各種疾病死亡原因之首。此菌可侵犯全身各組織器官，造成脊椎結核、腸結核、結核性胸膜炎、結核性腹膜炎等，但以肺部感染（即肺結核）最多見。

這種傳染病的肆虐，連文學家都不得不關注，病人素白而有些許血絲的憔悴面龐，更讓人憐愛。《紅樓夢》的林黛玉，「態生兩靨之愁，嬌襲一身之病」，在肺病的折磨下，咳血不斷，時常「覺得渾身火熱，面上作燒，走至鏡臺，揭起錦袱一照，只見腮上通紅，真合壓倒桃花」，最終「香魂一縷隨風散，愁結三更入夢遙」，永遠在讀者心中留下了「病如西子勝三分」的形象。病態美在中國人的審美情趣中，竟曾長期占據著一席之地。

今天看來，曹雪芹筆下林黛玉的肺病可能就是以肺結核為藍本，有午後潮熱、有咳嗽、有咯血，寫得如此傳神，必有生活的素材源泉。這位一生跌宕起伏的鬼才，交往過天潢貴胄，也攜遊過販夫走卒，大概當時無論地位貴賤高低，很多人都難逃肺結核的毒害吧！

這些貪婪的結核菌大量吸食了人類的營養，同時把肺部糟蹋得一塌糊塗。肺功能每況愈下，可以獲得的新鮮氧氣和養分也捉襟見肘。由於營養不足和缺氧，李賀、林黛玉等逐漸形骸消瘦、面無血色；又由於肺部血管被腐蝕破壞，咯血也成為常有的苦惱。最後不是死於全身消耗殆盡、油盡燈枯，就是死於大血塊卡住氣管導致的窒息。

## 用盡生命迸發的光

李賀沒有輕擲生命。來日無多，反而讓他不敢懈怠，用盡僅存的精力和才智，把人生的這臺戲努力演下去。被病魔折磨得生不如死、被命運扼住咽喉難以呼吸時，靈感的火花反而可能在腦中閃耀，可能猛然迸現，這時會有充滿創意的興奮與喜悅，感知力深邃，洞察力敏銳，也許是上蒼為李賀開啟的另一扇門吧！

不知不覺地，李賀本來灰暗的人生慢慢獲得昇華，直至絢爛。絕症，竟是成就的催化劑。

人生苦短，若虛度年華則短暫的人生就太長了。消極的心態附上充裕的時間，只會衍生出更平庸的行屍走肉；積極的心態，哪怕只有殘缺的時光和軀體相伴，也會譜寫出激動人心的華麗篇章。

病榻上的李賀，即將走到另一個世界，痛苦？快樂？案上的錦囊裝著昨日剛寫成的新句，一截快要燃燒殆盡的蠟燭，在夜風中搖曳著若明若暗的光影……李賀白駒過隙的人生，沒有驚天動地的事蹟，唯有奇絕浪漫的詩意。他在紙上播種一粒粒文字，把巨筆變成鋒利的吳鈎，用濃墨射出黑色的箭鏃，跨越千年，震撼今人的心靈。詩，是他唯一的遺物。

閉上眼睛，隱約看見，在田野阡陌之上，詩人孤獨的背影，瘦得成了一根狼毫筆。他依然騎著嶙峋瘦馬，背著裝滿奇幻想像的破舊錦囊，頭也不回地往前走。

---

❶李商隱〈李長吉小傳〉記載：「長吉細瘦，通眉，長指爪，能苦吟疾書。最先為昌黎韓愈所知……恆從小奚奴，騎駏驉，背一古破錦囊，遇有所得，即書投囊中。及暮歸，太夫人使婢受囊出之，見所書多，輒曰：『是兒要當嘔出心乃已爾。』上燈，與食。長吉從婢取書，研墨疊紙足成之，投他囊中……長吉往往獨騎往還京、洛，所至或時有著，隨棄之，故沈子明家所餘四卷而已……長吉將死時，忽晝見一緋衣人，駕赤虬，持一板，書若太古篆或霹靂石文者，云當召長吉。長吉了不能讀，欻下榻叩頭……緋衣人笑曰：『帝成白玉樓，立召君為記。天上差樂，不苦也。』長吉獨泣，邊人盡見之。少之，長吉氣絕。」

## 如果李賀活在現代，醫生會建議……

結核病的傳染源主要是痰塗片或痰培養陽性的肺結核病人，即痰中帶結核分枝桿菌者。結核分枝桿菌主要透過呼吸道傳染，排菌的肺結核病人咳嗽、噴嚏或大聲說話時，會形成以單個結核菌為核心的飛沫核，懸浮於空氣中，從而感染新的病人。此外，病人咳嗽排出的結核菌乾燥後附著在塵土上，形成帶菌塵埃，亦可繼續侵入人體形成感染。經消化道、泌尿生殖系統、皮膚的傳播則極少見，空氣和飛沫是肺結核的主要傳播媒介。

預防結核病，首先要保持生活規律，避免長期過勞和精神緊張，飲食必須均衡。如有腫瘤、器官移植、長期用類固醇等病史，更需小心。其次要養成不隨地吐痰的衛生習慣和定時開窗通風的習慣。再次，接種卡介苗(BCG)，可使小兒獲得抵抗力，減少日後感染的機會。最後，及早發現，可用「七分篩檢表」進行自我檢測，即「咳嗽有痰：二分」、「咳嗽超過兩週：二分」、「體重減輕：一分」、「沒有食欲：一分」、「胸痛：一分」，如超過五分，請盡快就醫。

# 多行不義必自斃。

## 朱溫淫亂人倫，梅毒替天懲惡君

友珪嘗有過，帝撻之，友珪益不自安。帝疾甚，命王氏召友文於東都，欲與之訣，且付以後事。……友珪僕夫馮廷諤刺帝腹，刃出於背。友珪自以敗氈裹之，瘞於寢殿，祕不發喪。（《資治通鑑・卷第二百六十八・後梁紀三》）

姓名：朱溫
身分：唐朝宣武軍節度使—梁太祖
活動範圍：河南開封
生存年代：西元八五二年～九一二年，六十歲

一千一百多年前的某個深夜，河南開封，月黑風高。

大梁皇城顯得分外寂靜，御花園四周伸手不見五指。偶爾一陣風掠過，把露天的寢宮罩燈焰火吹得搖搖曳曳，甚是詭異。幾片黃葉從梧桐樹上悄悄飄落，竟然發出一絲噓噓聲。

忽然一大隊人馬明火執仗地從宮門外直闖進來，剎那間，慘叫聲、馬蹄聲、盔甲碰撞聲、哭喊聲、

刀槍砍擊聲、弓弦震動聲混成一團，像潮水一般，往核心區域的寢宮席捲而來。棲息在樹梢的烏鴉嚇得騰空亂竄，發出毛骨悚然的嘶啞。

大殿之內，年屆花甲的老者在睡夢中從病榻倉促驚醒，歷經數十年血雨腥風、刀光劍影讓他立知大事不妙，於是大喊：「來人哪！快來人！」但侍臣早就逃之夭夭，無人應答。老者氣急敗壞地驚呼：「誰敢如此膽大造反？」這時，熟悉的黑影破門而入，應聲道：「除了本王，還有何人？」老者定睛一看，恍然大悟，又氣又恨地咆哮：「寡人早就疑心你這逆子，恨不早殺了你。悖逆如此，天地不容！」此時，黑影身後迅速閃出一名刺客，舉著亮晃晃、寒氣逼人的利劍，衝著老者撲殺過去。老者扶著宮內柱子，左閃右躲，氣喘吁吁，狼狽不堪，畢竟年事已高且罹患頑疾，力不從心，不復當年之勇。刺客看準了機會，一劍猛捅進其腹中，白劍進，紅劍出，利刃頂著腥臭的腸子從腰背部穿體而過。隨後，再狠狠地把劍一擰一拔，瞬間冒著熱氣的血紅肝腸被扯得滿地皆是，一股汙血把周圍的人噴灑得渾身骯髒。

老者倒在地上，氣未立絕，痛苦地抱著肚子邊打滾邊掙扎，嘴上不停地謾罵和嚎叫，只是淒厲的聲音愈來愈低沉，漸漸成為混沌的呻吟，直到腥氣撲鼻的大殿內慢慢歸於死寂……夜空中，彎月顫顫巍巍地躲在雲層背後，寒星影影綽綽，似乎都驚魂未定。

這一幕可能讓人聯想起七、八年前周潤發、周杰倫等人主演的電影《滿城盡帶黃金甲》。宮廷政變、明槍暗箭，似乎在娛樂媒體上比比皆是。上文的慘劇與電影時代背景完全一致，周潤發飾演的皇帝，原型部分取材於這位罹難者。更巧合的是，死者也和「滿城盡帶黃金甲」不無關係。他，究竟是誰？

# 狡詐的亂世草莽梟雄

被親兒屠殺的老者正是五代十國時期梁國開創者——梁太祖朱溫。主使弒父者，名叫朱友珪，郢王，朱溫第三子；直接行凶者是朱友珪的僕夫馮廷諤。

一般而言，遭受了親人的毒手，大多能博得世人同情，甚至幾分憐憫。然而，不管是當時還是後世，朱溫的斃命不僅絲毫沒有讓人覺得惋惜、可憐，甚至讓許多人拍手稱快。為什麼？因為他是個大混蛋、大流氓。

朱溫，宋州碭山（今安徽碭山）人。幼年喪父，家貧，母王氏傭食於一蕭縣人家。朱溫長大後，與其兄皆「勇有力，而溫尤凶悍」，「不事生業，以雄勇自負，里人多厭之」。二十五歲時，朱溫參加了黃巢領導的反唐戰爭，屢立戰功，很快升為大將。黃巢就是科舉考試失敗後，憤然寫下「待到秋來九月八，我花開後百花殺。衝天香陣透長安，滿城盡帶黃金甲」的農民戰爭領袖。

在黃巢與唐朝的拉鋸戰中，朱溫被唐將圍困，遂投降了早已江河日下的大唐，徹底背叛了黃巢。正在用人之際的唐朝皇帝對朱溫的狡猾多變毫無察覺，賜名「全忠」，不計前嫌，委以重任。從此「朱全忠」開始舉起屠刀殺向昔日的戰友、同袍，參與剿滅黃巢及其殘餘勢力的戰爭。

朱溫生性多疑、殘暴，好嗜殺，對部下、戰俘、百姓均濫殺成性。史書說他「喜怒難測，時時暴怒殺戮」。為保證戰鬥力，對待士兵極為嚴酷，每次作戰時，如果將領戰死疆場，所屬士兵必須與將軍共存亡，生還歸來就被全部殺掉，名為「跋隊斬」。為防止士卒逃亡，朱溫讓人在士卒臉上刺字作記號，如果私自逃命，一旦被抓獲遣回，必死無疑。

隨著戰亂日益加劇，唐王朝顧此失彼，朱溫等軍閥勢力割據一方，漸漸坐大並開始把持朝政。他雖不知詩書，但精明強幹，長於謀略，善於作戰，又狡詐異常，恩將仇報，出爾反爾，經過東征西討，地盤擴大，實力劇增，野心膨脹，由「宣武軍節度使」加官進爵到「梁王」，後殺死唐昭宗，立其子哀帝為傀儡，再後，乾脆逼迫唐朝末代皇帝退位，一蹴而就——滅唐，在中原地區自立為帝，建立梁國，史稱「後梁」；朱溫改其名為「晃」，就是五代十國的開端。倒楣的唐哀帝不久也被「朱晃」殺人滅口。

毛澤東曾評價朱溫：「處四戰之地，與曹操略同，而狡猾過之。」

惡有惡報，西元九一二年六月，因繼承人問題引發的宮廷政變，最終使得梁太祖朱溫死在親生兒子手裡，在位不過五年❶。

據史書記載，年屆花甲的朱溫死前已身患重病，而這頑疾居然和那齣血腥的宮廷政變有著幾乎一模一樣的深層次原因。就算不死於兒子的屠刀，也會在疾病的煎熬中一步步痛苦地走向末日。

## 縱情聲色，放浪形骸

朱溫所患何病？原來，他「久患石淋」，服藥後非但沒有好轉，還「眉髮立墮，頭背生癰」❷。石淋，中醫病名，指的是小便澀痛，尿出砂石，又稱砂淋、砂石淋，認為多因下焦積熱，煎熬水液所致，從症狀上看，頗似西醫的尿路結石。

不過，朱溫好像並非只是得尿路結石這麼簡單，因為眉毛、頭髮一簇一簇地脫落，背部、頭部還長出了噁心的癰瘡，更有甚者，「其溲甚濁」，就是說，排出的小便非常混濁❸。

西醫學講究「一元論」，即盡量用一種疾病解釋病患的所有臨床表現和特徵。這樣看來，尿路結石很難給個令人滿意答案，結石病患大有人在，沒見過同時合併脫眉、脫髮、長癰、尿濁的，因此朱溫應該另有暗病，而這頑疾必然與其生活習性有著千絲萬縷的關係。

前文說過，朱溫是個大混蛋、大流氓。如果說他朝秦暮楚、反覆無常、殘忍好殺、狡詐陰險，都是在亂世中生存、發展，不得不採取的政治伎倆與計謀的話，那麼他也算曹操式一代梟雄，充其量被後人詬病為「政治流氓」而已，像曹操、劉邦還不至於令人深惡痛絕，遺臭萬年。可是這位朱皇帝在個人私生活上，也是個不折不扣的大流氓、大惡棍。歷史上的混蛋帝王、政治流氓不少，「私生活流氓」更多，但合二為一且造成極其惡劣影響的，恐怕只有朱溫才有資格「榮膺」這頂桂冠。

朱溫荒淫無恥，形同禽獸，甚至達到亂倫的地步，「縱意聲色，諸子雖在外，常徵其婦入侍，帝往往亂之」，連兒媳婦都不放過，稍有姿色便讓其陪寢，肥水不流外人田。兒子們對朱溫的荒唐行為不僅全無憤恨，還利用妻子爭寵，博取歡心，爭奪儲位，真是曠古醜聞！

作為專制帝王，妻妾成群是很正常的，但朱溫對此不滿足，魔掌還會伸向部屬的家室，簡直淫暴、變態。

稱帝之後，有一年朱溫帶兵打了敗仗，回師經過洛陽，在部將張全義的莊園留宿避暑。酒足飯飽之後，張家婦女上上下下竟然全被朱溫一人淫亂，滿足其獸欲❹。朱溫淫亂終日，毫不顧惜君臣之禮，連張全義已是半老徐娘的繼妻儲氏也被他召來強與交歡。張全義之子憤極要手刃朱溫，為了活路，也為了日後的飛黃騰達，戴了好多頂綠帽的張全義忍辱偷生，苦苦勸止。梁國宰相敬翔在朱溫登基坐殿的過程中出謀劃策，貢獻不少，但此人和其他大臣的妻女竟也常被朱溫「臨幸」。

漢高祖劉邦本也是流氓出身，連活在漢朝的司馬遷也不得不說他「及長，試為吏，為泗水亭長，廷中吏無所不狎侮。好酒及色。」但與朱溫相比，劉邦算小巫見大巫，小流氓見大流氓了。

朱溫的兒媳婦們為了爭奪未來的皇后之位，竟然也向公公賣弄風情，出售姿色，爭先恐後地與父皇朱溫通姦。朱溫不僅來者不拒，反而將她們輪流召入宮玩弄，有兩個兒媳婦便藉此在其耳旁不斷吹風。朱溫的養子名叫朱友文，其妻王氏姿色出眾，美豔動人，獨占風流，朱溫對其尤為垂涎，竟然答應將皇位傳給朱友文，引起了親兒子朱友珪的強烈不滿。朱友珪之妻張氏的姿色風情不及王氏而落於下風，心有不甘。後來朱溫臥病在床，病情不斷加重時，皇位的天平慢慢傾向其養子，朱溫讓王氏通知朱友文前來晉見，以委託後事。張氏得知後，趕緊密告朱友珪：「父皇已將玉璽交給王氏，且召友文前來，我們即將大禍臨頭了。」朱友珪大驚，趕緊召集左右密謀，最後下定決心利用手中掌握的禁衛軍及親信發動政變，連夜殺入皇宮弒父奪位。

他們便演出了開頭那恐怖的一幕。風流快活的朱溫，最後落得慘死親兒劍下，被破氈裹住屍首草草掩埋的悲慘下場。一不做二不休，朱友珪還殺了朱友文及其美妻，自立為皇。

關於朱友珪的身世，《新五代史》說得很簡單：「太祖（朱溫）初鎮宣武，略地宋、亳間，與逆旅婦人野合而生也。」《舊五代史》則稍詳：「友珪，小字遙喜，母失其姓，本亳州營妓（類似慰安婦）也。唐光啟中，帝（朱溫）徇地亳州，召而侍寢。月餘，將舍之而去，以娠告。」從這兩處文字可看出，朱友珪是朱溫在安徽亳州期間和一妓女鬼混後懷上的。

朱溫被害時，「惶駭起呼」，並能「旋柱而走」，看來雖久病，尚能茍延殘喘、垂死掙扎，不像得了嚴重的心腦血管疾病。

## 色字頭上一把刀

回顧朱溫的病史，發現他晚年主要是小便不適、尿液混濁、頻繁脫髮、頭背長癰，但可能並非患尿路結石。連結到他糜爛、濫交的生活史，筆者認為他罹患梅毒 (syphilis) 的可能性很大。

在中國民間，梅毒有著和植物相關的名字——楊梅瘡，可能是因為病患身上出現的疹子和楊梅有點類似吧！有人將梅毒籠統地歸入花柳病，即性病之類，因為古人早已認識到這種疾病與尋「花」問「柳」的不良行為脫不了干係。

十六世紀明代傑出醫藥學家李時珍巨著《本草綱目》認為：「男女淫猥，溼熱之邪蓄積既深，發為毒瘡，遂致互相傳染，然皆淫邪之人病之。」他把梅毒的流行病學特點、傳播途徑、臨床表現和易感人群等，解釋得頗為到位，最後認定梅毒一定是行為不端者所獨有的傳染病。

「鬚眉墮落，鼻梁斷壞」、「形損骨銷，口鼻俱廢」，先輩早就意識到梅毒導致的惡果。可是為什麼呢？這種性病是由梅毒螺旋體引起的慢性傳染病，當其透過性接觸入侵人體時，通常選擇皮膚或黏膜的破損處，形成進攻突破口。人類感染後，螺旋體很快散播到全身，幾乎全身的器官組織無一倖免，所以梅毒的臨床表現牽連全身，多種多樣，非常複雜。

俗話說：「食色性也。」全世界之人只要有某種人類的共同需求，就必然引致同樣的後果，造就了梅毒的世界知名度。美國作家黛博拉．海頓 (Deborah Hayden)《天才、狂人的梅毒之謎》中羅列了一批罹患梅毒的世界名人，包括音樂家貝多芬 (Ludwig van Beethoven)、舒伯特 (Franz Schubert)、舒曼 (Robert Alexander Schumann)，畫家梵谷 (Vincent van Gogh)，哲學家尼采 (Friedrich Wilhelm Nietzsche)，文學家波德萊爾 (Charles Pierre Baudelaire)、福樓拜 (Gustave Flaubert)、莫泊桑 (Henri René Albert Guy de Maupassant)、王爾德 (Oscar Wilde)、喬伊斯 (James Augustine Aloysius Joyce)，甚至還有林肯 (Abraham Lincoln)、希特勒 (Adolf Hitler)。當然信不信由你，但至少說明一點：梅毒興風作浪久矣，甚矣！

梅毒可分為一、二、三期。第一期稱為「下疳期」，此期在性器官等處發生炎症反應，突出皮膚表面的顆粒叫「硬下疳」，下疳表面會破潰糜爛，合併感染時慘不忍睹，臭不可聞；第二期為「斑疹期」，螺旋體在人體內擴散，皮疹遍布全身，以四肢更明顯。與第一期合稱早期梅毒，兩期的傳染性極強。

早期梅毒期限為兩年左右，超過兩年即進入第三期，即晚期梅毒。晚期梅毒的損害不僅限於皮膚，還會侵犯內臟器官，尤其擅長侵蝕心臟瓣膜、動脈血管壁和脊髓、腦等部位的神經組織，破壞性強，後果極其嚴重。就是螺旋體的第三波攻擊，也是致命一擊。在死之前，病患的顏面部往往可怕地扭曲，這就是風流的代價。

明代大劇作家屠隆，字長卿，是在官場、文壇、娛樂圈、色情場所不斷製造頭條新聞的大玩家，常有情色方面的緋聞，淫蕩的名聲徹底蓋過出眾的文才，以至現在沒多少人想起他有什麼作品傳世。他理所當然地罹患了梅毒，從面部器官壞死糜爛開始，直到耗盡身體這盞油燈為止。湯顯祖曾寫詩嘆道：「長卿苦情寄之瘍，筋骨段壞，號痛不可忍。」

回頭再看朱溫這位性病患者的情況又是怎樣呢？首先，他很可能在發病期間，生殖器出現潰瘍、糜爛，再合併局部感染，導致小便不適，但堂堂一國之尊，不能隨意在史書或檔案上留下如此不堪的記錄，因此史官對御醫的病程紀錄「心領神會」，只記載「久患石淋」，含糊應付了事，雖然欲蓋彌彰，但技術上是完全可能做到的。

其次，二期梅毒除了出現皮疹之外，還會出現梅毒性脫髮，多發生在感染後一年左右，常侵犯頭後部或兩側，脫髮區呈蟲蝕狀或網狀，境界不清，就是朱溫眉髮脫落的原因。無獨有偶，《唐高僧傳》也記載了類似的好色病患：「齊武平時，梁州薛河寺僧遠為，性疏誕。不修細行，好逐流蕩，歡宴為任。眼邊有烏點，洗拭之，眉毛一時隨手落盡。」身為佛家弟子的高僧「遠為」也墮落至此。

再次，如何解釋他的小便混濁呢？二期梅毒可造成全身多系統的損害，其中梅毒性腎小球腎炎可致腎病綜合症。所謂腎病綜合症，就是腎臟的蛋白過濾功能出現障礙，許多健康人體內不應該被濾走的蛋白質過度流失到尿液中，引起含有大量蛋白的尿液混濁，甚至產生許多泡沫，怪不得朱溫「其溲甚濁」了。

最後，他頭背部長滿了癰，很可能是三期梅毒的部分病徵。古人所謂的「癰」大概是指容易化膿的皮膚腫塊，晚期皮膚的梅毒病變其實很有特點，比如「樹膠樣腫」，這些疙瘩容易壞死、破潰，有稠厚的樹膠樣分泌物，好發於頭皮、前額及小腿關節等處。上齶及鼻的樹膠樣腫可致硬齶、鼻中膈穿孔，形成具有特徵性的鞍鼻等醜陋外觀。可怕的梅毒疙瘩讓作惡多端的老流氓苦不堪言、痛不欲生。此時，「樹膠樣腫」很可能已把他的尊容搞得一塌糊塗。

也許他自己知道大限為期不遠了，等待他的，要不是梅毒造成的危症，便是一場血腥的內訌。

# 一生功業付之東流

朱溫縱使不死於宮廷謀殺，也有可能被三期梅毒造成的嚴重心腦血管病變奪去罪惡、不堪的一生。由於濫性引來殺身之禍，後梁乃至中原地區的政治格局被撕裂、被重新洗牌。倖存的兒子們為了皇位大打出手，互相殺戮。朱溫的心腹離心離德，各路諸侯紛紛伺機而動，後梁在持續的內耗和外力打擊下，迅速走向崩潰。

一度開創新局面的草根梟雄，最終被歷史唾棄，這個大流氓為了政治的野心和個人私欲而不擇手段，不惜調戲國家、調戲正義、調戲倫理、調戲道德的底線、調戲天下人。

---

❶司馬光《資治通鑑・卷第二百六十八・後梁紀三》：「帝縱意聲色，諸子雖在外，常徵其婦入侍，帝往往亂之。友文婦王氏色美，帝尤寵之，雖未以友文為太子，帝意常屬之。友珪心不平。友珪嘗有過，帝撻之，友珪益不自安。帝疾甚，命王氏召友文於東都，欲與之訣，且付以後事。友珪婦張氏亦朝夕侍帝側，知之，密告友珪曰：『大家以傳國寶付王氏懷往東都，吾屬死無日矣。』……戊寅，友珪易服微行入左龍虎軍，見統軍韓勍……相與合謀……伏於禁中，中夜斬關入，至寢殿，侍疾者皆散走。帝驚起，問：『反者為誰？』友珪曰：『非他人也！』帝曰：『我固疑此賊，恨不早殺之。汝悖逆如此，天地豈容汝乎！』友珪曰：『老賊萬段！』友珪僕夫馮廷諤刺帝腹，刃出於背。友珪自以敗氈裹之，瘞於寢殿，祕不發喪。遣供奉官丁昭溥馳詣東都，命均王友貞殺友文。」

❷何光遠《鑒誡錄・卷一》：「帝久患石淋，忽宣至藥服食，眉髮立墮，頭背生癰。及至彌留，為穎王所弒。」

❸薛居正等《舊五代史・段深傳》：「開平中……時太祖抱疾久之，其溲甚濁……頃之疾發……因召深問曰：『疾癒復作，草藥不足恃也，我左右粒石而效者眾矣，服之如何？』深對曰：『臣嘗奉詔診切，陛下積憂勤，失調護，脈代芤而心益虛。臣以為宜先治心，心和平而溲變清，當進飲劑，而不當粒石也。臣謹案，《太倉公傳》曰：『中熱不溲者不可服石，石性精悍，有大毒。』凡餌毒藥如甲兵，不得已而用之，

非有危殆，不可服也。』」

❹歐陽脩《新五代史．雜傳第三十三》：「太祖（朱溫）兵敗蓨縣，道病，還洛，幸全義會節園避暑，留旬日，全義妻女皆迫淫之。」

## 如果朱溫活在現代，醫生會建議……

一、杜絕不正當的性行為：要潔身自好。若萬一不慎，有了可疑梅毒接觸史，應及時做梅毒血清試驗，以便及時發現，及時治療。

二、推廣健康教育：瞭解梅毒對社會文明、經濟、家庭帶來的危害，形成良好的社會風氣，提高全社會的健康素質和意識。

三、提倡乾淨的性生活：正常性生活前，注意保持身體清潔，使用保險套。

四、隔離病患：梅毒病患應盡早進行隔離、治療。

五、及時治療：對可疑患梅毒的孕婦，應及時給予預防性治療，以防止將梅毒感染給胎兒；未婚男女病患則建議婚前把梅毒治癒。

六、加強身體鍛鍊：如果身體情況較差，對疾病的抵抗力就會大大降低，患梅毒的機率就會大大增加，建議堅持身體鍛鍊，保持良好的體質。

七、避免接觸梅毒病患的個人用品：梅毒除了性途徑傳播外，還可以透過非性接觸傳播，應該不直接接觸梅毒病患的個人用品，如毛巾、臉盆、剃刀、餐具、被褥、衣服、用過的馬桶圈等，避免間接感染梅毒。

# 天下己任亦計身。

## 范仲淹先天下之憂，搞得憂勞成疾？

以疾請鄧州，進給事中。徙荊南，鄧人遮使者請留，仲淹亦願留鄧，許之。尋徙杭州，再遷戶部侍郎，徙青州。會病甚，請潁州，未至而卒，年六十四。（《宋史・范仲淹傳》）

姓名：范仲淹
身分：北宋參知政事
活動範圍：江西－陝西－河南
生存年代：西元九八九年～一〇五二年，六十三歲

說起北宋名臣范仲淹，自然立刻想到流傳千古的名篇〈岳陽樓記〉。超越了單純寫山水樓觀的狹境，將自然界的晦明變化、風雨陰晴和遷客騷人的覽物之情結合，重在縱議政治理想，擴大了文章境界。其中的名句「先天下之憂而憂，後天下之樂而樂」、「不以物喜，不以己悲」尤為膾炙人口，這是作者立身行事、心懷天下的準則，更體現出他把個人榮辱毀譽置之度外的崇高思想。

范仲淹是否時時刻刻置身事外、超然物外？理想歸理想，現實歸現實。生老病死乃人之常情，起碼在這方面，范仲淹還得常常為自己和朋友、親人掂量掂量。

他在信件、奏疏和尺牘中多次談到自己的身體狀況和養生祕方。在一篇給皇帝的奏疏中，提到自幼生活艱辛，體弱多病：「竊念臣襁褓之中，已丁何怙，鞠養在母，慈愛過人。恤臣幼孤，憫臣多病。夜扣星象，食斷葷茹。」年近半百時，范仲淹更是頻頻在詩作中透露病痛，〈出守桐廬道中十絕〉有兩首涉及，如「分符江外去，人笑似騷人。不道鱸魚美，還堪養病身。」（〈求追贈考妣狀〉）又如「有病甘長廢，無機苦直言。江山藏拙好，何敢望天閽。」

似乎沒有具體說得了什麼病，然而不久就在文章中稱有「風眩」、「忽倒，不知人事」。事實上，他的病況不止這些，書信〈與石曼卿〉中說因「朋友來歡，積飲傷肺」，〈與孫元規〉中又說：「肺疾未癒，賴此幽棲」，〈與滕子京〉中還說：「某肺疾尚留，酒量大減，水邊林下，略能清吟。」以肺疾未癒之故，解釋酒量變小。原來他的呼吸系統也有毛病，時常「病咳」，他中年後，可能同時多種疾病纏身。

有人認為范仲淹自幼家境貧寒，備嘗艱辛，但素懷大志，在求學之路上苦心孤詣，可能是營養基礎沒打好，導致身體羸弱多病。事實果真如此嗎？

## 健康出現危險信號

這說法有一半是正確的。范仲淹，字希文，生於河北真定府（今河北省石家莊市正定縣），剛滿周歲時，慈父便病故。原本的公務員小康家庭突然失去了支柱，母親謝氏貧困無依，只好抱著小仲淹改嫁。

人窮志不窮，范仲淹從小讀書異常刻苦，他的生活很困難，每天只能煮一碗稠粥，放涼以後劃成四塊，早晚各取兩塊，拌幾根醃菜，調幾滴醋汁，吃完繼續讀書，後世便有了「劃粥斷齏」的美譽。但他對清苦生活卻毫不介意，把全副精力放在學習上，以讀書為最大樂趣；後來到應天府書院繼續攻讀，不思晝夜，幾乎達到懸梁刺股的境界。當地最高長官的兒子看他常年吃粥，便送些美食給他。他竟一口不嘗，聽任佳餚發黴；直到人家怪罪，才長揖謝歉道：「我已安於劃粥割齏的生活，擔心一享受美餐，日後就嚥不下白粥和鹹菜了。」范仲淹艱澀的生活有點像孔子賢徒顏回：一碗飯、一瓢水，身居陋巷，即使別人叫苦連天，他依然樂在其中。不過他並非書呆子，而是學以致用，辦事能力也相當強，遂在政壇上嶄露頭角。

少年窮困是否成年後一定身體底子單薄呢？也未必。范仲淹雖然中年之後多病，但也是時人常有之疾，而且他活到六十三歲，那時也算陽壽不短了。那麼范仲淹到底患過何種病呢？縱觀他的遺作，最令人感興趣的是「風眩」和「不知人事」。這是怎麼回事？

年近五十歲時，范仲淹得罪了朝廷權貴呂夷簡，被從開封知府的位置拉下馬，排擠出京師，貶到饒州（江西北部）任職。以後幾年又在陝西邊區抵禦西夏，直至慶曆三年（西元一〇四三年），五十四歲時，才被調入京為參知政事，並主持著名的「慶曆變法」，推行新政改革。這段時間裡，范仲淹的身體健康出現了一次不小的危險信號。

先是得了「眩轉之疾」。有次會見客人時，他突然眼前一黑，暈倒在地，「不知人事」，呼之不應，隨從和賓客大驚失色，趕忙去喚醫師前來救治，旁人不斷給他按壓人中、捶打胸背，忙成一團。過了一陣子，范仲淹才緩過神來，微微張開眼睛，疲憊不堪地在眾人攙扶下坐回椅子上，此刻已萎頓不堪；之後，他「久坐則頭暈，多務則心煩」。不久，西北邊陲的党項人對宋朝進行軍事挑釁，朝廷又想起了范仲淹，遂把他調到陝西前線。范仲淹面臨著新的挑戰，除了擔負日常行政工作外，還得兼顧軍事，日理萬機，殫精竭慮，身體勞碌，上述症狀一再出現，尤其是炎炎夏日之時，他身體力行，以衰老之軀，帶領屬下跋山涉水，視察前線，勘察地形，病情遂愈加嚴重，「頭目昏沉，食物減少，舉動無力，勉強稍難」[1]。

到了慶曆二年，范仲淹五十三歲，身體確實吃不消了，再熬下去恐怕有生命危險，遂向朝廷請求暫調離前線，言及身體之病痛說：「況臣懦尪之質，宿患風眩，近加疾毒，復多鼻衄，膚髮衰變，精力減竭。」他依舊常有「風眩」，還出現了流鼻血（鼻衄）。

那次短暫的「不知人事」用現代醫學術語說，就是「暈厥」。廣義來說，心腦血管疾病引起的可能性最大。

說到心臟病，最可怕的莫過於冠心病中的急性心肌梗死，心臟由於冠脈堵塞，心肌壞死或起搏功能喪失，心臟有可能出現停止跳動，此時病患很可能會昏迷，搶救不及時，重者死亡，輕者變成植物人昏迷不醒。范仲淹似乎沒那麼嚴重，只經過簡單救治便恢復意識，且日後雖可能間有發作，但似乎危險性不是太高，遠遠不及於死。從第一次發病到最後病逝還有十多年壽命，在當時的醫療條件下，倘若他的心臟冠脈血管狀況果真如此之差，恐怕是熬不過十年的。

心臟病還有一個門類叫心律失常。病患心跳過快或過慢，也有可能引起暈厥。最常見的叫「病態竇房結綜合症」，患此病之人因心臟跳動指令發放困難或受阻，心跳頻率低於人體所需，大腦供血不足而產生昏倒，突然發作時也是很危險的。在現代，只有安裝永久起搏器才能挽救。假設范仲淹患了此病，光憑當時的藥物治療，恐怕是不能再熬上十年八載的。

一千年前的北宋時期，沒有現代的醫療法，不管是哪一種心臟病，幾乎都是短期內致命。范仲淹倘若不幸罹患，應是不可能在此後十多年間繼續在地方政績斐然、在邊疆建功立業、在中樞朝廷主持新政的。

## 病在元神，躲過一劫

排除了心臟問題之後，從發病概率來分析，腦血管疾病的可能性最大，而且范仲淹確實也病出有因。首先，他早患上了「風眩」。風眩又稱風頭眩，中醫指的是因風邪、風痰所致的眩暈。《聖濟總錄．卷十六》說：「風頭眩之狀，頭與目俱運是也。五臟六腑之精華，皆見於目，上注於頭。風邪鼓於上，腦轉而目系急，使真氣不能上達，故虛則眩而心悶，甚則眩而倒仆也。」

此病的症狀是反覆頭暈或眩暈，極有可能與高血壓關係密切。范仲淹又有流鼻血的狀況，和高血壓常一同登場。古人得「風眩」多矣，《資治通鑑．唐紀十四．太宗》載：「貞觀十九年，（唐太宗）得風疾，苦京師盛暑。」《新唐書．卷四．本紀第四》說：「（唐）高宗自顯慶後，多苦風疾。」唐人胡璩在《譚賓錄》裡更詳細描述了高宗的病況：「苦風眩，頭目不能視。」這對父子均有患高血壓致死的可能，而高血壓恰恰和腦血管病形影不離，沆瀣一氣。

其次，范仲淹患暈厥時，年紀在五十歲上下，已步入中老年，即便在今日，也是男性頻頻罹患心腦血管疾病的年齡門檻了。

再次，西北地區軍政繁忙，病患的長期勞作確實不利。范仲淹雖有「不以物喜，不以己悲」的胸懷，但更有「先天下之憂而憂，後天下之樂而樂」的志向，為人正直磊落，為官敢做敢為，一生仕途輾轉，坎坎坷坷，而陝西前線的複雜險惡，是出人意料的。

原先住在甘州和涼州一帶的黨項族人，本臣屬於宋朝，後來另建西夏國，並調集軍馬，侵襲宋朝延州（今陝西延安附近）等地。面對西夏的挑釁，宋朝措手不及，邊境上更是狼狽。由於三十多年無戰事，宋朝邊防不修，士卒未經戰陣，加上將領無能，延州北部數百里邊寨大多被西夏洗劫或奪去。宋仁宗遂派范仲淹為陝西經略安撫招討副使，作為二把手，協助主帥。

在後人眼中，范仲淹以政治家、文學家著稱，很少有人關注到他實乃文武全才，軍事上也有不低的造詣。文官帶兵是宋朝和明朝常有的事，為政策漏洞的必然，也是專制皇權發展到頂峰之後開始沒落的不治之症。遇上一介文人統兵，朝廷往往倒楣；遇上知兵的書生，像范仲淹、袁崇煥，是朝廷的福氣。他初至延州，便全面檢閱軍旅，認真實行裁汰和改編，從士兵和低階軍官中提拔了一批猛將，由當地居民間選了不少民兵；又展開嚴格的軍事訓練；在防禦工事方面，先在延北築城，又在宋夏交戰地帶構築堡寨；對沿邊原住民則誠心團結，慷慨優惠，嚴立賞罰公約，「七分政治，三分軍事」，大宋邊防線上漸漸屹立起一道堅固的屏障。

轉眼又是夏去秋來．范仲淹為了鞏固防務，不能不四處踏勘。他已逾五旬，滿頭白髮在朔風中搖曳，遙望天空南飛的大雁，心中感慨萬千，晚上徹夜失眠，頭暈陣陣發作，便挑燈填起詞，一連數闋〈漁家傲〉都以相同的「塞下秋來」四字開頭，其中只有一首流傳下來：「塞下秋來風景異，衡陽雁去無留意。四面邊聲連角起，千嶂裡，長煙落日孤城閉。濁酒一杯家萬里，燕然未勒歸無計。羌管悠悠霜滿地。人不寐，將軍白髮征夫淚。」這樣的心情、這樣的工作狀態，對高血壓病患來說是很不利的，有可能誘發腦中風。

筆者並不認為范仲淹的暈厥與腦中風（腦梗死、腦栓塞）或腦出血有著必然的關係。這些疾病的危險性和嚴重性都很大，更可怕的是常常致殘，如果病患大難不死，往往殘留下肢體偏癱、語言障礙、臥床不起，生活難以自理，生不如死，范仲淹直到去世前都沒有遭遇如此厄運。朝廷也不會讓殘障人士加入中央決策層，任命他擔任「參知政事」（相當於副宰相），主持國家大政方針的改革。

那麼到底什麼最接近真相呢？筆者認為范大人的暈厥很可能是源於短暫性腦缺血發作（transient ischemic attack, TIA，俗稱「小中風」）。

短暫性腦缺血是頸動脈或椎基底動脈系統發生短暫性血液供應不足，引起局灶性腦缺血，導致突發的、短暫性、可逆性的神經功能障礙。病患發作常持續數分鐘，通常在半小時內完全恢復，好發於三十五～六十五歲的人身上，以男性居多，發病突然，多在體位改變、活動過度、頸部突然轉動或屈伸等情況下出現。發病無先兆，但可反覆發作，後遺症很少，腦動脈硬化與血管微小栓塞是可能的病理基礎。

具體的臨床表現就是一過性黑矇（眼前突然發黑看不見，數分鐘後即恢復）、眩暈、站立或行走不穩、單肢或雙側肢體無力。少數有意識障礙或猝倒發作，與范仲淹的情況基本吻合。有這種疾病的人，日後發展至真正的腦中風，也是很有可能的。

## 養生有道，儒醫相合

范仲淹儘管「先天下之憂而憂」，但也時時刻刻擔憂自己和家人的身體健康，著實採取了一些防病治病措施，在個人生活上，他還是戰戰兢兢地注意養生的，否則以他的身體狀況和工作量，想活到六十多歲，真是難上加難。

他首先學過「行氣」。行氣出於道家氣一元論的生命本原之說，以氣為生命構成之基礎，認為欲延年益壽則須激發此本原，遂產生行氣、導引等說法。行氣指吐納、服氣、調息等，從《莊子》的「吐故納新」，到葛洪的力倡行氣，已完成道、醫的融合及中醫學的特色與地位。漢初馬王堆漢墓中就有《卻穀食氣》、《十問》等帛書，均有記述呼吸調息以食氣的療法。自魏晉南北朝至唐宋以後，道家書及醫書頗有談論行氣之說，成為養生、除病、長生的普遍認知。從現代醫學角度看，行氣是否有科學性呢？暫時擱之不論，起碼范仲淹的訓練對身體無明顯害處，或自覺良好，證明他對自身體質的重視，難怪五十歲之後，「亦依舊行氣不廢」，還推介此法。

多年與疾病的抗爭，使范仲淹慢慢掌握了醫理知識。他給三哥范仲溫之書信中聊起身心與飲食的關係：「緣三哥此病因被二婿煩惱，遂成噎塞，更多酒傷著脾胃，復可吃食，致此吐逆。今既病深，又憂家及顧兒女，轉更生氣，何由得安？……既心氣漸順，五臟亦和，藥方有效，食方有味也。」信末附言：「今送關都官服火丹砂並橘皮散去，切宜服之服之。」看來范仲淹很可能略通醫理、知藥方，除本人用於養生與治病外，亦用之於親朋好友。

相傳范仲淹年輕時便對醫學有興趣，未顯達時曾去神祠求籤，問：「將來我能當宰相嗎？」籤上說不可以。又再求籤，問：「那我當個良醫總可以吧？」籤上還是說不可以。於是長嘆道：「不能為百姓謀利造福，不是大丈夫一生該做的事。」後來有人問他：「大丈夫立志當宰相是理所當然的，您為何想當醫師呢？是不是有點太卑微了呢？」范仲淹回答：「怎麼會？古人說：『常善用人，故無棄人，常善用物，故無棄物。』有才學的大丈夫，固然期望能輔佐明君治理國家，造福天下，要普濟萬民，只有宰相能做到。現在籤詞說我當不了宰相，要實現利澤萬民的心願，莫過於當良醫，如果真成為技藝高超的醫師，上可以療君親之疾，下可以救貧賤之厄，中可以保身長年。不是很好嗎？」❷

范仲淹對醫理、藥學略有所知，亦知養生之道，且生活嚴謹，為人正派，心態坦蕩，不好酒色，對他的延年益壽是很有幫助的。

試問，沒有自身健康的生命，何來持續的澤被萬方、懸壺濟世？憂天下，計病身，兩者在范公身上一點都不矛盾。

## 光照千秋，風範猶存

晚年的范仲淹仍然處在貶官的命運漩渦裡。慶曆五年（西元一〇四五年）初，曾想勵精圖治的宋仁宗完全退縮，下詔廢棄一切改革措施。范仲淹被撤去要職、調離中樞。實行僅一年的各項新政先後被取締，革除弊政的苦心轉瞬間付之流水。第二年，應同病相憐的好友滕宗諒（字子京）之邀，范仲淹寫下了著名的〈岳陽樓記〉。

六年後，又被調往潁州，抱病路過徐州時便溘然長逝了。范仲淹由於樂善好施，積蓄已盡，一家人貧病交困，僅借官屋暫棲，略避風雨。百姓聞訊，聚眾舉哀。

在一些人眼裡，不擅明哲保身的范仲淹很不會做官，但不正好反映出他不圖名利、不計得失、正直實幹、勇於任事的風格嗎？不管是想當宰相還是良醫，他的心中都惦念著天下蒼生。王安石〈祭范潁州文〉稱讚道：「嗚呼我公，一世之師。由初迄終，名節無疵。」古往今來，在官僚位置上穩如泰山的不乏其人，但老百姓大多對其嗤之以鼻，又有多少人能留名後世呢？

沒有那股執著的精神，范仲淹也許能官運亨通，但大概不會有機會寫下〈岳陽樓記〉，更不可能作出傳頌千古、洋溢著浩然正氣的感慨，感動時人，激勵來者，真正名垂青史。

---

❶范仲淹《文集．卷十六．乞小郡表》：「竊念臣前在饒州日，因學行氣，而有差失，遽得眩轉之疾，對賓客忽倒，不知人事，尋醫救得退。自後久坐則頭運（暈），多務則心煩。昨在延安，數曾發動。戎事方急，雖死難言。及降罷之後，猶乞專領邊城，蓋欲竭心，豈敢避事！無何，赴任耀州，以炎熱之期，歷涉山險，舊疾遂作，近日頗加。頭目昏沉，食物減少，舉動無力，勉強稍難。見於永興軍諸醫官看治。次其本州公事，權交割通判發遣。」

❷吳曾《能改齋漫錄．卷十三》：「范文正公微時，嘗詣靈祠求禱，曰：『他時得位相乎？』不許。復禱之曰：『不然，願為良醫。』亦不許。既而嘆曰：『夫不能利澤生民，非大丈夫平生之志。』他日，有人謂公曰：『大丈夫之志於相，理則當然。良醫之技，君何願焉？無乃失於卑耶？』公曰：『嗟乎，豈為是哉。古人有云：常善救人，故無棄人；常善救物，故無棄物。且大丈夫之於學也，固欲遇神聖之君，得行其道。思天下匹夫匹婦有不被其澤者，若己推而內之溝中。能及小大生民者，固惟相為然。既不可得矣，夫能行救人利物之心者，莫如良醫。果能為良醫也，上以療君親之疾，下以救貧民之厄，中以保身長年。在下而能及小大生民者，舍夫良醫，則未之有也。』」

## 如果范仲淹活在現代，醫生會建議……

一、凡出現頭暈、肢體無力、短暫性黑矇、短暫性麻痺、短暫性語言或視野不清、步態不穩等症狀的人，都應及時採取積極的措施，比如盡快躺下休息，避免劇烈活動，緊急前往醫院診療等，必要時行腦ＣＴ或ＭＲＩ檢查。

二、平時注意清淡飲食（比如，每天攝鹽量應低於五公克，勿過多食用肉類和攝取油脂，保持飲食均衡，多吃含高纖維的食物）、戒菸、限酒和適當運動，保持充足的休息，控制好血壓、血糖、血脂，避免過度緊張和大喜大悲。這些措施對預防腦血管意外都是十分重要的。

# 拗相公拒食靈蔘。

## 王安石飽受自己的頑固意志連累

安石之再相也，屢謝病求去，及子雱死，尤悲傷不堪，力請解幾務。……哲宗立，加司空。元祐元年卒，贈太傅。（《宋史．王安石傳》）

姓名：王安石
身分：北宋同中書門下平章事
活動範圍：開封—南京
生存年代：西元一〇二一年～一〇八六年，六十五歲

初春時節，一位兩鬢斑白的中年人來到了瓜洲渡口，他五十多歲，應該處於政治家的黃金年齡，但那時他有點憔悴、有點頹唐，因政治已拋他遠去，曾經的努力和熱望已付諸東流。「俱往矣！」此刻心中只有一顆似箭的歸心，牽掛著金陵的鍾山寓所，不過必須先坐船橫渡長江，到對岸的京口上岸。

漸次黃昏，船就要靠近南岸了，他不禁興奮地眺望著，只見峰巒重疊，綿延不斷，伸展到遠方，最後被雲霧遮裹。剛靠岸，一陣春風便忽然吹來，夾帶著一陣沁人心脾的花香。腳下正是江南特有的那片

綠色，回望北岸，蒼蒼的暮靄和滾滾的煙波似在揮手相送……這時一輪明月徐徐升起，伴隨著行者連夜趕回家中，與親人團聚。這位先生終於詩興大發，信口吟道：

京口瓜洲一水間，鍾山只隔數重山。

春風又到江南岸，明月何時照我還？

如果作詩到此為止，那麼不是專門研究文學或歷史的讀者可能對此詩聞所未聞。事實上，這首名為〈泊船瓜洲〉的絕句傳誦千古，童叟皆知，尤其是那句「春風又綠江南岸」。

「綠」與「到」一字之差，竟讓作品的意境得到極佳的昇華。許多人不知道的是，詩人為了找到這個「綠」字，付出了無比的艱辛。先後想過「到」、「過」、「入」、「滿」等字眼都不滿意，日日夜夜苦思冥想，手稿改得面目全非，連頭髮都想白了好幾絲，鬍子被煩躁地扯斷了好幾根，最後想起在船上望見的綠山、綠水、綠色田野，靈機一動，別出心裁地用上那個形容詞，終於點石成金。

煉字煉到如此「語不驚人死不休」的地步，是不是過於執著呢？不！對他而言一點都不，因為這位詩人是王安石❶。

## 一頭最頑強的驢

王安石，字介甫，號半山，受封荊國公，世人又稱王荊公，北宋著名的政治家、改革家、文學家，位列「唐宋八大家」之一。

我們領略了文學家王安石的執著勁，政治家王安石在宦海沉沉浮浮數十年，是否也會如此執拗呢？

答案居然是yes！真難以想像，這樣性格的人竟也能在素以人情世故為潛規則的官場爬升到位極人臣的位置，只能說是大宋朝對讀書人實在太寬容、太優待了。

王安石到底怎麼執拗法？當他初進官場時，有一回陽春三月，群牧司（管理馬政的機構，王安石的角色有點類似當弼馬溫的孫悟空）舉行牡丹宴。酒過三巡，菜過五味，群牧司的長官——大名鼎鼎的包拯向手下的官員一一敬酒，由於包拯在朝廷威望甚高，官員們要嘛真的開懷暢飲，要嘛不會喝也假裝愛喝，這時和王安石同在包公手下當差的還有司馬光。

包拯來到司馬光面前，斟滿一杯酒，請他乾了。素來不勝酒力的司馬光面露難色，稍作推辭，但也只好勉強就範，看來孩提時代就會砸缸救人的，勇氣還算可嘉。

包拯又來到王安石桌前，發現他的杯盞是空的，便要斟酒。王安石立即用雙手蓋住，說道：「下官向來滴酒不沾。」包拯不依，一定要斟上，王安石漲紅了臉，寸步不讓。包拯說：「今日牡丹宴，不多喝，也該沾一沾。」王安石執拗道：「沾也不沾！」他一拗到底，死活不喝，一點面子都不給頂頭上司。此事被司馬光——王安石日後的文友兼政敵記了下來，大概隱約覺得這位同僚將來會很難相處❷。

真不知年長他二十來歲、無臺階可下的包大人當晚做何感想，不過執拗的王安石從此榮獲了「拗相公」的綽號。

有的人故意做些驚世駭俗的事，其實是作秀，僅僅為了吸引別人的眼球以求脫穎而出。王安石這頭強驢可不是這樣，他生活上各方面都表現出執拗的真性情，例子簡直不勝枚舉，連生病吃藥都如此，實在只能用一「服」字贈之。這位「拗相公」的看病經歷又是怎樣的呢?需要什麼特殊藥材嗎?

## 靈丹妙藥置若罔聞

根據沈括《夢溪筆談》記載,有一次,王安石「病喘」,病情反覆,用過很多藥劑,但療效欠佳。這時,王府上下開始急了,因古人壽命畢竟比較短,萬一病情加重有個三長兩短,可就是家族的天崩地裂了。

這時總會有名醫伸出援手。難道這次會提出一些稀奇古怪的藥方或藥引,如「經霜三年的甘蔗」、「平地木十株」、「成對但要原配的蟋蟀」之類世間不知有無的藥材?沒那麼誇張,醫師建議王安石用「紫團山人蔘」入藥。

紫團山在今山西省壺關縣,唐宋時代屬於河東地區。紫團山人蔘可能產量很少,又可能當時河東地區距離大宋國境線很近,一般人難以前往採集,總之普通藥材店找不著,官老爺想吃上一回也不容易,王府的人還是繼續犯愁。

正好有個名為薛向(字師正)的人到河東地區出了一趟差,順便帶回了一些當地特產——紫團山人蔘。一向辦事認真的王安石曾稱此人「精力強果,達於政事」。看來,小薛是甚得長官歡心的,時時琢磨著投桃報李之事,這回碰巧有了可乘之機。

小薛上門送禮,說要孝敬王相公幾兩紫團山人蔘。王府上下一片歡騰,喜出望外,好比大旱望霖雨的枯苗。不料王安石居然嚴詞拒絕收禮,讓小薛碰了一鼻子灰,灰溜溜地自討沒趣。

有人勸王安石說：「您的病不用這味藥就沒法治，您的身體著實令人擔心啊！真沒必要拒收。」王安石冷冷地說：「我一輩子沒用過紫團蔘，不也活到今天嗎？」❸人們反覆勸說均無功而返，這位「拗相公」就是不肯收禮，就是不肯嘗試新藥。

《夢溪筆談》約成書於西元一〇八六年至一〇九三年，屬於王安石逝世後不久的作品，收錄了沈括一生的所見所聞和個人見解，可信度較高。

王安石後來病情發展如何，沈括沒有說，不知道是吃了其他藥好了，還是不吃藥苦熬過去，後人不得而知。王安石沒有被「病喘」折磨死，這件事情發生的具體時間，沈括也沒講，但按照常理來說，有人送貴重禮物，最可能發生在王安石權勢熏天之時，應該是四十五到五十五歲之間。西元一〇七六年第二次罷相後，他已無實權，且朝廷非議紛紛，改革措施被逐步廢除，應該沒有人會專門送大禮給頗具爭議的「退休」老長官，這是從古至今的官場作風。王安石退休後，繼續活了約十年，六十五歲與世長辭。

拒絕收禮，一方面是王安石高尚的道德情操使然，另一方面可能是覺得還有其他廉價的醫療方法可以嘗試，但也不能排除王相公不相信紫團山人蔘功效的可能。換作其他人推託幾下就半推半就地接受了，可惜王安石是一頭與眾不同的犟驢啊！這紫團山人蔘到底是什麼靈丹妙藥？

讀者朋友可能覺得奇怪，古代中國能吃的人蔘不都產自亞洲遠東地區（如中國遼東或朝鮮國）嗎？那時也沒有人穿越時空，吃過美國、加拿大的花旗蔘，山西居然也有人蔘的產地？沒聽過。

事實上，人蔘主產於中國是毫無疑問的，只不過發源何地，學術上一直存有爭論。一說人蔘是「生上黨山谷」（今山西省長治市和黎城縣一部分）；一說人蔘是「產於遼東」（今長白山一帶）。其實人蔘早在春秋戰國時期就已得到開發和利用，遺憾的是沒有留下可供研究的文獻資料，只是民間言傳。

現代的山西壺關正好是古代上黨管轄的範圍。清代以前的本草醫籍多記載人蔘產於上黨，並以上黨產者為佳，那時漢人對尚未徹底開發的遼東地區瞭解不多。到了清代，山西上黨地方誌《潞安府志》記載：「紫團山，山頂常有紫氣，舊產人蔘名紫團蔘。」還說：「人蔘出壺關紫團山，舊有蔘園，今已墾而田矣，而索猶未已，遍剔岩藪，根株鮮獲。」原來最晚到了清代，這一帶的人蔘就絕跡了。古上黨地區，宋朝時可能有原始森林，而後來逐漸被砍伐，破壞了人蔘生長的環境，由於沒有採取保護措施，人蔘在上黨絕跡是完全有可能的。古今道地藥材其產區時有變遷，原因是多方面的，與當時的自然地理環境改變和人為因素的影響是有關係的。

不過，近代醫藥學家認為上黨所產的「人蔘」其實是黨蔘，屬桔梗科，與五加科植物的人蔘是兩類完全不同的植物。紫團山人蔘可惜終究沒有實物流傳於世，這種爭論將會持續不休。話又說回來，王安石的「病喘」是怎麼回事？

## 病喘多樣，病因各異

「病喘」轉化成西醫的描述，就是氣短、喘息，可能會合併咳嗽、咳痰。支氣管哮喘、心源性哮喘、肺炎、肺結核、肺癌、支氣管擴張症、矽肺以及慢性支氣管炎等疾病，都會引起上述症狀。

支氣管哮喘（簡稱哮喘）是一種常見病、多發病，大家非常喜愛的名歌星鄧麗君就被哮喘奪去了生命。大多數哮喘病患屬於過敏體質，本身可能伴有過敏性鼻炎，或者對常見的經空氣傳播的變應原（蟎蟲、花粉、寵物、黴菌等）、某些食物（堅果、牛奶、花生、海鮮類等）、藥物等過敏。發作時，氣道受刺激而分泌物增多，並產生嚴重的痙攣收縮，於是出現呼吸困難和喘息，嚴重時會窒息死亡。王安石莫非是哮喘發作？不像，這種病大多是青少年時期就開始出現，像他這樣壯年、中年才發病的很少見。王安石年少時沒有錦衣玉食的機會，一直健康地成長，沒有生大病的紀錄，倘若他年少時經常發作哮喘，身體發育會大受影響，在當時的醫療技術條件下，能否長大成人都成問題，就算存活下來，學業也將深受牽連，難以成才。王安石活到六十五歲過世，比很多皇帝長壽得多，也算壽命不短了，起碼能說明此人的身體素質還不錯，不像青少年時代把身子病垮的那種人。

像不像心源性哮喘呢？這種病與支氣管哮喘的鑑別診斷，是醫師從學生階段到升任各級職稱時必考的題目。心源性哮喘是由心臟衰竭和急性肺水腫等引起的發作性氣喘，發作時的臨床表現與支氣管哮喘相似。不過這類病患往往有高血壓或心臟病史，最典型的發作多發生在夜間熟睡時，病患因氣悶、氣急而突然驚醒，被迫立即坐起並打開窗戶，意欲減輕窒息感，伴以陣咳或咳粉紅色泡沫樣痰。輕者取坐位十餘分鐘至一小時左右，呼吸困難狀況可自動消退。嚴重者會持續發作，頻頻咳喘，氣促加重，進至發紺，大汗淋漓，手足厥冷，最後窒息而亡。王安石當政時可謂生龍活虎，怎麼看都不像心臟有病的人，而且這種急性心臟衰竭如果救治不及，病患很有可能死亡，在當時的醫療水準下，更是如到鬼門關前，就算躲過一劫，發作幾次之後幾乎難免得去閻王爺那裡報到了。王安石一來沒有之前患病的詳細資料，二來似乎可以慢慢好轉，後來繼續活了十多年，可見心臟病誘發的心源性哮喘可能性很小。

會不會是普通的肺炎呢？肺炎是指氣道末端、肺泡和肺間質的炎症。可由細菌、病毒、真菌、寄生蟲等致病微生物感染引起，臨床主要症狀為發熱、咳嗽、咳痰，有些人有痰中帶血，伴隨胸痛或呼吸困難等症狀。喘息在肺炎病患中反而不太露臉，不是最明顯的症狀，雖然王安石的「病喘」多多少少會合併咳嗽、咳痰。再看看中醫治療肺炎的方法，無論是「清熱解毒，辛涼透表」，抑或「宣肺通腑，清瀉熱結」，還是「清肺豁痰，平肝降火」，使用的藥材多如牛毛，如「清熱解毒，辛涼透表」用到的麻黃、杏仁、甘草、生石膏、銀花、連翹、桔梗、芥穗、鮮蘆根等。可在這些名目繁雜的藥材中，偏偏沒有一味提到人蔘。中醫治療「肺脾心腎氣虛證」時，人蔘倒是可作為補肺要藥，可改善短氣喘促、懶言聲微等肺氣虛衰症狀。由此得知，王安石得肺炎的可能性也不大。

難道王安石得的是肺結核？肺結核（肺癆）是古代、近代常見的傳染病，嚴格上說也是非常特殊的肺炎，因為病原體是非常特殊的細菌——結核分枝桿菌，由於沒有特效藥，古時的確有許多人被這種慢性消耗性疾病耗盡了生命的最後一絲血氣。不過肺結核不以喘息為首要症狀，多表現為低熱、盜汗、咳嗽、咯血、消瘦，雖然不會發急病而死，但在無法有效殺滅結核菌的年代，帶病存活十年以上也不多見，且病患大多骨瘦如柴、無精打采。

王安石最有可能在當權時發病，但他一直精力充沛，改革布局親力親為。下野後，儘管不問政事，但依舊常騎著小毛驢到處訪客作詩，求禪問道，一副悠然自得的瀟灑狀態，十年間活得相當有滋有味，不似罹患這等嚴重的消耗性疾病。

說到肺癌，今日尚且是醫學難題，遑論一千年前的時代了。王安石要是得了肺癌，沒有現代的手術、化療、電療方案，也只能等死，要存活幾年都很難，更不要說帶著癌魔再過十年瀟脫日子，簡直創造醫學奇蹟了。支氣管擴張症呢？它以反覆咯血、咳痰為主，喘息相對少見。矽肺呢？王安石不是體力勞動者，又無需長期接觸礦塵，甚至連採石的活兒都沒幹過，得此病自然是無稽之談。

經過逐一排除，再結合喘息這主要症狀，筆者認為拗相公患慢性支氣管炎 (chronic bronchitis) 的可能性最大。

慢性支氣管炎是指氣管、支氣管黏膜及其周圍組織的慢性非特異性炎症。這是常見病，有人統計出人群患病率為四%，多發於中老年人，五十歲以上高達一三%。北方比南方更多見。病患常先有咳嗽及咳痰，後發展為喘息。冬春、秋冬季節或感冒時症狀加重，咳嗽、咳痰及喘息往往遷延不癒，每年持續三個月，連續兩年或兩年以上都有發作。主要病因是病毒和細菌的重複感染形成了支氣管的慢性炎症，當氣溫驟降、呼吸道小血管痙攣缺血、氣道防禦功能下降時，最易致病；煙霧粉塵、汙染大氣等慢性刺激亦可導致；而吸菸可使支氣管痙攣、黏膜變異、纖毛運動降低、黏液分泌增多，則更易於誘發。

慢性支氣管炎進一步惡化，嚴重影響肺功能，引起不可逆的病理改變，就形成了慢性阻塞性肺病，即醫學界簡稱的 COPD。病患的氣管變得狹窄，而肺泡的彈性又很差，氣體進出不暢，令人呼吸困難。根據全球的數據，四十歲以上的人每十個就有一個患有 COPD，每年約有三百萬人死於此病。

北宋時代，中國人還沒有學會抽菸，王安石不會因這種陋習而常年累月糟蹋自己的肺。他的慢性支氣管炎主要是和病原體感染、生活環境、作息習慣有關，病情大概不是非常嚴重，經過調理，逐漸得到緩解。這位拗相公認定要做的事，非做不可，不達目的誓不罷休，同時工作中總是躊躇滿志、心無旁騖，滿腦子都是改革大計，最後搞得懶於梳洗、滿面塵垢，別人以為他得怪病而臉色有變；衣服也不更換清潔，穿多穿少都毫不在意，別人覺得他邋邋遢遢，與身分很不相襯，有失體統；吃飯只會夾最眼前的菜，其餘一概視而不見，別人誤會他挑吃嘴刁……這樣廢寢忘食、忘我工作的人，對身體健康也是最漠視的，免不了因過度勞累或感冒著涼而誘發大病一場，這病最可能的就是慢性支氣管炎。

## 拗相公的天才一夢

王安石的老上司包拯也是以犯言直諫的執拗個性為世人津津樂道，此人不僅氣場很大，而且確實口若懸河，站在皇帝身邊神情激昂，唾沫星子橫飛，可能連皇帝也得遭殃：局部地區雷陣雨❹。

但就「拗勁」而言，還是晚輩王安石青出於藍，獨占鰲頭。拒用紫團蔘治病，可能他是堅持已有的治療方案。對待健康問題，他居然也採用常人難以理解的執拗態度。

今人想起王相公，除了那些絕好的文章、詩句之外，就是那場舉世爭議的大改革。他是道德完人、詩文聖手，這些都是明朝成功的改革家張居正所不具備的，這些美譽自然得益於百折不撓、堅強執著的個性。他煉字煉句的那股拗勁，無疑與治學態度一樣是可取的。這樣的人當政治家，註定了會固執己見、凡事偏激、一葉障目，但不會以迂為直、妥協讓步、懂得有捨有得。

北宋中後期，弊政積重難返，國家內憂外患。西元一〇七〇年，宋神宗任命王安石為同中書門下平章事，位同宰相，主持變法。王安石的執拗充分表現在「熙寧變法」上，他有著名的「三不足」說，即「天命不足畏，眾言不足從，祖宗之法不足用」。對王安石而言，這些都是為了實現理想——建立富國強兵的大宋王朝而矢志不渝的信條。

「熙寧變法」本質上是國家干預經濟，達到聚富於國的目的。青苗法，官府是糧食的借貸銀行；市易法，衙門做起了壟斷生意；均輸法，朝廷要進行中央採購；募役法，勞役的貨幣化經營……不得不驚嘆，王安石的思想遠遠超越了他的時代幾百年，甚至上千年。

設想很美好，執行卻很殘酷。一往無前和一意孤行有相似之處，但過猶不及。變法開始後，王安石性格中的拗勁暴露無遺，發展成實踐理想的狂熱，讓他看不到政策執行的問題，輕信那些善於投機的門生，也讓我們看到他可愛又可悲的背影。

由他領導的政治變革，註定失敗。西元一〇七六年十月，他孤獨地離開相位，次年退隱江寧（今南京）過閒居生活，於是有了那首著名的〈泊船瓜洲〉。

王安石像個闖入官場的強小孩，掀起了滔天黨爭，儘管政敵司馬光依然敬重他的赤子之心；但不少人指責那場失敗的改革直接斷送了北宋王朝。直到一千年後，人們才真正讀懂他的天才。

---

❶ 洪邁《容齋續筆．卷八》：「王荊公絕句云：『京口瓜洲一水間，鍾山只隔數重山。春風又綠江南岸，明月何時照我還。』吳中士人家藏其草，初云『又到江南岸』，圈去『到』字，注曰『不好』，改為『過』。復圈去而改為『入』，旋改為『滿』。凡如是十許字，始定為『綠』。」

❷ 邵伯溫《邵氏聞見錄．卷十》：「司馬溫公（司馬光）嘗曰：『昔與王介甫同為群牧司判官。包孝肅公為使，時號清嚴。一日，群牧司牡丹盛開，包公置酒賞之。公舉酒相勸，某素不喜酒，亦強飲。介甫終席不飲，包公不能強也。某以此知其不屈。』」

❸ 沈括《夢溪筆談．卷九》：「王荊公病喘，藥用紫團山人蔘，不可得。時薛師正自河東還，適有之，贈公數兩，不受。人有勸公曰：『公之疾非此藥不可治，疾可憂，藥不足辭。』公曰：『平生無紫團蔘，亦活到今日。』竟不受。」

❹ 朱弁《曲洧舊聞》：「既降旨，包拯乞對，大陳其不可，反覆數百言，音吐憤激，唾濺帝面。帝卒為罷之。」

## 如果王安石活在現代，醫生會建議……

一、在氣候變化和寒冷的季節，注意及時添減衣服，避免受涼感冒，預防流感。如果病患出現呼吸困難，嘴唇、指甲發紫，下肢浮腫，神志恍惚，嗜睡，要及時送醫治療。

二、保持良好的家庭環境衛生，室內空氣注意流通，控制和消除各種有害氣體和煙塵，戒除吸菸的習慣，注意保暖。

三、積極控制感染：在急性期遵照醫囑，選擇有效的抗菌藥物治療。急性感染控制後，及時停用抗菌藥物，以免長期應用引起副作用。

四、加強運動，增強體質，提高耐寒能力和機體抵抗力。冬天堅持用冷水洗臉、洗手，睡前熱水泡腳，按摩腳心、手心也有幫助。

# 小蟲撼動大江山。

## 永樂帝英雄與暴君集一身，客死荒原是報應？

秋七月庚辰，勒石於清水源之崖。戊子，遣呂震以旋師諭太子，詔告天下。己丑，次蒼崖戍，不豫。庚寅，至榆木川，大漸。遺詔傳位皇太子，喪禮一如高皇帝遺制。辛卯，崩。（《明史．成祖本紀》）

姓名：朱棣
身分：明成祖文皇帝
活動範圍：北京
生存年代：西元一三六〇年～一四二四年，六十四歲



人類歷史本身就是一部必然性與偶然性並行不悖的活劇。

輝煌壯觀的世界奇蹟——北京故宮、聞名遐邇的文化遺產——明十三陵，本來是不會出現的，或者說不以現在的面目展現在世人眼前，可能成為世界文化遺產的遺憾；中國人津津樂道，充滿無限自豪與遐想的鄭和下西洋，本來是不會發生的，可能讓中華民族的歷史稍稍黯淡；迄今為止世界最大的百科全

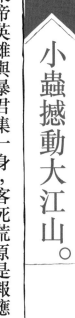

書——《永樂大典》，一部集大成的曠世著作，本來並無機會騰空出世，可能讓中華文明的光輝略略遜色；連在小說、戲劇中頻頻出現的「東廠錦衣衛」，本來也沒有可能粉墨登場，或多或少會讓當下的媒體人和導演、編劇煩惱於題材的枯燥、乏味吧？

一切都源於一個人的存在，源於一個人登上了九五之尊的寶座。他就是明成祖朱棣，永樂皇帝。

朱棣為明太祖朱元璋第四子，十一歲受封為燕王，被父親派往北平就藩，鎮守北方門戶。朱元璋死後，嫡孫建文帝（朱允炆）削藩，朱棣遂發動「靖難之役」，起兵攻打建文帝，經過四年戰爭，終於從侄子手中奪位，登基稱帝，年號「永樂」。朱棣在位期間完善了明朝的政治制度，大力發展經濟，開拓經營疆域，其後以「天子守國門」遷都北平，營造紫禁城，改北平為北京，編修了《永樂大典》、派遣鄭和五下西洋（第六次時永樂已死）。五次親征漠北，對蒙古殘餘勢力進行了軍事打擊，儘管勞民傷財，且未從根本解決邊患問題，但仍舊對鞏固邊防、保境安民產生積極的作用。漢族皇帝一生五次御駕親征，深入敵腹，歷史上僅此一人。

試想，如果守成之君建文帝繼續執政，明朝的歷史走向，乃至中國的歷史面貌將會有多大的天壤之別。中華民族的歷史可能多了一絲平庸，少了幾分雄奇。

大凡不甘平庸而卓越有為者，大多飽受爭議，甚至詬病。朱棣篡位後對建文舊臣的殘酷鎮壓，對後宮的嚴酷統治，令人心寒，招人指責。為了加強對大臣的監控和鎮壓政治的反對力量，朱棣恢復了洪武時廢罷的「錦衣衛」制度，設立了稱為「東緝事廠」，簡稱「東廠」的新衙門，廠衛合勢，強化了專制統治，同時也讓明朝的特務政治成為這一時期的汙點。

朱元璋本打算讓太子朱標繼位，沒想到白髮人送黑髮人，太子英年早逝，只好把皇位傳給太孫——

朱標的兒子、文弱的朱允炆。然而，明一代政治上較有作為的也就朱元璋和朱棣父子倆。其餘十幾位要不是享國日短，難有作為；就是昏聵荒誕，無所作為；或是窮途末路，連想有所作為的機會都沒有。

## 戴思恭救了他一命

朱棣的一生絕不平靜，甚至坎坎坷坷。他常年多病，壯年的「靖難之役」幾次危如累卵。登基後，時刻提防著建文帝死黨的報復，從未高枕無憂。晚年時，仍不得安閒，屢屢親征漠北，讓年邁之軀在蒙古草原的荒蕪中耗費著僅存的精力和神髓，讓戎馬倥傯、刀光劍影和塞外苦寒長伴至生命最後一刻，可說他一生都活得戰戰兢兢。

其實朱棣當燕王時，就與病魔和死神打過交道了。也就是說，歷史在十四世紀末，曾經悄無聲息地拐了一個彎。

傳統正史對皇帝的疾病自是諱莫如深，野史也只能見到零星的記載，且傳統中醫對疾病的解釋，往往語焉不詳。但是疾病不僅會影響歷史人物的身體，也會影響他們的性格，乃至對身邊事物的看法與處理方式。個性鮮明的朱棣作為創基建業的帝王，他的疾病更是如此。

明朝人鄭曉的筆記小說《今言》記載，洪武十九年（西元一三八六年），當時二十六歲的翩翩公子朱棣患過一場大病。這次患病，《明史》有較為詳細的描述❶。那一年朱棣得了「瘕病」，經過許多醫官輪番診治，服過許多方劑，依然毫無起色，燕王府的「良醫正」——韓彝親自出馬，仍舊久治不癒。原本生龍活虎的朱棣臥病在床，骨瘦如柴，腹脹如斗，身體每況愈下。病重消息從遙遠的北平快馬加鞭地傳到了京師——南京，把年邁的朱元璋急壞了，儘管他有二十多個兒子，朱棣只是第四子，論資排輩怎麼算也不是名正言順的皇位繼承人，但朱棣在他心目中有著特殊的地位。

知子莫如父。英明的朱元璋早就意識到，在眾多兒子中，只有燕王朱棣在性格、愛好、稟賦上和自己最像。燕王自幼熱衷於軍事，為人果敢沉毅，敢做敢為，且思維敏捷，勤學苦練，對政治有天然的興趣和掌控力，這是其他兒子完全不具備的。可惜他不是嫡長子，否則朱元璋必然會讓他順理成章地成為第二代君主。不過，朱元璋把開國第一武將、自幼莫逆之交徐達之女，許配給朱棣，亦足見其對朱棣的重視和喜愛；把朱棣放在北平這華北首要門戶，委以鎮守之重任，而捨棄朱棣兩個不成器的哥哥不用，更足見朱棣在老父心中獨一無二的地位。

朱元璋聞訊後，急得如熱鍋上的螞蟻。這時，有人向他推薦了時年六十多歲的名醫戴思恭。朱元璋聽罷，一拍大腿，如夢初醒，立即傳旨送戴思恭去北平為燕王診病。戴思恭何許人也？如何讓生性多疑殘暴的朱元璋如此信任而不假思索？

戴思恭，明代著名醫學家，字原禮，號肅齋。名醫朱丹溪的優秀弟子，既是著名的宮廷醫家，也曾廣為民間百姓診治疾患。他從丹溪學習醫術二十餘年，潛心醫學理論，洞悉諸家，甚得真傳。戴醫師治疾多獲神效，由是以醫術名世。洪武十九年，朱元璋大病，詔戴思恭診治，藥到病除。不久，就被提升為太醫院御醫，被朝廷授予「迪功郎」官職，深得朱元璋器重。戴思恭也曾為朱棣的三哥——晉王朱棡治癒了「肢癱」之症，後來晉王仍因舊病復發而死。朱元璋大怒，逮捕了王府醫官，要將他們治罪處死。戴思恭從容上前進言道：「我曾為晉王治病，並早就對陛下您說過，雖然病情暫時緩解，但因病已深入膏肓，再復發就性命難保了，今天果然不幸應驗。」聽了戴思恭一席話，朱元璋才免了眾醫官的死罪。

這次，朱元璋火速把首席醫學顧問派往北平。可惜那個年代沒有飛機、直升機，也沒有輪船、火車，醫療團只能帶著年逾花甲的戴思恭日夜兼程，一路人不離鞍，馬不停蹄，不顧舟車勞頓，直奔華北的心臟地帶。幸虧朱棣患的不是急性病，不然戴思恭縱使身懷絕技，也會輸給與時間的競賽。

到達燕王府後，風塵僕僕的戴思恭火速走進朱棣的病房，仔細進行望聞問切。這幾項基本功，許多名醫和醫官都瞭然於心，然而，是否到家就能看出一代名醫的過人之處，就能看出良醫與普通醫官的差別。別少看一個簡單的「問」字，不僅問的是病人哪裡不舒服。戴思恭先詢問了韓彞和其他醫師所用的藥方，眉頭一皺，再仔細查看了朱棣的身體，沉吟片刻，繼而問道：「殿下，您平日有什麼飲食上的嗜好？」病懨懨的朱棣想了想，有氣無力地答道：「生芹。」戴思恭一聽，豁然開朗，於是自信滿滿地一劑藥下，朱棣服藥後內急難耐，到廁所蹲下排出諸多「細蝗」，頓覺渾身大爽，很快就痊癒了。

朱棣死裡逃生。首先歸功於戴思恭的心細如髮，然後才是醫學博深。很多醫師治療「瘕病」都能手到擒來，並非疑難雜症，屬於常見病，一旦診斷明確，對症下藥，藥到病除，自然順理成章。問題就在於「問」病史的細節上，真是細節決定成敗。

由此可見，戴思恭不僅醫技高超，更可貴的是，醫患溝通技巧也達到爐火純青的地步。這裡說的不是江湖賣藝式的油嘴滑舌，不是靠三寸不爛之舌吹得天花亂墜、把病人哄得服服貼貼的伎倆，而是隱含對病患的無私關懷，不是憐憫與施捨，是醫者對患者的同情和仁愛。沒有這些精髓，只是按圖索驥地從程序上把「望聞問切」做一遍，像例行公事一樣敷衍了事，沒有真正把病患的疾苦視為己痛，如何能看好病？

朱元璋、朱棣這對性格相似的父子，素以皇恩刻薄著稱。朱元璋晚年患病久治罔效，遷怒於御醫，下令逮捕，唯獨安慰戴思恭說：「你是仁義之人，不要害怕。」不久，朱元璋病逝。建文帝即位後，將諸多侍醫治罪，唯獨擢升戴思恭為太醫院使。朱棣對戴思恭也十分敬重，稱帝後雖對建文帝的舊臣不無猜忌，多加防範，但想起十多年前戴思恭為自己妙手回春，也不禁感慨萬千，當年略帶稚嫩的嗣公子，現已是美髯過腹的中年漢，當年仙風道骨的名醫師，現已是鬚髮凋零、老態龍鍾的白頭翁。他把年逾耄耋的戴思恭再次召到身邊，對他特別關照，免去他的跪拜之禮。朱氏父子一生閱人無數，誰是心誠之人，誰是令色之徒，自然胸有成竹，尤其是朱元璋這位從社會最底層一路攀升的傳奇人物。有些病是醫師無法治好的，有些命運是醫師不能抗拒、逆轉的，皇帝們不是不知道，之所以冷酷無情地處罰其他醫師，主要是情緒的發洩。偏偏戴思恭可以躲過一劫，並繼續受重用，正是他的一顆真心、一片精誠，日月昭昭，連唯我獨尊的帝王都敬慕不已，亦足見此名醫的過人之處。

話說回來，朱棣究竟得的是什麼病？

## 寄生蟲差點改寫了歷史

瘕，中醫病證名。《諸病源候論・瘕病候》：「瘕病者，由寒溫不適，飲食不消，與臟氣相搏，積在腹內，結塊瘕痛，隨氣移動是也。言其虛假不牢，故謂之為瘕也。」《羅氏會約醫鏡》：「瘕者得之傷血，肋間有塊如石，按之痛引少腹，去來無常，肚硬而脹，食減餐泥，假物成形，如血鼈之類。……治宜調養脾胃，磨積消痞，奏效遲緩。」古代有大量文獻記載，總體上看，指的是一種腹部腫塊，隨著古人醫療知識日益豐富，醫師已意識到多數是由寄生蟲引起的，特別是消化道寄生蟲。

中醫當時沒有顯微鏡和其他精細的觀察工具，也沒有建立現代生物學的概念，因此無法確切瞭解蟲子的習性和致病的根本成因，但醫學畢竟是一門經驗性學科，憑著幾千年來與疾病鬥爭積累的豐富經驗，當時的醫師們已掌握了一系列行之有效的驅蟲手段。戴思恭就是憑著多年來在民間行醫所積累的經驗與知識，僅給朱棣用一次藥，就讓那些不速之客——細蝗，從朱棣的肚子裡乖乖地被轟出來，原形畢露，束手就擒。「細蝗」當然不可能是會飛的蝗蟲（蚱蜢），只是蟲子的代稱，指代數量繁多。

人們對寄生蟲並不陌生，每每想到那些尚未死去、鬼鬼祟祟地蠢蠢欲動的條狀小生物從人體內爬出來時，沒有不覺得噁心的。再想想牠們不知道在人體內已存在了多長時間，已造成了多大的破壞，又不禁令人心驚肉跳。

古代醫師有不少名家正擅長驅蟲之術，三國時期的華佗就是典型的例子。

有一次，華佗在路上看見一個人患咽喉堵塞之病，想吃東西卻嚥不下，家人用車載著他去求醫。華佗聽到病人的呻吟聲，立即停下車馬前去診視，之後告訴家人：「剛才我來的路邊上有家賣餅的，有蒜泥和醋，你向店主買三升蒜泥和醋讓他服下，病痛自然會好。」他們馬上照做，病人服下後立即吐出「蛇」（指一種較長的寄生蟲）。病人後來到華佗家登門拜謝，看到屋裡牆上懸掛著十幾條這類寄生蟲的標本❷。

又有一次，廣陵太守陳登得病，煩躁鬱悶，臉色發紅，不思飲食。華佗為他切脈後說：「您胃中有蟲好幾升，將在腹內形成腫脹堅硬的毒瘡，這是吃生魚、生肉造成的。」言畢馬上做了二升藥湯，先讓陳登喝一升。過了一頓飯的時間，陳登便吐出大約三升小蟲，小蟲赤紅色的頭還會動，一半身體還是生魚膾的模樣（膾指切得很細的魚肉），也很快就痊癒了。

朱棣得了寄生蟲感染(parasitic infection)是毋庸置疑的，但腹中蟲子是何模樣，史書並未記載。人們大體上知道蟲子或蟲卵進入人體，都是因飲食不衛生造成的，一般的勞苦大眾固然難以避免，為何養尊處優、錦衣玉食的燕王也會患此病呢?筆者不得不想起他吃「生芹」的嗜好。

芹菜味道別具清香，可以增強食欲。天氣乾燥炎熱時，清晨起床後喝上一杯芹菜汁，無比愜意。中醫認為芹菜具有消炎、鎮靜、消熱、止咳、健胃、利尿等功效，經常食用能除煩熱、下淤血。現代醫學發現芹菜的根葉含有豐富的維生素A、$B_1$、$B_2$和C等，故而適合維生素缺乏者飲用，此外，芹菜含鐵、鋅量也很高，兒童最好多吃芹菜，可以補鐵、補鋅。醫生一般不會建議病患生吃芹菜，因為任何不乾淨的蔬果，都有可能帶來麻煩。

朱棣未必知道芹菜有那麼多好處，也許只是喜歡那股芳香，也許只是尋求食材的新鮮感、獵奇感，乃至刺激感，生芹就是朱棣的「沙拉」、「刺身」。

今天人們都相信，在距今五十萬年前的「北京人」就已開始利用火來燒烤食物，有了熟食。戰國時代以來，中國人就常強調自己是「火食」(即熟食)的民族，與其周邊「不火食」(即生食)的民族不同。然而主流之外，古代中國人還是會生吃許多食物，部分生食傳統甚至延續至今。有時會生吃野豬、麋、鹿、獐、熊、兔、狐、香狸、竹鼠等野獸之肉，牛、羊、豬、狗、馬等家畜及牠們的內臟，一般家禽和野生鳥類、各種海水和淡水魚類等都會被當作偶爾嘗鮮的佳餚。這些生吃的肉類稱為「生」、「膾」或「鱠」。江淮以南的地區，人們生吃魚類，即吃「魚鱠」或「魚生」的習俗特別普遍，也特別盛行。

生食的另一部分就是生吃蔬菜或植物的果實、根莖和球莖等。古人這些習慣在許多文獻中都有記載，種類繁多，比如，南朝時著名的醫藥家、煉丹家陶弘景《本草經集注》說：「又有渣芹，可為生菜，亦可生㽷。」

然而，人們透過生活經驗的積累，發現了上述生活習慣的弊端。古代醫家已明確提出吃生魚、生肉會產生腹內之蟲，如《金匱要略．禽獸魚蟲禁忌並治》說：「食生肉，飽飲乳，變成白蟲。」又說：「食膾，飲乳酪，令人腹中生蟲為瘕。」唐代著名養生家、食療學鼻祖孟詵也說生吃蕓薹（油菜）「能生腹中諸蟲，道家特忌」。

寄生蟲是指不能完全獨立生存、必須寄生於其他生物體內的蟲類。寄生蟲寄生的生物體稱為宿主。寄生蟲的成蟲和幼蟲都會對人體產生傷害。牠們在寄生宿主內生存，透過爭奪營養、栓塞脈管及分泌毒素給宿主造成傷害。寄生蟲還會對所寄生的部位及附近組織和器官產生直接損害或壓迫。常見的寄生蟲有蛔蟲、鉤蟲、蟯蟲、絲蟲、血吸蟲等，牠們的生活習性不盡相同，致病本領也各有千秋。牠們自身或蟲卵和幼蟲廣泛存在於土壤、植物和某些動物體內，因此飲食不潔者，禍從口入的慘案屢屢發生。

這些小蟲正是透過生芹進入朱棣腹中，像孫猴子一樣在對方的肚子裡興風作浪，飽食終日之餘還不斷繁衍生息，幾乎要把朱棣的消化道撐破。看似微不足道的魑魅魍魎畢竟還是無法逃脫一代名醫戴思恭的法眼而被就地正法，朱棣終於死裡逃生。那些小蟲子差點改寫了歷史。

## 滅臣十族，史無前例

朱棣一輩子活得並不自在，疾病常常如影隨形，青年時代曾從死神的魔掌中苦苦掙脫，到了中老年時代，又飽受關節疼痛之苦，甚至下床活動都大受限制。那些來自敵人的明槍暗箭，更不用說了，有驍勇的蒙古軍鐵騎，還有忠於建文帝的舊臣躲在朝班之中，藏著利刃，時刻試圖置他於死地。

屢屢與死神擦肩而過，使朱棣變得生性多疑，冷酷暴虐，殘忍好殺，頗有點虐殺狂的跡象，當然也部分受父親朱元璋的性格遺傳。

朱棣攻取南京後，對不肯歸附的大臣嚴加懲治，無所不用其極。建文帝削藩的主要謀士黃子澄，先被砍去雙手、雙腿，然後才將其殺死，齊泰亦被「族誅」。朱棣對抵抗最為堅決的鐵鉉非常憤恨，命人割下他的耳鼻後才將其殺死，妻女充為官妓。

這些事件中，以方孝孺的「誅十族」最為慘烈。方孝孺是當時最有名的讀書人，朱棣召他寫即位詔書，方孝孺堅決不從；朱棣以誅滅九族威脅，方孝孺大義凜然，朗聲回答：「便十族奈我何。」朱棣盛怒，竟真將其滅門十族。自古以來，最嚴酷的懲罰莫過於誅九族，從來沒有誅十族的先例，方孝孺一案，朱棣可是開了先河，空前絕後。所謂十族，就是九族之外將朋友、門生也牽連在內。

西元一四二四年夏天，在不為人知的榆木川，第五次親征的朱棣已經六十四歲了，多病之軀終於一病不起。英雄與暴君集於一身的他，帶著對未竟事業的遺憾，面對如血的殘陽，在北國的草木之間默默地走完了人生路。

他的遺骸在炎炎烈日下，從蒙古草原匆忙運回北京時，人們都猜想到這位皇帝的結局和秦始皇有點相似——崩於外地，喪禮未行之時，屍首就已腐臭不堪。文獻記載，共有三十多位妃嬪被迫為朱棣殉葬。

像唐太宗李世民，朱棣的皇位也來路不正，極想用政績來彰顯繼位的合法性和正統性。然而，腹中的塊壘影響了身體健康，胸中的塊壘則體現了氣量和個性，註定給同時代許多無辜的生命釀成慘劇。他也終究活在悲情和孤獨的世界中，心裡那個自己造成的傷疤，不時滴著自私、狹隘與猜疑的冷血，在荒原上悶悶不樂而死。

---

❶張廷玉等《明史・列傳第一百八十七》：「戴思恭……洪武中，徵為御醫，所療治立效，太祖愛重之。燕王患瘕，太祖遣思恭往治，見他醫所用藥良是，念何以不效，乃問王何嗜。曰：『嗜生芹。』思恭曰：『得之矣。』投一劑，夜暴下，皆細蝗也。晉王疾，思恭療之癒。已，復發，即卒。太祖怒，逮治王府諸醫。思恭從容進曰：『臣前奉命視王疾，啟王曰：『今即癒，但毒在膏肓，恐復作不可療也。今果然矣。』諸醫由是免死。思恭時已老，風雨輒免朝。太祖不豫，少間，出御右順門，治諸醫侍疾無狀者，獨慰思恭曰：『汝仁義人也，毋恐。』已而太祖崩，太孫嗣位，罪諸醫，獨擢思恭太醫院使。永樂初，以年老乞歸。三年夏，復徵入，免其拜，特召乃進見。」

❷陳壽《三國志・魏書・方技傳》：「佗行道，見一人病咽塞，嗜食而不得下，家人車載欲往就醫。佗聞其呻吟，駐車往視，語之曰：『向來道邊有賣餅蒜齏大酢，從取三升飲之，病自當去。』即如佗言，立吐蛇一枚，懸車邊，欲造佗……疾者前入坐，見佗北壁懸此蛇輩約十數……廣陵太守陳登得病，胸中煩悶，面赤不食。佗脈之曰：『府君胃中有蟲數升，欲成內疽，食腥物所為也。』即作湯二升，先服一升，斯須盡服之。食頃，吐出三升許蟲，赤頭皆動，半身是生魚膾也，所苦便癒。」

# 如果朱棣活在現代，醫生會建議……

一、養成良好的衛生習慣，蔬菜要洗乾淨；避免進食生鮮的或未經徹底加熱的家畜、家禽、魚、蝦、蟹、螺、奶、蛋；飯前便後要洗手，要常剪指甲，教育小兒不吮手指頭。

二、消滅蒼蠅、蟑螂，做好糞便和水源管理，整理好環境衛生，避免寄生蟲或蟲卵進入人體內。

# 一生憂國毀譽半。

## 張居正被痔瘡折磨得死去活來

亡何，居正病。帝頻頒敕諭問疾，大出金帛為醫藥資。四閱月不癒，百官並齋醮為祈禱……居正始自力，後憊甚不能遍閱，然尚不使四維等參之。……時居正已昏甚，不能自主矣。（《明史·張居正列傳》）

姓名：張居正
身分：明朝內閣首輔
活動範圍：北京
生存年代：西元一五二五年～一五八二年，五十七歲

萬曆十年（西元一五八二年）六月二十夜，北京城，大明相府門口的鹵簿儀仗，還保留著往日的陣勢，但標著「肅靜」、「回避」等字眼的燈籠，已被罩上白紗的長明燈取而代之。大院之內，哭聲震天。

去世的主人名叫張居正，字叔大，號太岳，湖廣江陵人。他是明朝名臣，萬曆初年內閣首輔，著名的政治家、改革家。

清人說：「明只一帝，太祖高皇帝是也；明只一相，張居正是也。」太祖朱元璋是開國皇帝，是創建明朝之父；而宰輔多達一百六十餘位，何以只有一個？只有張居正是「救時宰相」，對千瘡百孔的王朝有再造之功，之前和之後都無人能出其右。因此，梁啟超斷言：「明代政治家只有一張居正。」擁有近三百年歷史的明王朝，也有過能人輩出、群星燦爛的輝煌，可在梁先生心目中，政治家就只有張居正。

自從朱元璋廢除宰相一職後，有明一代實際上再無宰相。然而，明中期後，首席內閣大學士（首輔）職權最重，主持國家大政，實際行使宰相之權。

隆慶皇帝駕崩後留下爛攤子。萬曆皇帝（明神宗朱翊鈞）年幼，太后倚重張居正，國事一應大小均憑張居正做主，就給了身兼「帝師」和「宰相」角色的張居正一展抱負的機會。他前後當國十年，推行了一系列有效的改革措施：清查田地，實施「一條鞭法」，改變賦稅制度，改善了明朝財政狀況；任用戚繼光、李成梁等名將，加強了北部國防；嚴厲整肅了朝廷秩序……大明王朝這艘行將沉沒的破船，竟然在「萬曆新政」修補之後，又能頑強地繼續航行。

《明史》說：「居正為人，頎面秀眉目，鬚長至腹。勇敢任事，豪傑自許。然沉深有城府，莫能測也。」關於他的去世，《明史》說得很簡單：「亡何，居正病，帝頻頒敕諭問疾，大出金、帛為醫藥資。四閱月不癒，百官並齋醮為祈禱……及卒，帝為輟朝，諭祭九壇，視國公兼師傅者。」看似一片哀榮，實際上山雨欲來風滿樓。

張居正忠於謀國，拙於謀身，自身骸骨未朽，門祚已傾。死後不到兩年，反對派把矛頭指向了他，從權重震主到私德敗壞，把他批判得體無完膚。長大成人，早已心存不滿的萬曆帝由此指斥恩師「罔上負恩，謀國不忠」，下旨追奪官秩，查抄家產，以罪狀示天下，甚至一度揚言要「斫棺戮屍」，張家親屬自殺的自殺、餓死的餓死、流放的流放，一代能相之家竟落得如此可悲的下場。

張居正鞠躬盡瘁推行的改革，隨後被一筆勾銷，國家又陷入了萬馬齊喑、死氣沉沉的局面，這一切都是病榻上的張居正難以想像的。而他的病與死和參半毀譽一樣，一直是後人爭論不休的話題。

## 疑竇叢生的風流死

張居正什麼時候開始覺得身體明顯不適？萬曆九年九月，神宗聽到首輔張先生病情未見好轉，特遣御醫診視。張居正上疏謝恩，並請求給假調理。他說：「臣自入夏以來，因體弱過勞，內傷氣血，外冒盛暑，以致積熱伏於腸胃，流為下部熱症，又多服涼藥，反令脾胃受傷，飲食減少，四肢無力，立秋以後，轉更增劇……但臣自察病原，似非藥餌能療，惟澄心息慮，謝事靜攝，庶或可痊，仍乞聖慈垂憫，特賜旬月假限，暫解閣務……」（奏疏十〈患病謝遣醫並乞假調理疏〉）

他的病情逐漸加重，延至萬曆十年六月二十，終於病故。從上年「入夏」到該年六月，至少病了一年多。張居正的死因，主流說法有兩種，一是貪戀女色，縱欲而死；二是操勞國事，自然病死。也有人猜測死於政治陰謀，但不管是正史或野史，「陰謀論」的確鑿證據均難覓蹤影。

張居正的私生活糜爛、奢侈、不知檢點，是當時和後世之人詬病不斷的道德瑕疵，清流文士王世貞直言，張大人實死於春藥過度❶。與張大致同時代的沈德符也批評這位「救時宰相」天天服用戚繼光進獻的壯陽藥以致全身燥熱，嚴冬無法戴帽出門，苦了百官，再冷的天也只能跟著首輔大人光著腦袋挨凍❷。這些說法是否屬實？張居正難道就是一色情狂？

明朝（尤其後半期）儘管儒家理學對讀書人的思想禁錮依舊又毒又狠，高高在上、掌握話語權的官僚階層也極力鼓吹「烈女」、「節婦」，但社會上的市井文化和市民風氣，隨著商品經濟的蓬勃發展，把人性的「生理需求」強烈地無限放大。這種影響之下，普通老百姓不僅難以獨善其身，而且更多人樂在其中。

如果能穿越時光隧道回到嘉靖、萬曆年間，人們會發現那時的北京也好，南京也好，小城鎮也罷，妓院娼館充斥市井，妓女孌童誘色賣身，房術祕辛大行其道，淫具媚藥堂而皇之，絕對不是在夜間躲躲閃閃、猥猥瑣瑣地亮起一兩盞害羞而隱晦的招牌燈。《金瓶梅》就是那時期盛行的小說，也是這種風氣所及的產物，如果作者懂點醫學，大概西門慶在筆下會被寫成中梅毒而斃命。在文字中摻雜一些風月之事、男女之歡，實是常態，何況王世貞、沈德符二位就是以文學著稱的大家。

至於統治階級金字塔尖的那群人，自古以來便是猴群中為數不多的幾隻公猴，本就和尚打傘——無（髮）法無天，妻妾成群更不在話下。就明朝而言，除了嘉靖帝的伯父弘治帝朱祐樘在私生活上無可挑剔之外，幾乎沒有一個不是沉迷在胭脂粉黛的溫柔鄉不可自拔的。歷史上像「不近女色」的南朝梁武帝持續數十年保持清心寡欲的人，簡直是稀世瑰奇，令寫慣了「荒」、「淫」、「昏」、「亂」的史官們眼前一亮，驚喜得如獲珍寶，大書特書一番。

張居正位極人臣，而且是霍光、諸葛亮一類連皇帝都敬畏三分的權臣。他的私生活精采紛呈，本不足為怪。更何況中國人要詆毀別人，最喜歡攻擊的突破口正是私德的瑕疵，似乎只要好色，就一定是令人不齒的大壞蛋，此人對社會、國家、民族的積極貢獻和正面作用，可以一概抹殺，而且謾罵起來極盡想像之能事，往往醜化得天花亂墜又繪聲繪影，毫無實事求是的嚴謹操守，不把攻擊對象漫畫成醜態百出之徒，絕不罷休。這就是中國文化的劣根性之一。

面對張居正這樣死後被萬曆皇帝從靈魂上鞭屍三百、挫骨揚灰，在道德輿論上口誅筆伐、徹底唾棄的「行屍走肉」，那些士大夫們，正直的或許噤若寒蟬，不敢言實；投機的（尤其曾與張有芥蒂的人）肯定是投其所好，配合宣傳，製造聲勢，以圖從中分一杯羹。但張居正治國的成績是實實在在的，否定其政績就等於否定曾大力支持他的萬曆母子，因此罵他奢靡好色，甚至縱欲至死，是最安全、最有效的手段。王世貞曾被張居正得罪，且毫不隱瞞和張之間的嫌隙，他的一家之言是否有杜撰之嫌？

張居正生前是否果真如此，正史記載可謂惜墨如金，野史倒寫得「斑斕多姿」，真真假假，筆者不願多論；但有一事是我們必須面對的客觀事實：文化大革命中，晚清重臣張之洞的墓被紅衛兵搗毀，發現隨葬品有鼻煙壺、硯臺、珍珠、金銀、字畫等珍貴文物四十餘件；不久，張居正同樣遭到開棺揚屍的厄運，當時看見棺內顱骨及骨架俱已散亂，袍服腐爛成塵，但遺物僅銅鏡一面、金鈎一雙、玉帶上的白玉數枚和御賜硯臺一方，別無其他。張之洞不管有多重？重得過一人之下、萬人之上，權勢熏天的張居正嗎？以張居正的薄葬，實在難以想像他的日常生活真有多麼豪奢和荒淫。

此外，還有一點不容忽視，張居正生活在以孝為道德至尊的宗法、禮教社會，其父死於萬曆六年九月。按照當時規定，不管多高階的官員均須回原籍丁憂（守孝）三年（實際為二十七個月），不管多麼重要的工作和職務，均須忍痛割愛。這段時間裡，婚宴嫁娶，甚至娛樂活動都是禁止的，一旦違反，宗族和社會都會施加強大的輿論壓力，有時甚至用不孝之名予以嚴懲。

張居正一方面貪戀權位，一方面擔心改革大局會受到干擾，便在萬曆母子的配合支持下，用皇帝奪情的名義，成功申請了在京服喪且繼續行使職權。在當時激起了軒然大波，許多官員和讀書人義憤填膺，確實說明明朝人還是相當重視孝悌和倫理道德。張居正如果徹底服喪完畢，從時間上看，至少已到了萬曆九年初，距離自身臥病也時日不多了。漫長的二十七個月裡，難道他敢再次刺激輿論、敢挑戰傳統道德、敢蔑視祖宗神靈？筆者不太相信張相公在這段日子還能或者還敢縱情聲色。

話又說回來，就算張居正真的沉迷女色，就一定非死不可嗎？縱欲而死，其中多多少少有點中醫的味道，少不了說些「氣血虧損」之類令老百姓似懂非懂的專業術語，但從西醫的角度看，無法找到相應的病名。一個人性行為過多，發展到致死的地步，要不是得了嚴重的性病（如梅毒、愛滋），就是本身患有慢性基礎病，房事頻繁加劇身體透支，引發疲勞過度，加快了死亡的進程，僅此而已。

壯陽春藥服用不當，當然可能中毒而死。我們無從獲知明朝末年那些林林總總的春藥到底含有何種成分，張居正又是服用哪一類春藥。此外，從病情發展來看，有一年多時間，病情愈來愈重，體質每況愈下，且公務纏身，小皇帝依然恨鐵不成鋼。這樣的政治家還有體力、精力和情趣繼續尋歡作樂？

綜上所述，張居正直接死於私生活不檢點的說法，疑點重重。那麼他究竟哪裡出了毛病？

## 手術之後一病不起

從張居正給友人的信件中得知，至少在萬曆九年夏天就開始覺得萎靡不振、飲食不思、精疲力竭，之後病情反覆，時好時壞，漸漸力不從心，屢屢向萬曆帝請假調養，甚至告老還鄉，但皇帝依賴張相公已成慣性，往往予以大量賞賜，說些「宜慎加調攝，不妨兼理閣務，痊可即出，副朕眷懷」之類的話，極力挽留。張居正無奈，只好在有生之年「鏤之肺腑」，繼續「捐軀隕首」，為皇上效犬馬之勞❸❹。

萬曆十年二月，他的病又再次加重了。多年文牘生涯和改革中種種不順心之事，更使他一病不起。自擔任首輔以來，日作夜思，食不甘、寢不寐，所憂慮的又豈只是改革大業？還有那些時刻想反對他的士大夫。十年來，力肩重任，勉力支撐，慘淡經營，已經積勞成疾，不過才五十多歲年紀，就已是未老先衰之態：形神疲憊，氣血壅塞，鬚髮花白，精神委頓。

這回他的病在診斷上有了新突破，來自其故鄉的趙裕醫師診出「痔」之病，並用手術根除，但手術看來不是非常成功，可能出血不少，張居正被搞得元氣大傷，唯有繼續臥床靜養。他的信件透露了這一情況：「賤恙實痔也，一向不以痔治之，蹉跎至今。近得貴府醫官趙裕治之，果拔其根。但衰老之人，痔根雖去，元氣大損，脾胃虛弱，不能飲食，幾於不起。」（書牘十四〈答上師相徐存齋三十四〉）

他給皇帝的奏疏中也如實交代：「臣自去秋，患下部熱病，仰荷聖慈垂憫，賜假調理，雖標症少減，而病根未除，纏綿至今，醫藥罔效。近訪得一醫人，自家鄉來，自言能療此疾，屢經試驗，其術頗精，但須靜養半月、二十日，乃得除根。臣伏自念，年迫衰遲，久嬰疾患，比者恭侍講讀，皇上見臣肌體羸瘦，詢問左右，察臣所苦，是犬馬賤軀，蓋未嘗不仰屋聖念也。今幸得此醫人，專意療治……」（奏疏十一〈給假治疾疏〉）

可怕又可悲的是，張居正的痔瘡其實已拖延了十多年，一直未有效診治，造成委頓不堪，而手術效果確實沒有預期的好，可能錯過了最佳治療時期，可能當時中醫的「外科」療法確實力所不及，勉為其難。總之，張居正暗自抱怨：「殘恙一向不以痔治，遷延十有餘年，故病日深。近訪得一明醫，仰蒙聖恩，賜假治療，乃得拔去病根。今病雖除，而血氣虧損已甚，脾胃虛弱，不思飲食，四肢無力，寸步難移，按之生理，尚屬艱難。」（書牘十三〈寄山東巡撫楊本菴〉）

在當時有限的醫療條件下，即使痔瘡真的割除了，但病人必然會失血過多而無法及時補充新鮮血液（沒有輸血方法），造成嚴重貧血，誘發各種危症，也就只能一步步走向死亡了。

幾個月後，張居正仍然僵臥病榻上，毫無起色，只好不斷向萬曆帝打報告，提出退休或請長假的要求：「臣自思病以來，靜攝調治，日望平復，乃今三月，元氣愈覺虛弱，臥起皆賴人扶，肌體羸疲，僅存皮骨，傍人見之，亦皆為臣悲悼，及今若不早求休退，必然不得生還。」（奏疏十一〈乞骸歸里疏〉）他大概自知回天乏術，要追隨父親而去了，「早賜骸骨，生還鄉里」居然成為一代人傑最後的奢望與哀鳴。

然而，已長大成人的萬曆帝並沒有應允❺，只是繼續麻木不仁地拚命賞賜、給張居正及其兒子加官晉爵：進張居正為太師，加歲祿二百石，一子由錦衣衛指揮僉事進為世襲同知；銀八寶四十兩、甜食二盒、乾點心二盒、燒割一分。讓人懷疑他是不是早已對張居正心存芥蒂，正想用過勞方式把盡心國事的張首輔折磨逼迫致死。

此時，對康復已絕望的張居正除了回覆「臣病困之餘，不能措辭，感謝之悰，言不能悉」，還能做什麼？

萬曆十年六月二十，滿懷著失望和對父親愧疚的張居正，在昏睡中度過了人生最後一程。他丟下了高堂老母和多年伴侶，撇下了一門兒孫，拋開了廟堂恩怨，斬斷了喜樂情絲，以五十七歲之齡，悄無聲息地走上了是天堂也是地獄的不歸路。

張居正沒有料到奏疏中所提的「下部熱病」，竟會被人借題發揮，引向淫亂之病的猜測。張居正更沒有想到他的光榮死去迎來的不是溢美的讚頌和深沉的緬懷，而是惡毒的清算、肆虐的攻擊，以及家人無盡的淒涼和悲苦。

痔瘡是常見病，曾有人誇張地統計出「十人九痔」的機率，但這種病本身很少致死，為何獨獨錦衣玉食的張居正栽倒在上面呢？

## 小痔瘡造成大隱患

痔瘡問題，說大不大，說小不小。大家應該聽過成語「吮癰舐痔」的故事。戰國時期，莊子對宋國使臣曹商出使秦國巴結秦王一事十分反感，嘲諷他為生病的秦王「破癰潰痤」且「舐痔」，極盡諂媚之能事以獲取鉅額報酬❻。說明那時人們對「痔」這個疾病已有所認識。

痔瘡是俗稱，痔才是正式病名。明代《醫學綱目》解釋這個字含義時說：「大澤之中有小山突出為峙，在人九竅中凡有小肉突出皆曰痔。」可見古代人們對痔的主要認識是以肛門局部突起為特徵的一類疾病。

痔的英文名詞有兩個，一是來自古希臘語的 **hemorrhoids**，含義是出血。另一是來自拉丁文的 **pile**，是球狀或突起之意。兩個詞分別從症狀和體徵兩方面加以描述。準確地說，痔就是肛門邊緣、肛管和直腸下端靜脈迂曲擴張形成的血管團塊（形似深色腫塊或顆粒）。

它的發病率確實很高，古今中外皆然，不獨張居正深受其害，地球另一邊的法蘭西巨人，相傳也罹患這種難以啟齒的病，甚至導致了其偉業的崩塌。據美國學者理查．扎克斯 (Richard Zacks)《西方文明的另類歷史》(*An Underground Education*) 記述：拿破侖一世 (Napoléon Ier) 指揮滑鐵盧戰役時，恰恰痔瘡發作，心煩意亂且無法乘馬視察、督戰，間接使他一敗塗地，一蹶不振。拿破侖的屁股居然參與改變世界歷史的進程？你相信嗎？

該病最主要的臨床表現是痔血管受刺激破裂，引起大便出血。出血日久會引起慢性貧血，伴隨頭暈、氣短、疲乏無力、精神差等症狀，有的人會覺得疼痛不適。痔發展到一定程度，除出血外，會有柔軟的腫物脫出肛門外，有時可自行恢復原位，但嚴重者不能自行復位，需用手推回，但咳嗽、行走時又會脫出。

痔的出現源於人體出現的病理變化，至於外因就更複雜了。比如，易導致疲勞的不良體位：久坐、久站、久行；又如，不良的飲食習慣：過食肥甘厚味、辛辣刺激之物；再如，長期便祕，蹲廁過久。

張居正活在十六世紀，距今已很遙遠了，沒有人知道他的具體生活習慣和喜好，也不知道他的其他慢性病史，但有一點可做合理推測，就是他是標準的文官，而且身居高位十年餘，平素身體素質很一般，基本的運動又極少，這樣的人在日常生活中肯定是久坐辦公的。不知明代懂得診治痔瘡的醫師們，是否也意識到這種生活方式對他的不良影響。

那麼多人或多或少受過此病的騷擾，總不至於都會死吧？沒錯，但不能用今天的醫療保健條件去想像古代的醫患狀況。

中醫和西醫，古代醫療和現代醫療，最明顯的差異不在於服用什麼藥丸，而在於現代人有抽血化驗，以及靜脈輸藥物或血製品（如紅血球、血小板等）的機會，很遺憾，古人連這個概念都沒有。

一般來說，痔本身不致命，但它引起的合併症就沒那麼好對付了，比如，貧血。痔瘡出血如果持續超過十天，就會出現貧血，而貧血一旦出現，輕則單靠自身恢復也需數月時間，重則連服藥進補都無濟於事。重度貧血時，如果不從靜脈輸入濃縮紅血球（俗稱輸血），病情將有惡化的可能，拖延下去隨時有生命危險。

很不幸，張居正就是這樣的病患，他無法補充大量損失的紅血球——長年累月的慢性出血、同鄉醫師莽撞的手術切除，引發急劇大出血。雖然他可享有當時最高級、最奢侈的醫療服務，但不外乎名醫之湯藥調攝而已，怎麼有辦法替代立竿見影的輸血？無怪乎，他「脾胃虛弱，不思飲食，四肢無力，寸步難移」，「肌體羸疲，僅存皮骨」，「元氣虛弱」而「血氣虧損」了。

今人也有懷疑張居正死於消化系統惡性腫瘤（比如直腸癌）的，固然有合理的推斷成分在內。不過，腸道癌腫能脫出體外被中醫一目瞭然且能用原始方式切除乾淨的，恐怕也是極其罕見的吧？

## 一條鞭法遭惹非議

張居正死後相當長一段時間內，曾有人歌頌他操勞國事，不惜家身，振衰起隳，為已腐敗不堪的明王朝構築了十年中興的基石，甚至把明王朝的壽命延長了數十年；也有人詛咒他，因其不為父親奔喪、不守制，大權獨攬，專橫跋扈，剛愎自用，不通人情；而更多人對他則持模棱兩可的態度。由此，歷史形成數百年爭議不休的話題之一：到底該如何評價這樣功勳蓋世又似乎劣跡昭彰的顯要人物？

張居正一生的榮辱毀譽，與他的操切不無關係。他的政治改革很是操切。「積習沉痼已久，非痛懲不能挽也。」這是他堅持的思想。十年當國譬如一劑強心針，讓奄奄一息的大明王朝重獲生機；但任何一種改革都不可能只有利而無弊。以影響最大的「一條鞭法」為例，因中國地域遼闊，各地經濟發展不平衡，肯定不可能放諸四海而皆準，有人提出批評實在是很自然的事。然而，張居正是如何面對批評者的呢？廷杖、貶官、繫獄、流放，甚至上下其手致人於死地。這就是私德、氣量欠缺的張居正公然做出的回答，但不把得失毀譽放在心上，「苟利社稷，死生以之」。他的剛毅明斷、時政苛猛雖屢遭非議，但終不為所動。

他對小萬曆的教育過於操切。張居正以萬曆帝師和顧命大臣自居，熱切期待小皇帝成為一代聖主，對少年萬曆的教育可謂嘔心瀝血。十歲的萬曆剛繼位，父喪未畢，就被關進書齋，規定每月三、六、九視朝，視朝後還要溫書，非大寒大暑不停止課程。萬曆剛滿十四歲，張居正就把他爺爺嘉靖帝的文檔交給他，還不停地進呈四書直解、大寶箴、皇陵碑、寶訓等學習資料，使一個少年背負著過量的重擔。因教育的過分苛求，萬曆失去童年的歡樂，甚至連書法愛好也被限制。一邊是嚴加約束的道德信條，一邊是為所欲為的權力，這是少年天子心理難以承受的落差。

在嚴厲管教下的萬曆，連嬉戲、聽樂都要受罰，平民百姓的孩子能享有的童趣，萬曆絕對無緣。擁有最高權力，卻沒有最起碼的歡樂，是常人難以理解的畸形環境，青少年成長於這夾縫中，很難保持心理的健康發展。他對張居正管教的不滿已潛滋暗長，由敬畏而生嫌隙，進而憎惡，也是不可避免的。張居正寄予厚望的小皇帝，不僅差點把老師開棺戮屍，還在幾十年後蛻變為明代最貪財、最荒唐、最瀆職的昏君。

最後不得不說，張居正對痔的治療太操切。性格中的果決、務實和斬草除根意識，讓他毅然決然地選擇了中醫為其做西醫的外科手術。以當時的技術條件，開刀切除就好比今天把癌變的肝臟換成新的一樣，要冒大風險。張不懂醫學，但想孤注一擲，可惜這次放手一搏失敗了。術前本就嚴重貧血的他，術中更是鮮血淋漓，術後「補血」又無以為繼，性命怎不堪憂？

操切本身不僅是一種性格或風格，也是具體時空環境下的無奈抉擇。雖然張居正為自己的操切付出了慘重的代價，不僅毀滅了美譽、加速了死亡，死後被抄家、被褫奪一切榮譽和封號，險些被鞭屍，然而也正是他的操切才能挽狂瀾於既倒、扶大廈之將傾。無怪乎他曾經的政敵在幾十年後，明王朝岌岌可危時，又想起他這樣的人，率先要為他平反昭雪。可惜，世間已無張居正。

---

❶王世貞《嘉靖以來首輔傳・卷八》：「（張居正）病得之多御內而不給，則日餌房中藥，發強陽而燥，則又飲寒劑泄之。」

❷沈德符《萬曆野獲編》：「昔張江陵相，末年以姬侍多，不能遍及，專取以劑藥，蓋薊帥戚繼光所歲獻，戚即登之文登人也。藥雖奇驗，終以熱發，至嚴冬不能戴貂帽。百官冬月雖承命賜爰耳，無一人敢御，張竟以此病亡。」

❸張居正〈答司馬王鑒川言抱恙勉留〉：「賤體入夏即病，荏苒數月，殊覺委頓。今雖眠食稍復，然病根未除，緣弱質譾才，久負重任，筋力既竭，而鞭策不已，遂致顛蹶耳。頃欲借此乞骸，而主上先覺此意，頻遣中使，薦賜寵問，又促令早出視事，使僕無所啟齒。不得已，黽勉趨朝，擬俟來年皇儲誕慶，當果此願耳。」

❹張居正〈答耿楚侗〉：「賤體以勞致病，入夏至今，尚未全癒，乞歸不得，益覺委頓，擬來歲皇儲誕後，當決計乞骸，或得與公相從於衡湘煙水間也。」

❺萬曆十年六月〈手敕〉：「諭太師張太岳，朕自衝齡登極，賴先生啟沃佐理，心無所不盡，迄今十載，四海升平，朕垂拱受成，先生真足以光先帝遺命，朕方切倚賴，先生乃屢以疾辭，忍離朕耶！朕知先生竭力國事，致此勞瘁，然不妨在京調理，閣務且總大綱，著次輔等辦理。先生專養精神，省思慮，自然康復，庶慰朕朝夕惓惓之意。」

❻《莊子・雜篇・列禦寇》：「秦王有病召醫。破癰潰痤者得車一乘，舐痔者得車五乘，所治愈下，得車愈多。子豈治其痔邪？何得車之多也？子行矣！」

## 如果張居正活在現代，醫生會建議……

一、積極運動，增強全身體質，保持良好的血液循環。

二、多食蔬菜、水果。芝麻含有大量氨基酸、食物纖維和礦物質，能促進排便。對於痔瘡兼便祕者，長期服用具有潤腸通便、減輕痔瘡出血的作用；蜂蜜對痔瘡病患可產生補益和潤腸通便的作用；香蕉更是眾所周知的潤腸通便水果。

三、避免久坐、久站、久行。大便時不要看書、看手提電腦，不要久蹲不起或過分用力。晨起喝一杯涼開水有助於防止便祕。

四、及時治療腸道和肛門周圍的炎症。避免大量飲酒、吃辣椒等刺激性強之物，勤用溫水坐浴，勤換內褲。

五、每日做半小時提肛運動。

# 瀆職怠政實無奈。

## 萬曆帝一生猶如活著的祖宗

戊午，帝不豫，召見方從哲於弘德殿。秋七月壬辰，大漸……勉諸臣勤職。丙申，崩，年五十有八。遺詔罷一切榷稅並新增織造諸項。（《明史·神宗本紀》）

姓名：朱翊鈞
身分：明神宗顯皇帝
活動範圍：北京
生存年代：西元一五六三年～一六二〇年，五十七歲

## 罷工皇帝

大明萬曆四十七年（西元一六一九年）春天，冰雪初融，萬物復甦，本是心曠神怡、生機勃勃的季節。但在遼東—山海關—北京的軍用通道上，幾匹快馬帶著硝煙和血汗，氣喘吁吁地馱著信使，由北朝南，朝紫禁城一路狂奔。

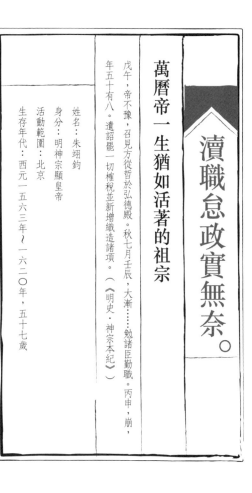

京師早已戒嚴。滿城愁雲慘霧，人心惶惶，甚至哀嚎遍地。在此之前，從遼東戰場奪命而逃的兵士，已把驚天噩耗傳到了京師。信使只是向明朝皇帝和文武百官證實這消息的千真萬確：數以萬計的明軍精銳在薩爾滸被努爾哈赤所部全殲，遼東危在旦夕。

遭受晴天霹靂的百官們，連最後一絲僥倖的幻想都被捅破了，他們不解、憤怒、徬徨、咒罵、鼓噪、驚恐……不少人聚集在皇宮前，群情洶湧，要面見聖上，要讓聖上好好聽聽他們挽救社稷的聲音。

然而，這位聖上已有近三十年沒有和他的臣僚直接打交道了，當下的官員幾乎沒有人聽過皇帝的聲音，也沒有人見過皇帝的尊容。人們很懷疑躲在深宮閉門不出的皇帝是否就如同一具木偶，或者就是「活著的祖宗」，僅讓人供奉。

此刻，蜷縮在龍椅上昏昏欲睡的皇帝半瞇著眼睛，手上依舊把玩著西洋人進獻的自鳴鐘。聽完了內侍聲音顫抖的稟報，並沒有雷霆大怒，也沒有嚎啕大哭，更沒有尋找對策的意欲。僅僅麻木地閉上眼睛，用袖袍擦了擦昏花的老眼旁幾滴混濁的淚水，艱難地站起來，痛苦地、一瘸一拐地走向更深內室，走向他留戀的病榻，嘴裡喃喃自語：「讓眾卿好生應對吧！」

他就是明朝的萬曆皇帝——朱翊鈞，在位四十八年，明朝第十三位皇帝，也是在位時間最長的皇帝。萬曆虛歲十歲就登基，前十年在張居正主政下，大明王朝重新振作，可惜不過是迴光返照，萬曆十五年之後，朱翊鈞漸漸淡出朝臣的視線，開始以荒誕的瀆職和怠政在歷史上留下一片噓聲和搖頭嘆息。他在位時間愈長，對明朝就愈耽誤。在他身後，大明這艘破船走向沉沒，只是時間問題，萬曆終讓孫子崇禎帝成了亡國之君，很多學者都說大明不是亡於崇禎，而是亡於萬曆。

努爾哈赤揚威薩爾滸，高奏凱歌一年多之後，萬曆皇帝就駕崩了，遺體安葬在北京昌平天壽山的定陵。他的子孫用「神宗顯皇帝」的尊稱把他供奉在太廟。然而，對今人來說，這個「神」字毫無「安仁立政」、「聖不可知」、「則天廣運」等謚號原意，人們只覺得萬曆的一生充滿著疑問和神祕。

## 萬曆遺骨驗屍報告

歷史上的昏君多如牛毛，又如過江之鯽，沒有系統研究過歷史的人也能隨便說上其中幾位「佼佼者」，如秦二世嬴胡亥、蜀漢後主劉禪、陳後主陳叔寶、南唐後主李煜、宋徽宗趙佶等。他們的昏庸無能各自有因，但在民間看來，他們大多不務正業，不少還沉湎於酒色，讓人既氣惱又可憐。萬曆的情況又如何呢？是否能用那句簡單而著名的批評──「酒色財氣」來解釋他的昏聵呢？

筆者把萬曆的個人經歷和嗜好暫且擱在一旁，而把焦點先放在萬曆的身體和性格上，試圖另闢蹊徑，從中找到不一樣的答案，以解釋這位皇帝對政事消極不作為的原因。兩千多年來，幾百個稱孤道寡者的陵墓地宮首先被學者有計畫地打開、不曾遭遇盜墓者毒手、屍首第一手完整資料被科學地研究鑑定過的，只有萬曆一人。

西元一九五六年至一九五七年，中國考古工作者對明十三陵的定陵進行了科學發掘。一九九〇年代初，筆者幼年時亦曾到定陵參觀一番。宏偉的建築、深邃的玄宮、精美的陪葬品都讓我產生了深深的震撼，而關於玄宮中棺槨內萬曆屍骸圖片和文字資料，更讓人留下了難以磨滅的印象。

根據《明定陵考古發掘報告》描述，近六十年前，當工作人員把萬曆的棺木小心揭開，把十幾層珍貴的紡織品慢慢掀開時，沉睡了三百多年的萬曆，其真容終於呈現在人們眼前。

他已不是保存完好的屍體，而是一具形貌可怖的骷髏。這位大行皇帝靜靜地躺在一床錦被上，錦被兩邊上折，蓋住屍體。骨架頭西腳東，毫無血肉的面頰稍向南偏。左臂下垂，手壓在腹部，細長的手骨攥著一串念珠，像在祈禱神靈保佑。右臂向上彎曲，手放在下頦附近，一縷黃褐色鬍鬚掛在唇邊，鬚髮保存尚完好。像是悠然自得地捋著嘴上的鬍鬚，顯然是入葬時人為擺設而成。脊柱上部稍有彎曲，左腿伸直，右腿蜷曲，兩腳向外撇開。身穿的龍袍大都腐爛，腰部束一條玉帶，頭戴「翼善冠」，髮髻梳理完好，插著幾枚金簪，足登高筒長靴，褲腳裝在靴子內。上身打扮像是儒士，而下身及長靴又給人武士的感覺，如此文武兼備的服飾，在其他出土的陵墓中很少見到。

仔細觀察，萬曆的兩腿長短真有些差異，右腿短一些，像是生前有些毛病。從骨骼上看，身材並不高大，稍稍有些駝背。中科院古脊椎動物與古人類研究所對萬曆屍骨進行復原後得出結論：萬曆生前，體形上部為駝背；據骨骼測定，頭頂到左腳長一．六四公尺。

這位享盡榮華富貴、後世爭議不斷的皇帝，在地下生活了三百三十七年之後，終於返世還陽。假如他的靈魂真的存在，面對人世滄桑，又該做何感想？他所駕馭的帝國古船早已沉淪，他所鍾愛的女人早已化為灰土，就連取其祖宗基業而代之的大清帝國，也已灰飛煙滅了。歷史就是這樣，造就一切，又毀滅一切。

萬曆的屍骨被輕輕地拿出棺外。儘管他的頭顱尚在，但人們已無法和他對話，至於生前的身體容貌、日常狀態、健康情況、恩恩怨怨、悲歡離合以及生活習性，只能間接地加以辨析，以求歷史的相對真實了。

但是，從骸骨的情況來看，萬曆生前似乎的確與史書所記載的「多病」相吻合。如此看來，萬曆常年在病榻上飽受煎熬，精神備受磨難，也是可以想像的，難道是他無心理政的原因之一嗎？

兩腿長短不一、駝背……真龍天子何以竟成這般模樣？

## 一代名相教不出一代明君

小萬曆原本天資聰慧，稟賦很高。據黃仁宇的恢弘巨作《萬曆十五年》描述，「萬曆登極之初，就以他高貴的儀表給了臣僚們以深刻的印象。他的聲音發自丹田，深沉有力，並有餘音嫋嫋。從各種跡象看來，他確實是一個早熟的君主。他自己說過在五歲時就能夠讀書，按中國舊時的計算方法，那時他的實足年齡僅在三歲至四歲之間。」更幸運的是，他得到一代名相兼名師張居正的輔佐和培育，繼位後第一個十年是明代百廢待興、欣欣向榮的十年。北方的「虜患」不再發生，東南的倭患也已絕跡，國庫日漸充實。小皇帝在張居正的悉心教導下，勤奮好學，文治武功看似十分出色，很有希望成為一代明君。然而，長大後的萬曆卻顛覆了人們的一切期待，嘲弄了文武百官對他的溢美之詞，也嘲弄了賦予他神聖使命的歷史。無情的事實證明，他逐漸蛻變成一位麻木、懶惰、貪財、無能、失職的昏君。

「國之大事，在祀與戎。」萬曆皇帝卻在張居正死後怠政近三十年，有所謂的六不做，就是「不郊、不廟、不朝、不見、不批、不講」，即不親自祭祀天地、不親自祭祀宗廟、不上朝、不接見大臣、不對大臣的上疏做批示、不參加經筵講席。

萬曆數十年持之以恆地把一系列君主該做的事情拋之腦後，放任國家機器的運作，自己完全置身事外。難道明末的政治體制照搬了英國的君主立憲制？即便是頭戴虛銜的英王，也不至於如此放權吧？難道張居正是最失敗的老師？中間究竟發生了什麼事？

## 苦命瘸子，龍在病榻

一生多病似乎是萬曆的宿命。考古發現不管是屍骨還是陪葬品，都隱隱約約向後人展示著萬曆孱弱的體質，而汗牛充棟的宮廷檔案也沒有刻意掩蓋這位帝王的病夫形象。

定陵的考古發掘出土過兩件帶柄的金罐，從器表觀察有磕碰和磨損痕跡，木柄黑光發亮，像長時間被煙熏所致。據銘文所載，這兩件器物為「大明萬曆年御用監造」。「御用監」是專門為皇帝造辦器物的機構，由此得知是皇帝專用之物。翻開《明宮史》，確實有「御藥房用金罐煎之」的記載，這是比較可信的。根據以上情況分析，金罐很可能是萬曆生前常年烹調御藥所用的藥罐，死後作為陪葬品放入地下玄宮，也是萬曆體虛多病的佐證。

折磨萬曆的眾多疾病中，足痛、足疾，出現得尤為頻繁，也是他一生揮之不去的夢魘。《明神宗顯皇帝實錄》裡有很多萬曆自陳病體沉重的話，如萬曆十八年正月初一，還沒到而立之年的萬曆說自己「腰痛腳軟，行立不便」。

萬曆三十二年，檔案記載他推辭祭祀儀式的聖諭：「朕本欲親行，今夏多溼薰蒸，以致朕左足腫痛，步履艱難，又且頭目眩暈，身體軟弱……恐弗成禮，暫行遣官恭代……」

萬曆三十三年六月，他又說：「朕以修省動心，致有痰喘之急，連日服藥靜攝，少癒，昨又感受暑熱、腹瀉，身軟，且眩暈時作，足痛未瘳。」（《明神宗顯皇帝實錄卷之四百一十》）

當然，其他的不適也讓萬曆煩惱鬱悶不已。萬曆四十六年，他對首輔方從哲說：「朕入伏以來，著溼薰蒸，不時腹瀉，頭目眩暈，身體發軟。今見服藥未癒，臨朝不便。」

直到生命即將終結時，還是「足痛」最困擾這位苦命皇帝。萬曆四十八年四月，他沉重地說：「朕因動火，頭目眩暈，身體軟弱，又足痛，動履不便，見今服藥調攝，且疾病痛楚是人所樂受否？真疾非假。所請臨朝未便。」（《明神宗顯皇帝實錄卷之五百九十三》）僅數月之後，萬曆便駕鶴仙去。

腳痛合併長短腿，萬曆皇帝究竟得了什麼病？撥開歷史的雲霧，筆者似乎隱約看見萬曆正拄著拐杖，一瘸一拐地從地宮深處走來。

腿部長短不一，通常是由腿部下方的骨骼生長受影響所致。有些孩童天生便有不同長度的雙腳，或彎曲的脛骨，令雙腳長短不一。此外，一邊腳部的血液流量增加（如骨瘤或下肢動—靜脈瘺）、生長板受傷或感染（如骨髓炎）以及關節發炎（如幼年類風溼性關節炎），均可影響骨骼生長，令下肢出現長短不一，這些常見於未成年人。

萬曆是否如此呢？歷史學家黃仁宇《萬曆十五年》中描述，萬曆十三年（西元一五八五年），徹底清算張居正後，年輕的萬曆表現出對政事的熱忱，當時他精神煥發，渴望勵精圖治；對內閣首輔提出的請求也全力以赴，極為難得。為了祈雨，皇帝決定親自出馬。

「這次祈雨與往常不同。在經過的儀式中，萬曆第一次也是最後一次向普天之下表示了他關心民瘼的誠意。……陽曆五月十六日黎明，皇帝駕到皇極門，他的衛士和隨從排開成為一個長方形的隊伍。此時禮官報告，各官在大明門整隊已畢，皇帝就開始步行出發。……大街左邊是兩千名文官，右邊是兩千名武官，都列成單行兩相對稱，浩浩蕩蕩，和皇帝一起步行前往天壇。……居民們所看到的萬曆皇帝是一個相貌端正的年輕人，臉圓鬚短，身材稍胖。他以如此虔誠的姿態邁著穩重的步伐，使看到的人無不為之感動。」

那一次，萬曆整整跋涉了十里之遙才到達天壇圜丘，當時他二十二歲。試想，如果身體殘疾、行動不便的人，他能堅持嗎？皇帝貴為九五至尊，年輕人又特愛面子，若真有腿部毛病，敢在光天化日之下，讓老百姓和文武百官一睹自己的「風采」嗎？由此可見，至少萬曆年輕時，肢體毛病並不明顯。

又有人會說：嚴重的骨折會破壞骨骼生長細胞，倘若治療時對位不佳，即使日後癒合也會引致結構的不對稱。另外，腦性麻痺、中風等，因神經受損導致肌肉張力不協調；或小兒麻痺症後遺症，由於神經受損，晚期出現肌肉癱瘓、組織攣縮，時間長了都會造成長短腿。

這些情況固然都有可能，但萬曆無外傷骨折的紀錄，也沒有中風的病案。再說，小兒麻痺症以危害兒童為主，成年才發病很少見。即使萬曆不幸真的有上述病況，又如何解釋長年累月的肢體疼痛呢？因為上述幾種疾病，尤其是後遺症階段，疼痛並非臨床表現。

逐一排除之後，筆者忽然聯想到股骨頭壞死(osteonecrosis of the femoral head)。

股骨頭壞死，又稱股骨頭缺血性壞死，為常見的骨關節病之一。病變先破壞鄰近關節面組織的血液供應，進而造成壞死、萎縮。主要症狀從間斷性疼痛逐漸發展到持續性疼痛，再由疼痛引發肌肉痙攣、關節活動受到限制，天長日久，病患會明顯覺得腿短，行動不便，最後造成嚴重的致殘而瘸（跛行）。

這些臨床表現都與萬曆的情況很是吻合。為何好端端的萬曆帝會患上這種惡疾，導致後半生苦不堪言呢？股骨頭壞死有很多成因，如由創傷性、風溼性等疾病繼發引起；又或者長期濫用藥物（如類固醇激素）造成。但在筆者眼裡，肥胖、酗酒和骨質疏鬆（缺鈣）才是萬曆罹患此病的重要原因。

肥胖者的血脂往往超標，造成血液黏稠度增高，血流速度減緩，使血液容易凝固性改變，因而使血管堵塞或脂肪栓塞，進而造成骨的缺血性壞死。人體所有關節中，支撐整個身體、負重最大的就是髖關節，它由股骨頭髖臼組成。肥胖者由於體重超標，髖關節既要支持沉重的負擔，還要帶動下肢運動，不堪重負的股骨頭勢必更易受損。

萬曆就是個胖子，從傳世的畫像中已得到證實。定陵曾出土了一件萬曆的龍袍，資料記載完工於萬曆四十七年八月二十三日，這件龍袍的腰圍近九十公分，足見萬曆晚年的肥碩。至於肥胖的原因，固然有家族基因的影響（如萬曆的祖先明仁宗朱高熾就是著名的病態胖子，萬曆的愛子福王朱常洵體重達三百多斤），更主要的原因要歸咎於萬曆的生活習慣不好：好逸惡勞，養尊處優，缺乏身體鍛鍊，飲食毫無節制。

第二，酒精的毒性長期刺激股骨頭也容易造成壞死。萬曆也是個不折不扣的酒徒。萬曆十七年十二月，大理寺左評事雒于仁寫了〈酒色財氣四箴疏〉，他針對萬曆身體狀況不佳，給皇帝加了四個「罪名」：「皇上之恙，病在酒色財氣也。夫縱酒則潰胃，好色則耗精，貪財則亂神，尚氣則損肝。」在他看來，酗酒是萬曆健康的頭號殺手。從此這位皇帝便以「酒色財氣」的惡名，在歷史上媲美、比肩於商紂、夏桀。雒于仁的論斷是否正確，有待歷史學家進一步考證，這個不怕死的官員自然也無從知道酗酒與股骨頭壞死的聯繫，不過萬曆酗酒確實不假。兵部給事中吳亮嗣於萬曆末年的奏疏中曾說：「皇上每晚必飲，每飲必醉，每醉必怒。酒醉之後，左右近侍一言稍違，即斃杖下。」[1] 著實把萬曆數落了一番。

第三，骨質疏鬆也容易導致股骨頭壞死。萬曆屍骨的駝背形態證明存在骨質疏鬆的重大嫌疑。鈣質缺乏是骨質疏鬆的最重要原因。維生素D是人體必需的營養素，其作用是幫助人體吸收鈣，它的來源不太廣泛，但在日光照射下，人體可以轉化製造。萬曆自幼長於深宮之中，繼位後更常年閉門不出，做「宅男皇帝」，檔案紀錄中，他離開皇宮的次數寥寥無幾，極少戶外活動，接受陽光照射不足，維生素D缺乏，影響鈣質吸收。另外，長期大量飲酒，肝臟受到損害，功能下降，可導致機體內鈣營養代謝紊亂。最後，不得不說，萬曆也是個口腔病患者。一九五〇年代，北京口腔醫學院周大成教授對萬曆的牙齒和頭骨進行鑑定，曾做出如下結論：「萬曆的口腔疾患較複雜，除患過嚴重的齲齒和牙周病之外，還有楔狀缺損、氟牙症、偏側咀嚼等症。」如此看來，這位可享盡天下佳餚的皇帝，進食也必是痛苦和不正常的過程，偏食不可避免，又如何保證營養素的均衡吸收？

綜合來看，萬曆患上股骨頭壞死的可能性很大，這正是他肢體畸形的主要原因。

## 死後仍得不到安寧

藏身於安靜肅穆的地宮之下，包裹在絕世珍稀的綾羅綢緞之中，早早遠離了塵囂，遠離了朝堂的唾沫橫飛，遠離了後宮的爭風吃醋，遠離了努爾哈赤的咄咄逼人，萬曆依舊痛苦萬分地蜷縮著身軀和肢體。

他一生都在逃避、躲藏，都在尋求心靈的麻醉和安靜。三百多年的孤寂歲月裡，被子孫安排陪伴他的只有左右兩口棺木之中，那兩位空有皇后、皇妃名分，而他一點都不愛的女人，真正的摯愛鄭貴妃卻長眠他鄉。當他的屍骨重見天日之時，一場史無前例的災難又慢慢降臨神州大地上，降臨在這具早已不食人間煙火的骷髏上——文化大革命爆發，紅衛兵把萬曆帝后的屍骨揪出來，一番憤怒的唾罵、批判之後，在一堆磚石和一把烈火的發洩下，萬曆作為「地主階級的總頭目」，屍骨化為一抔粉末，揚為一縷青煙。他到底有沒有安息過？

有人說：萬曆的懶惰是由於逆反心理。雖然皇帝表面至高無上，但明代的朝堂制度彷彿一道不可逾越的閘門，而萬曆性格懦弱，註定他開啟了罷工生涯，乃至鬱鬱而終。小時候，他想學書法、想培養課外愛好，卻被張居正老師嚴厲禁止，因為皇帝必須專心求學。成年後，他想方設法立寵妃鄭氏所生的愛子常洵為太子，卻遭到朝臣群起抵制，因為立長立嫡的祖宗家法不可偏廢——那個隨便被臨幸的宮女已生下了長子常洛，他又無法效仿祖父嘉靖帝對大臣殺一儆百。久而久之，他與朝臣的心理對抗衍化成對國事的麻木不仁，最後躲在深宮裡自我催眠，時而點著金銀財寶，時而吸著鴉片煙，時而數著自己多餘的日子……

我們也不能忽視萬曆作為病患的心理狀態。這樣的殘軀肯定對他的自尊心造成摧殘，無顏面在大庭廣眾、眾目睽睽之下彰顯天子的神威和偉岸，只得深居簡出。他被自卑剝奪了與外人交往的欲望和激情，也是情理之中吧？而長期病患者容易出現生無可戀的厭世情結，精神萎靡不振，萬念俱灰，對他的正職自然也會採取極端的消極態度。真是無可奈何花落去。

對於歷史人物，我們給予更多的應該是憐憫，而不是苛責。也許只有這樣，可憐的萬曆才會安息吧！

---

❶ 顧景星《白茅堂集・卷三十八・吳亮嗣傳》。

## 如果萬曆帝活在現代，醫生會建議……

一、扛、背重物時，要避免髖部扭傷；行走避免摔傷。

二、治療某些疾病，尤其是痛症時，盡量不用或少用類固醇藥物。

三、戒酒，清除酒精的化學毒性。

四、在運動之前，要充分做好髖部的準備活動。

五、有效控制體重。

六、飲食搭配要均衡，中老年人注意補鈣。

# 病號天才一線間。

## 天啟帝堪稱一流工匠，卻只是三流君王

秋七月乙丑朔，帝不豫。丙寅，罷袁崇煥。己卯，封魏忠賢、孫鵬翼為安平伯。……甲寅，大漸。乙卯，崩於乾清宮，年二十三。遺詔以皇第五弟信王由檢嗣皇帝位。

（《明史．熹宗本紀》）

姓名：朱由校

身分：明熹宗悊皇帝

活動範圍：北京

生存年代：西元一六〇五年～一六二七年，二十二歲

愛好是全人類特有的感情寄託，每個人或多或少都會有一些感興趣的事，多數人拿來陶冶性情、調節生活，也有少數人以此發展成謀生手段。

遺憾的是，有些人居然沉湎於興趣愛好之中，無法自拔，但又不為謀生，甚至迷到連自己的職業與責任都忘乎所以。這類怪事理所當然容易出現在那些不愁衣、不愁吃、得過且過的高級統治者身上。

按理說，皇帝也算是一個高級職稱，有形無形的工資拿得最多，本該為天下人負責任，即使不能做到像雍正帝那樣每天加班批閱奏章，累得吐血，起碼也得關心一下國計民生，體恤一下黎民百姓。唐太宗就做得不錯，他以愛好書法著稱，拜名家為師，勤練書法，但並不妨礙他成為歷史上最傑出的明君；乾隆帝也還算可以，雖然經常研究古玩、吟詩作對，但也建立了令他沾沾自喜的文治武功。

做得很糟糕的，首先會想起兩個亡國之君：宋徽宗和李後主，他們都是名噪一時、作品流傳千古的藝術大師，前者沉迷於書畫創作，後者鍾情於詩詞歌賦。下場均是淪為戰俘，被折磨致死，很是悲慘淒涼。

千萬不要忘了還有一位出類拔萃的藝術家皇帝，雖然他沒有直接體會到亡國的酸楚，但王朝在他手上已徹底爛掉了，無藥可治。儘管在古人看來，他幹的事算不得藝術，而且沒有證據確鑿的作品傳世，如果有，在今天的拍賣市場上，恐怕價格比宋徽宗的書畫要高出許多。

他就是明熹宗，天啟皇帝朱由校，他的興趣愛好就是木匠之活。

明朝萬曆四十八年（泰昌元年，西元一六二〇年）夏，天啟帝的爺爺神宗萬曆皇帝撒手人寰。一生飽受壓抑的爸爸——光宗泰昌帝終於在年近不惑之際登上夢寐以求的皇帝寶座，可惜樂極生悲，縱情聲色，在位不足三十天便在「紅丸案」❶中不明不白地暴斃。九月初六，十五歲的長子朱由校在大臣擁立下倉促繼位，年號天啟。

天啟帝在位七年，幾乎沒留下任何值得稱道的政績，或許他根本不知道何為政績。後人對這段時期的印象，不外乎是大太監魏忠賢擅權亂政、皇帝乳母客氏為非作歹、朝堂混亂、政治黑暗、忠直大臣慘遭屠戮、滿洲鐵騎橫掃遼東、農民戰爭此起彼伏，本就千瘡百孔的大明王朝，這七年間加速走向崩潰。如果天啟沒有早死，在北京城等待李自成或多爾袞致命一擊的很可能就是他。

終年二十二歲的天啟死後無嗣，五弟朱由檢（明朝末代皇帝崇禎）入繼大統。見到天啟留下的一座沉香假山，上面池臺、林館悉具，燈屏、香几精美，崇禎輕聲嘆息說：「亦一時精神之所寄也。」他試圖力挽狂瀾、勵精圖治，但為時已晚。天啟去世十七年後，明亡，崇禎自縊死。

很難單純從興趣愛好的角度來解釋天啟的荒唐舉動，還是先看看他到底做了些什麼吧！

## 魯班級皇帝巧奪天工

說起能工巧匠，人們往往想起魯班師傅，不過年代太久遠了。中國人把「士、農、工、商」四種主要職業由高往低排列，製造人為的差別和歧視，設計、技術之事被輕蔑地斥為「奇技淫巧」，讓精通技術活的人被迫身處社會底層，既無政治地位，也無經濟地位。歷史書上充斥著帝王將相、才子佳人，卻沒多少能工巧匠，雖然他們製作了不朽的兵馬俑，構建了比北京故宮大得多的唐朝大明宮。

朱由校師傅卻對此毫不介意，對他來說，別人的非議甚至連耳邊風都不是。沒人知道他何時愛上工匠之活，也沒人知道到底是誰把他引向這條藝術之路，人們只知道他常年樂此不疲，倘若魯班在世，對他的才藝也只能自愧不如。

朱師傅是一個木工能手，很有木匠的天分，不僅經常沉迷於刀鋸、斧鑿、油漆等木工，樣樣精通且技巧高超，一般能工巧匠望塵莫及。據說，凡是他看過的木器用具、亭臺樓榭都能夠做出來。凡是喜歡的木匠工作，心靈手巧的他都要親自勞作。

他對木工的濃厚興趣有如盎然春意。當了皇帝後，依舊我行我素，整天埋頭於木工房，一門心思琢磨器物、擺設、小玩具，做到半夜也不休息，做到飯都忘了吃，也不覺得饑餓。

他的作品常施以五彩，精緻而妙麗，雕刻上尤其工夫，獨具匠心，出人意表，絕對是世界上數一數二的珍品。他對自己高標準、嚴要求，藝術上精益求精，一絲不苟。每製成一件作品後，滿意的會反覆賞玩，自得其樂；不滿意的會毀掉重造，孜孜不倦，臻至完美❷。

天啟是所處時代裡唯一做木工只為愛好不為稻粱謀的師傅，這位皇帝的寢宮裡堆滿了各種木料，以及錛、鑿、斧、鋸、刨等工具，做起木工活可以順手拈來、日以繼夜、廢寢忘食。這樣製造出的木器作品才是「奢侈品」，其他木匠所做的不過是「日用品」。

做了那麼多精美的木器，天啟自己並不使用，只是一味製作和把玩，享受的是做木匠活的過程。有時，他叫小太監把作品拿到市場上去賣，不是為了賣錢，只是給作品找個識貨的主，因此得到成就感。有時要賣的是某件得意之作，他會叮囑小太監，此乃御制之物，價須多多往上，要是真賣了好價錢，自然滿心歡喜。

《詩經》說：「有匪君子，如切如磋，如琢如磨。」用這十二個字形容朱師傅的工作態度和他打造的木器作品，非常貼切。

其次，朱師傅的設計是別出心裁的。冬季，西苑冰池封凍，冰堅且滑。他便親自設計了小拖床，床面小巧玲瓏，僅容一人，塗上紅漆，上有頂篷，周圍用紅綢緞為欄，前後設有掛繩的小鉤。他坐在拖床上讓太監拉引繩子，一部分人在前用繩牽引，一部分人在後推行；幾面用力，拖床行進速度奇快，短短時間就可往返數里。

明代一般匠人所造之床極為笨重，十幾個人才能移動，用料多，樣式也平庸。朱師傅遂自行設計圖樣，親自鋸木釘板，一年多工夫便造出一張床，床板可以折疊，攜帶移動都很方便，床架上雕鏤各種花紋，美觀大方，為當時工匠所嘆服。

他還善用木材做小玩具，所做小木人，男女老少，神態各異，五官四肢，無不齊全，動作亦唯妙唯肖。他為梨園做的木偶男女不一，高約二尺，有雙臂但無腿足，均塗上五色油漆，彩畫如生，每個木偶下面安裝平底，用長三尺多的竹板支撐著。他還造了用大木頭鑿釘成長寬各一丈的方木池，上面添水七分滿，水內放有活魚、蟹蝦、萍藻之類，使之浮於水面；再用凳子支起方木池，周圍朋紗囤成螢幕，竹板在圍屏下，遊移拽動，就形成了水上木偶戲臺，宮中常演的劇有《東方朔偷桃》、《三保太監下西洋》、《八仙過海》、《孫行者大鬧龍宮》等，均裝束新奇，扮演巧妙，活靈活現。

此外，朱師傅的雕工、漆工，也是非常上乘的。從配料到上漆都自己動手，並喜歡創造新花樣；還喜歡在木製器物上發揮雕鏤技藝，在十座護燈小屏上雕刻〈寒雀爭梅圖〉，形象逼真。〈明宮雜詠〉有詩吟道：「御制十燈屏，司農不患貧。沉香刻寒雀，論價十萬緡。」

除了木工，朱師傅的模型製作也別出心裁，讓人嘆為觀止。他曾親手製作的娛樂工具頗為精巧：用大缸盛滿水，蓋上圓桶，在缸下鑽孔，通於桶底形成水噴，再放置小木球於噴水處，啟閉灌輸，水打木球，木球盤旋，久而不息[3]。他又親自在庭院中造了一座小宮殿，形式仿乾清宮，高不過三、四尺，卻曲折微妙，小巧玲瓏，巧奪天工，雕琢細緻，堪稱當時一絕[4]。

當今，明式黃花梨家具已成為西方各大博物館競相收藏的藝術精品，是中國繼書畫、陶瓷之後的第三大藝術收藏品。天啟帝的率先垂範，開一代奢侈木器之先河，實在居功至偉啊！

俗話說：女怕嫁錯郎，男怕入錯行。天啟名為皇帝，實為工匠，當皇帝瀆職，做工匠卻稱職。這樣的角色錯位乃至混亂，發生在國家最高領導人身上，後果是災難性的。

## 不得父愛，缺乏栽培

早就有人在背後議論天啟「凡事瞶瞶」（太監王體乾語）了。

這位皇帝身邊只有兩個值得信賴的人：自幼撫育他的奶媽客氏，從小陪伴他的太監魏忠賢。太監生理殘疾，但不乏常人之心理需求，按皇宮不成文規定，可與某些宮女結成假夫妻，聊以度日，此即「對食」。魏忠賢和客氏就是這樣的畸形關係，又狼狽為奸❺。

天啟剛即位就封客氏為「奉聖夫人」，對其子弟予以加官晉爵。大婚後，有大臣建議遷客氏出宮，他戀戀不忍客氏離去，說：「皇后幼，賴媼保護，俟皇祖大葬議之。」不久客氏復被召入。

後來，心狠手辣的客氏陷害了數位天啟后妃。張裕妃懷孕臨產，客氏竟斷其飲食，裕妃饑渴難忍，暴雨之夜，到屋簷下接雨水喝，最後哭喊著斷氣。張皇后懷孕，又被客氏與魏忠賢暗中陷害而生下死胎，此後張后未再生育❻。悲哀的是，天啟對此好像一無所動。

奸臣魏忠賢和客氏深受天啟寵信，幾乎無人敢違背他們的意志。那些正直的臣子敢不趨炎附勢者，統統被這對奪命鴛鴦一一鏟除，而且死狀悚然。

沉湎於工匠生涯的天啟，對國內的燎原民變、對滿人的步步進逼，似乎充耳不聞，他乾脆把權力下放給貼身大祕書——魏忠賢，自己全心投入到木具、模型的精雕細刻之中。「黠慧無籍」、「目不識丁」而性格極度扭曲的人，錯掌了國家大權，朝政只能有汙穢、血腥和荒誕。

後人談到這段歷史無不唏噓，往往把矛頭直指天啟帝的貪玩誤國。其實十多歲、二十出頭的小青年，有自己的興趣愛好是很正常的，沉迷於此是自控力差的表現，與性格、教育、缺乏正確的引導不無關係。

天啟之父——泰昌皇帝朱常洛雖是萬曆的長子，但其母地位低下，一直不被重視。萬曆對他們母子漠不關心，甚至心存厭惡，對這個長子常常視而不見，總想另立儲君，至死才承認其太子地位。三十多歲的朱常洛一直得不到皇太子應有的正常教育，又長期處在尷尬的後宮，除了吃喝玩樂，聲色犬馬，無所事事，素質自然低下，其子朱由校的教育更是無人過問。這種情況下，天啟帝不可避免成為宮廷內鬥的犧牲品。

歷史上有類似遭遇的小皇帝不少，包括天啟的弟弟崇禎，縱然他沒有天啟這般對興趣的執著，也不見得荒唐昏聵到這般地步，想必除了興趣和教育之外，還有別的因素導致他墮落如此，額外推波助瀾的，恐怕是心理或病理的因素了。

## 曠世奇才的自閉症

根據天啟帝的行為分析，筆者認為他可能是幼年時患有自閉症(autism)，至少是有自閉症傾向的人。這種病患雖然主要是孩童，但若不進行早療，長大成人後，必然殘留與正常人格格不入之處。

自閉症是由於神經系統失調導致的發育障礙，病徵包括不正常的社交能力、溝通能力、興趣和行為模式，它是一種發展障礙，以嚴重的、廣泛的溝通技能損害，以及刻板的行為、興趣和活動為特徵的精神疾病。

人們稱自閉症兒童為「星星的孩子」，意思是他們就像天上的星星一樣活在自己的世界裡：他們不聾，卻對聲響充耳不聞；他們不盲，卻時常對周圍人與物視而不見；他們不啞，卻不知該如何開口表達。有人說：他們是天才，因為愛因斯坦（Albert Einstein）、梵谷、牛頓（Sir Isaac Newton）等不可多得的天才生前都有怪異而刻板的行為，用現代醫學方法判斷，可能患有自閉症之類的毛病。也有人說：他們是異類，只生活在自己的空間中，像個外星人、天外來客。

筆者無法找到天啟幼年的生活檔案，自然無從準確診斷，但從他長大後的種種異常舉動來看，這種病徵的痕跡比比皆是，的確不乏得自閉症的可能。這種病有何特徵？是否印證了天啟的行為異常？請看下文。

第一，社會交流障礙是自閉症病人的重要表現。一般表現為缺乏與他人的溝通或交流技巧，與父母親之間缺乏安全的依戀關係等，常常無法建立適合其年齡水準的夥伴關係。

天啟帝的父親長年累月飽受壓抑，鬱鬱不得志，甚至擔驚受怕，生子七人，五個早夭，可以想像他無法對兒子付出足夠的關心，提供應盡的義務；天啟的母親很早就過世了，自然也來不及給愛子一點點母愛。這樣的狀態對天啟來說，簡直是雪上加霜。他也很少談及自己的父母親。

史書上記載，很難發現天啟和其他人進行過充分而有效的交流。他唯一依靠的、交心的就是那一對畸形的夫妻。從小與他們朝夕相處，魏忠賢和客氏在某種程度上，扮演了其父母的角色。他十五歲登基時，客氏至少已三十多歲了，魏忠賢已五十開外了，這時他應該開始獨立生活，然而天啟依舊對魏、客二人百般依賴，有時甚至超出親子、君臣之間的關係，無從辨別他們的忠奸善惡，對朝堂上正直的大臣置之不理，對一切忠言規勸置若罔聞。

魏忠賢是天啟帝終生玩伴，這不假。更荒唐的是，天啟做皇帝並結婚後，儘管與后妃生育過後代（先後夭折），但他與年長二十歲左右的客氏卻處在一種不正常而匪夷所思的關係中，不像是保母和孩子的關係，甚至不能簡單用戀母情結來解釋。天啟一直對客氏依依不捨，當時有大臣提出：「皇上於客氏，始而徘徊眷注。」（《明史紀事本末》）建議皇帝疏遠客氏，但天啟聞之大怒。《甲申朝事小紀》記載：「（客氏）每日黎明至御前，夜分始歸……穢聞豔煽，道路傳謂上（天啟）甫出幼，客先邀上隆寵矣。」有人遂懷疑這對主僕之間有不正當的男女關係。

天啟的張裕妃、馮貴人、胡貴人乃至張皇后等，均受到客氏、魏忠賢的迫害、凌辱，有的不能正常生育，有的甚至死於非命。然而，天啟對此的反應卻是「毫不悲切，置諸不問」（《明史演義》），冷漠得令人心寒。

第二，自閉症病人的智力可能存在異常。七〇%左右的自閉症兒童智力較落後，但這些兒童可能在某方面具有較強能力；約二〇%的智力在正常範圍；約一〇%的智力甚至超常，多數患兒記憶力較好，尤其是機械記憶方面。總體來說，這類病人大多智力發育得不均衡，但在個人興趣和技能方面可能有超卓的表現。

天啟的治國水準是有目共睹的，雖然和他的受教育水準，乃至受蒙蔽的程度相關，但在智力發展方面可能存在不足。歷史上有不少小皇帝登基前後均受到閹黨分子或權臣、外戚的干政，但他們稍長就能體會到權力的掣肘，皇帝的九五之尊受到挑戰，便會憤而奪權，甚至鋌而走險。

明朝中期的正德皇帝朱厚照（武宗），也是十五歲登基，論貪玩程度完全不遜於天啟，而且玩的都是大手筆（畜養野獸、大建行宮、領兵打仗），早期頗受太監劉瑾等人影響，一旦懂事並意識到劉瑾的野心之後，便立即翻臉，將劉瑾千刀萬剮。這是政治人物之常情，也是皇權制度之必然；可是天啟在這方面完全麻木不仁，權力無限下放，全然沒有被太監分權、被架空的感受，一味縱容魏忠賢及其黨羽把持朝政，無惡不作，而且致死不悟，實在是怪事。

天啟整個登基過程就像傀儡，當時父皇剛逝，姓李的「選侍」試圖以繼母名義裹挾控制天啟，以此作為邀封皇后的籌碼，幾個大臣便出謀將天啟搶回手中，簇擁而出，「群臣共請詣文華殿，王安擁之行，閣臣劉一燝掖左，勳臣張維賢掖右。」（《明史紀事本末》）天啟木訥，毫無主見，任人擺布，哪像十五歲即將統治大帝國的君主？

他的智力也許總體來說發育得不太好，但在工匠領域確實出類拔萃，是了不起的專才。興趣歸興趣，天賦歸天賦，他自幼生於深宮之內，長於婦人之手，而後宮一般不會有匠人常住，天啟連最基本的識字教育都被剝奪得零零落落，根本沒機會看《營造法式》、《天工開物》之類的設計書籍，更無運氣師承能工巧匠，只能說他是天分太高，無師自通，自學成才。這種專一領域的超常智能、超高悟性，出現在自閉症兒童身上是再正常不過了。更何況想成為卓越的工匠，形象思維、三維構思和空間想像力必須很強才行，這一點也只有少數人才具備，倒是與讀過多少書沒有關係。無怪乎，時人感嘆道：「天縱聰明非人力也。」

第三，自閉症病人興趣狹窄，大多有重複刻板的行為。天啟皇帝把工匠當成正職，把皇帝當成副業，醉心木工，技藝精湛，恨不得一天十二個時辰都待在房間研製木器或模型。興高采烈時，往往脫掉外衣親歷親為，「膳飲可忘，寒暑罔覺。」（《甲申朝事小紀》）癡迷至此，看來已超出了個人興趣愛好的層面。在無數個皓月當空的夜晚，天啟置大臣、皇后、妃嬪於不顧，獨自在燭光下，斧斤不離手，引繩度木，運斤成風，汗流浹背地反覆研磨、抛光、雕琢，樂此不疲，又把作品拿到燭光下愛不釋手地把玩、欣賞，從中獲得極大的成就感。

第四，自閉症病人可能存在感覺異常，表現為痛覺遲鈍，對某些聲音或圖像特別恐懼或喜好；又或者對冷、熱、痛的反應很弱，所以對危險行為缺乏警覺及適當的反應。天啟有沒有這方面的嫌疑？答案是肯定的。

歷史學家蔡東藩在《明史演義》寫過這樣的故事：「內監王進嘗試銃帝（天啟）前，銃炸傷手，餘火亂爆，險些兒傷及熹宗。熹宗反談笑自若，不以為意。」

蔡先生雖然寫的是「演義」，但他一輩子治學、修史嚴謹，人物之間的對話可能有藝術化、小說化的傾向，但歷史事件的脈絡是真實的，不像羅貫中《三國演義》七分史實，三分虛構。

從上面記述中，發現天啟對先進武器——火銃突如其來的爆炸，居然缺少常人必有的驚恐、躲避反應，看來他的感覺系統確與一般人有異。

第五，自閉症病人常有多動、學習注意力分散、愛發脾氣、易焦急、易攻擊、易自傷等異常行為。天啟又如何呢？《明史演義》說他「好動惡逸，年已逾冠，尚有童心，或鬥雞，或弄貓，或走馬，或捕鳥，或打鞦韆，或蹋毬蹴踘。」原來他除了鑽研工匠活之外，還會做些劇烈的運動，作為生活之餘的必要鬆弛。他對文化學習是很不以為然的，雖有大儒孫承宗當老師，但長進實在乏善可陳。至於脾氣，史書記載不多，但還是被筆者從《甲申朝事小紀》中發現「性又急躁，有所為，朝起夕即期成」。看來，他大概也不是心平氣和的人。

自閉症病人孤獨離群，不會與人建立正常的聯繫，他們的孤獨表現在對周遭不關心，似乎是聽而不聞、視而不見，自己願意怎樣做就怎樣做，毫無顧忌，旁若無人，身旁發生什麼事都與他無關，很難引起他的興趣和注意，他們似乎生活在自己的小天地裡。

天啟終其一生對他的愛好保持著濃厚的興趣。治國平天下的事早拋到腦後，自然無暇過問。對他來說，一切危機四伏恐怕都是空穴來風。魏忠賢當然不會錯過這等良機，常趁天啟引繩削墨，揮汗如雨，興致高昂時，拿公文請皇帝批示，天啟覺得很不耐煩，看也不看，頭也不回，隨口說道：「爾們用心行去，我知道了。」或者加上一句「好生看，勿欺我」[7]。他潛心製作木器房屋，等於把公務一概交給了魏忠賢、王體乾之流。魏忠賢遂藉機排斥異己，專權誤國，而天啟始終充耳不聞。可嘆這樣出色的匠工，卻使大明王朝在他這雙巧手上搖搖欲墜。

自閉症病人還會出現明顯的言語發展障礙，不過限於史料，暫時無法證實天啟在這方面存在典型的臨床表現。

為什麼會患上自閉症呢？國外研究發現至少有以下幾種理論可供參考：心因論、腦障礙論、遺傳基因論、濾過性病毒感染論、新陳代謝失調論等，其中，心因論認為父母教養的態度影響和引發自閉症，此一說法出現較早，重點為後天成長環境的不良影響。有人發現部分自閉兒的父母給人冷淡的印象，因此認為自閉症有可能是育兒環境所造成的。天啟幼年的不幸遭遇，是否也與此有相似之處？是否由此誘發了他的自閉症呢？

# 天才末路，帝國末路

天啟帝就這樣過了七年悠哉遊哉的工匠生活，傑作無數，而家業也敗得差不多了。後來，尚書霍維華製造了「靈露飲」，說是特別仙方，久服可以長生。相傳「靈露飲」用粳糯諸米，淘盡糠粃，和水入甑，用桑柴火蒸透，甑底置長勁空口大銀瓶一枚。等米溶成液，滗出清汁，流入銀瓶，取出溫服，味如醍醐，因此美名曰「靈露飲」。天啟飲了數匙，覺清甘可口，遂令霍維華隨時進呈。哪知飲了數月，竟得了臌脹病，起初是胸膈飽悶，後來竟渾身臃腫，遂致奄臥龍床，不能動彈。御醫診治無效，只得眼見著病象日危，距死不遠了。年紀輕輕的天啟，全身浮腫，很可能得了腎功能衰竭之病——尿量無從排泄。這「靈露飲」不簡單，可能摻雜了術士提供的神祕藥方，而這些藥方可能含有當時不為人知的腎毒性成分。

天啟無嗣，只好讓皇五弟信王朱由檢繼位。他當下召信王入宮，自言病將不起，令承大統，勉勵說：「吾弟當為堯舜。」看似一句靠譜的話，不料他還念念不忘地說：「魏忠賢、王體乾等均恪謹忠貞，可任大事。」❽信王只好假意唯唯允諾，有沒有意識到接受爛攤子的他，將淪為亡國之君？

八月甲寅日，天啟病逝，帶走了大明最後的一絲生機，也帶走了那一代工藝巨匠的巧奪天工和美倫驚豔。

許多人渴望擁有天賦奇才。然而，天賦奇才對天啟而言、對積重難返的大明王朝而言，甚至對中華民族的命運前途而言，都不是幸運，而是一場徹頭徹尾的悲劇。透過近四百年的滄桑煙雲，錘子、鑿子的叮叮當當聲，依舊忙碌地從紫禁城裡依稀傳來，聽來令人感慨萬千……

❶紅丸案是關係明朝光宗皇帝朱常洛之死的宮廷疑案。萬曆四十八年七月，萬曆帝崩殂；八月初一，皇太子朱常洛繼位，萬曆寵妃鄭氏向新帝進獻八位美女，於是退朝在內宮歡宴，以美女、音樂作為娛樂，或許縱慾過度，初十即病倒；二十九日起連續服用了李可灼進獻的紅丸，病情稍緩，精神好轉；但突然在九月一日五更時暴斃。所謂「紅丸」就是紅鉛金丹，又稱「三元丹」，官史稱為「無方無制之藥」；民間稱取處女初潮之經血，加上夜半第一滴露水及烏梅等藥物，再加上紅鉛、人尿、人乳、硃砂、松脂等藥物炮製而成。

❷抱陽生《甲申朝事小紀》：「熹廟（天啟）性好為匠，在宮中每自造房，手操斧鋸鑿削，引繩度木，運斤成風，施設既竟，即巧匠不能及。又好油漆，凡手用器具，皆自為之。性又急躁，有所為，朝起夕即期成，成而喜，喜不久而棄，棄而又成，不厭倦也。且不愛成器，不惜改毀，惟快一時之意。當其執器奏能，解衣盤礴，非素善之臣不得窺視，或有緊要本章，奏事者在側，一邊經營鄙事，一邊傾耳且聽之，畢即分咐曰：『汝們用心去行，我已知道了。』每營造得意，即膳飲亦忘，寒暑罔覺，其專意如此。」

❸劉若愚《酌中誌》：「先帝……極好作水戲，用大木桶、大銅缸之類，鑿孔削機，啟閉灌輸，或涌瀉如噴珠，或澌流如瀑布，或使伏機於下，借水力沖擁圓木球，如核桃大者，於水湧之大小般旋宛轉，隨高隨下，久而不墜，視為戲笑，皆出人意表。逆賢客氏喝采讚美之，天縱聰明非人力也。聖性又好蓋房，凡自操斧鋸鑿削，即巧工不能及也。又好油漆匠，凡手使器具皆御用監、內官監辦用……朝夕營造，成而喜，喜不久而棄，棄而又成，不厭倦也。且不愛成器，不惜天物，任暴殄改毀，惟快聖意片時之適。當其斤斫刀削，解服磐礴，非素昵近者不得窺視，或有緊切本章，（王）體乾等奏文書，一邊經管鄙事，一邊傾耳注聽。奏請畢，玉音即曰：『爾們用心行去，我知道了。』所以太阿之柄下移。」

❹吳陳琰《曠園雜誌》：「（天啟）嘗於庭院中蓋小宮殿，高四尺許，玲瓏巧妙。」

❺文秉《先撥誌始》：「上（天啟）性好走馬，又好作水戲，種種機械，出人意表。又好蓋房屋，凡斧斤之類，皆躬自操之，雖巧匠不能過也。忠賢每欲有所處分，即令王體乾等伺其經營鄙事時，即從旁奏請。聽畢，便曰：『你們用心行去，我知道了。』所以太阿下移，而忠賢輩得以操縱如意也。」

❻谷應泰《明史紀事本末．第七十一卷》：「裕妃張氏方娠，膺冊封禮。客氏譖於上（天啟），絕飲食，閉襪道中，偶天雨，匍匐掬簷溜數口而絕。成妃李氏誕二公主而殤。先是，馮貴人嘗勸上罷內操，客、魏惡之，矯旨貴人誹謗，賜死。成妃從容為上言之，乃矯旨革封，絕飲食。成妃故鑑裕妃饑死，密儲食物壁間，數日不死。魏、客怒少解，斥為宮人，遷於乾西所。皇后張氏素精明，魏、客憚之。後方娠，腰痛，客氏密布心腹，宮人奉御無狀，隕焉。又於上郊天之日，掩殺胡貴人，以暴疾聞。」

❼王士禎《池北偶談》：「有老宮監云，明熹宗在宮中，好手製小樓閣，斧斤不離手，雕鏤精絕，魏忠賢每伺帝製作酣時，輒以諸部院章奏進，帝輒麾之曰：『好生看，勿欺我。』故閹權日重，而帝卒不之悟。」

❽李遜之《崇禎朝野紀》：「熹廟（天啟）病亟時，魏瑺方張盛，中外危慄。上（崇禎）在信邸，為魏瑺疑忌，常稱疾不朝謁。至是，召入見，諭以吾弟當為堯舜……又言忠賢宜委用，上益懼求附。」

## 如果天啟帝活在現代，醫生會建議……

一、注重孩子的情商培育：情商即社會適應的綜合能力。孩子僅學習成績優良是不夠的，還須懂得接受別人並讓人接受自己，這也是愛的基本涵義。培育孩子良好品德的同時，要教導孩子形成良好的性情和情感。

二、培育孩子的自立能力，切忌父母事事包辦：讓孩子學會自己的事情自己做，而且有意讓孩子碰碰釘子、嘗嘗苦頭，以磨練孩子的意志力。

三、別把孩子過分封閉於一味學習的小圈內：應允許和鼓勵孩子與鄰居或附近小朋友玩耍、交往，建立友誼。

四、為孩子的交友創造條件：允許孩子把小朋友請進家門，為孩子提供交朋友的機會，教他交朋友的藝術、方法與技巧。

五、盡量讓孩子參加集體活動。

# 梟雄稱帝即殯天。

## 吳三桂大明邊將降大清，仍然沒有皇帝命

俄病噎，八月，又病下痢，噤不能語。召其孫世璠於雲南，未至，乙酉，三桂死。（《清史稿．吳三桂傳》）

姓名：吳三桂
身分：明朝遼東總兵—清朝平西王—偽「周」昭武皇帝
活動範圍：遼寧—雲南
生存年代：西元一六一二年～一六七八年，六十六歲

康熙十七年（西元一六七八年），一手掀起「三藩之亂」惡浪的大清前「平西王」吳三桂，又走到人生的十字路口。他已經不是第一次在抉擇中苦苦煎熬了，令人驚訝的是，他的不少抉擇居然深刻影響了歷史的走向。這一次，他還能扭轉乾坤嗎？

吳三桂此時六十六歲了，早已是花甲老人，從古人的生理角度來說，也許來日無多。他再也不是當年遼東戰場上血氣方剛、驍勇善戰的大明邊將，再也不是鎮守山海關、決定李自成和多爾袞乃至中原百

姓前途命運的關鍵人物。那時他剛過而立之年。

這位垂垂老矣的統帥，豎起反旗已有五個年頭了。大清曾給他尊崇的地位，讓這位第一藩王在雲貴一帶為所欲為，但康熙的削藩政策深深刺激了他由來已久的貪心和野心。在雲南起兵那年，他六十出頭，作為大清開國功臣，過了數十年養尊處優的生活，身體還強健，騎馬射箭不減當年，舞刀弄槍亦見功底不凡。當時他振臂一呼，天下響應，揮軍北上，鐵騎如雲，旌旗翻飛，八旗兵一度望風披靡。他是何等得意，躊躇滿志。

此一時彼一時。五年過去了，他得到了什麼呢？平添了無數白髮，耗去了無盡心血。隨著時光流逝，優勢慢慢淪為劣勢，讓他始料未及。吳軍及其同盟不斷失敗、背叛、逃亡、投降的消息，幾乎無時無刻都使他惶惑不已。初期的自信、豪情，如同夕照下最後一絲晚霞，漸漸黯淡下去，一去不復返。他徘徊不定，百般計慮，仍無法擺脫目前的困境；他感到度日維艱，陷入極度的痛苦之中。吳三桂衰老了，不復當年之勇，心計已盡，精疲力竭，一籌莫展，眼巴巴地看著掌控的疆土正日益縮小，財用不繼，困在湖南境內，整天愁容滿面，不時唉聲嘆氣……

心腹黨羽眼見他悲悲切切，情志不舒，便相率勸他即皇帝位，名正言順地樹立與康熙分庭抗禮的政權，既可安慰、取悅吳三桂，又可安撫軍民之心，鼓舞士氣。吳三桂禁不住左右將吏的反覆勸進，念及自己已是暮年之人，何不趁此稱帝，也不枉五年的征戰。其實他心裡很清楚，已到山窮水盡的地步，稱帝即位並無多少實際意義，不過是圖個快樂，過一把皇帝癮罷了。

這時，不知吳三桂有沒有想起三十四年前被他和多爾袞聯手擊敗的李自成，李自成在山海關一敗塗地，用僅存一天的喘息機會在北京倉促稱帝，次日便撤離北京，逃跑得如喪家之犬。

三十年河東，三十年河西。命運嘲笑了李自成，也嘲笑了吳三桂。

舉凡創業之君者，無不在取得相當大的領土，具有強大實力時，登帝位，立國號，昭示天下，像劉邦、劉秀、李淵、朱元璋那般。換言之，割據諸侯極少在勢竭力衰之時稱帝，即使勉強稱帝，亦不過玩玩政治遊戲而已。吳三桂到了窘迫時草草稱帝，藉以自娛，聊作自慰，非但沒得到人們的理解和同情，反招致天下人的恥笑。

## 黃瓦龍袍終究一場空

吳三桂心意一定，小小的衡州（今湖南衡陽）便立刻處在一片緊張忙亂之中。要在短期內籌劃皇帝登基大典，達到天子的排場，談何容易。不要說在衡州，就是在北京，正式的典禮也要準備兩、三個月，更何況是皇帝登基的大事。這兒是衡州，一個小州城，要什麼沒什麼，一切要從零開始。

吳三桂命人迅速修建大殿及附屬建築，又建了幾十排瓦房，共計九千五百間，取九五之數，作為朝房。登基是相當講究的，就拿宮殿來說，依循古制要用明黃色大瓦蓋頂，但根本來不及燒製這種黃瓦，便讓人緊急加工大量黃漆，將一大片朝房和宮殿的瓦當都漆成了黃色，乍一看，倒也黃黃一片，自欺欺人。

三月初一，吳三桂稱帝典禮在衡州正式舉行。

鐘鼓齊鳴，裙袂飄飄。吳三桂頭戴翼善冠，身穿大紅衣，登上了特製的龍椅，接受百官朝賀，等候在殿外的眾官齊刷刷跪倒，高呼：「吾皇萬歲，萬歲，萬萬歲。」司禮大臣開始宣讀稱帝詔書：「奉天承運，皇帝詔曰：周王吳三桂改元稱帝，國號大周，改衡州為定天府以為國都，改年號為昭武元年。欽此。」

隨後，吳三桂騎馬出宮至郊外，登壇，行袞冕禮。在傘蓋下，他一步步向上邁著虔誠的腳步，正向上天靠近，即將接受上天的撫慰。祭壇是用石塊壘就，祭壇上幡旗招展。當他緩步向祭壇走去時，心神不寧，不知為何，此時此刻，竟沒有一絲亢奮，反倒有一種惶惶不安，山色風光也沒有一點明朗，登壇前的晴朗天氣已變得灰濛濛。吳三桂忐忑不安地走上祭壇，祭案上的豬、牛、羊三牲紮著紅綾置於壇中，一爵祭天御酒已準備就緒。

祭天詔書在吳三桂手中慢慢展開：「伏惟上蒼……」剛念完第一句，山間便狂風大作，一股黃沙塵土迎面颳來。吳三桂心一驚、手一鬆，詔書竟被狂風捲走。他的手直直地伸向天空，目瞪口呆。

突然，一聲炸雷，電光一閃，大雨唰唰而下……狂風怒吼，暴雨撒潑。儀仗、鹵簿被打得七零八落，地面泥汙不堪；吳三桂和文武百官個個臉色蒼白，戰戰兢兢，站在風雨飄搖的山頂上不知所措。皇宮上的黃漆被雨水沖刷下來，宮中到處流淌著黃色的濁流。狂風翻滾撕扯著宮殿紗簾、帷幕，像一隻隻魔爪絕望而瘋狂地撩動。

吳三桂稱帝，絲毫沒有帶來新希望，他及大周政權的處境同樣沒有得到絲毫改善。隨著軍事上的接連慘敗，日子一天天變得險惡起來；他的精神更加頹廢，日夜憂鬱惶恐，再加上困擾於稱帝儀式的不祥之兆，身體狀況也急劇惡化，生命已近盡頭。

夏天，吳三桂躺在宮中床上，不能言語，不能吃飯，不能進水，不能動彈……幾乎喪失了正常人應有的生理功能，一雙眼睛蒼白地睜著，無神地翻動幾下，失去了往日的威風和凛然不可侵犯。

他沒有昏迷。酸、甜、苦、辣、鹹，百般滋味在心頭此起彼伏，排山倒海一樣翻騰，一幅幅畫面在他的腦海中浮現，有的快似閃光，一晃而過；有的緩似溪水，纏纏綿綿；有的輕似浮雲，飄飄蕩蕩；有的重如鐵錘，呼呼作響……

他想到了關外遼東的家鄉，家的後院長著一棵參天古樹，自己曾緣木爬玩。他想到了威嚴的總兵府，一匹火紅的烈馬飛馳而來，在他身邊戛然止步，用厚重的鬃毛一下一下地蹭他的肩頭，他拍拍馬的前額，烈馬長嘯一聲，又箭一般地跑開了。

他想到了愛妾陳圓圓，一股勃發的激情讓垂暮的身軀彷彿輸進了年輕的活力，如奔騰洶湧的江海。圓圓瀑布般的秀髮，飄逸著；圓圓迷人的舞姿，撩撥著；圓圓甜美的歌喉，迴盪著……但圓圓終究含淚走了，帶著留戀而不情願地被大順軍擄掠走了。

他想到了北京城父親的府宅。李自成驀然殺來，衝闖而進，把父親全家悉數捆綁。隨後，清朝的大辮子兵殺進京師，越過城牆，舉著明晃晃的馬刀，一一驅逐漢人。

他還想到了雲南的平西王府，裝飾著巨大鉚釘的朱紅大門分開兩側，虛張聲勢地莊嚴著。被擒獲的南明永曆帝朱由榔被捆在階下，他冷漠地吩咐劊子手：「拿下去。以弓弦勒之，給他一個全屍。」從此，明朝皇統徹底滅亡……

夜色籠罩時，吳三桂依然躺在床榻上，木然而口不能言，耳邊好似響徹著康熙帝憤怒的聲音：「逆賊跪下！」又好似不時傳來崇禎帝失望的哀嚎：「大明何曾虧待將軍？」吳三桂已病入膏肓，內心愈加痛苦不堪。

進進出出的王公大臣、嬪妃宮女都面露哀傷，慌慌亂亂的。他們有的木訥，有的瘋狂，都心驚膽戰地等待著即將發生的事情。

八月的一天，伺候的宮人突然聞到一股濃烈的異味，他們的目光停在吳三桂身上。這是一股難聞的惡臭，讓人感到一陣陣噁心，想要奔出房間呼吸一口室外的空氣。他們連忙撩起吳三桂的龍袍，卻見身下瀉如泉湧❶……大臣、宮人們更加不安，紛紛跪倒在大殿前仰天祈禱，渴望上天能可憐他們的皇帝，希冀上天能重新讓他們的小朝廷煥發生機。

一切都是徒勞。吳三桂的腹瀉略去了身上所有的水分，很快變得枯瘦無比，白髮委地，皮肉鬆弛，皮膚包裹的骨頭歷歷可見；面頰凹陷，臉容更趨淒慘。頭上的金冠早已掉在床下，在昏弱的燈光下更加黯然失色。他示意屬下讓遠在雲南的孫子吳世璠盡快來衡州繼位❷。

八月中旬，吳三桂的生命油燈在一陣狂風吹拂下，耗盡了、熄滅了，最後陪伴他的，只有淒風冷雨。從稱帝到病死，五個多月，吳三桂沒有走出過衡州城。

## 被榨乾的乾癟皮囊

從史書記載看，吳三桂主要的病狀是不能吞嚥進食，繼之不能言語，雪上加霜的是，又腹瀉不止。

筆者分析吳三桂很可能先是出現了腦梗死（缺血性腦中風），指各種原因引起的腦部血液供應障礙，使局部腦組織發生不可逆性損害，導致腦組織缺血、缺氧性壞死，病患常出現肢體偏癱、語言障礙，有些人因支配吞嚥的神經中樞受損，也喪失了吞食能力。腦梗死的範疇裡最主要的一類叫腦血栓形成，指由於供應腦部血液的動脈出現粥樣硬化或血栓生長，使血管腔狹窄，甚至閉塞。

吳三桂中風有不少內在原因。首先，他已是花甲之年了。這個年齡的男性早已身處多種代謝疾病的威脅下，如果長期忽視腦動脈硬化、高血壓、冠心病、糖尿病等任何一種，都會導致極其嚴重的後果，更何況它們往往沆瀣一氣、夥同作案呢？

其次，他心情沉鬱、惶恐不安。吳軍愈戰愈頹，清軍愈戰愈勇。自己深陷泥潭，回天乏術，是要被康熙生擒凌遲處死，還是自殺或病死後挫骨揚灰？兒子吳應熊身為駙馬，卻在北京被康熙處死，大大出乎意料，更讓他恨得捶胸頓足。滿門老小恐怕命不久矣，長期處在壓抑、煩躁和憂愁中的吳三桂偏偏禍不單行，稱帝不久，皇后張氏病死，不安穩的心態對多種心腦血管疾病都有推波助瀾的作用。

夏季，尤其在南方，痢疾或霍亂等傳染病引起的腹瀉十分常見。由於史料匱乏，無法仔細分析吳三桂究竟是患哪種消化道疾病引起的嚴重腹瀉，不過在當時的醫療技術條件下，後果大同小異。出現嚴重腹瀉後，只要及早發現，及時補充水分與電解質溶液，和（或）合理使用抗菌藥，治療並不困難。如果治療不及時或不恰當，則會引起嚴重脫水而死亡。吳三桂不能進食進水，又無休止地排泄，加劇了體內有效血容量下降，因此只能在絕望中被推向死神的懷抱。

也許有人會問：病患只是失水，並沒有失血，何來「血容量下降」呢？人們對血的印象往往停留在紅色外表上，哺乳動物（包括人類）的血液，主要由水分、紅血球、白血球、血小板、其他凝血因素等複雜物質組成，相當一部分本是無色的液體狀態；血液之所以看起來紅色，是有紅血球存在，它的多寡決定了生物是否有貧血；一旦紅血球被現代醫療技術洗滌掉，剩下的血液就不是紅色的了，而是一包包淺黃色的液體。日常生活中常碰到的「輸血」，就是輸入經過洗滌而過濾出來的濃縮紅血球，並非把捐血者的血液完完整整地輸給病患。

雖然腹瀉病患沒有失去紅血球，但劇烈的腹瀉會導致血液中的水分流失殆盡。此時，病患的全身細胞組織便缺乏足夠的營養灌注和修復維護，平時可迅速排泄的代謝廢棄物，因無法經由水分轉走，變得堆積如山，引起了缺氧和人體內環境的紊亂、失衡、破壞，就是醫學上說的低血容量休克 (hypovolemic shock)。病患繼而出現小便減少、脈搏細弱、血壓下降、神志轉差，沒有積極的搶救（特別是補液）時，很容易導致全身多重器官功能衰竭而死。

吳三桂早已瀉得一塌糊塗，全身水分幾乎被榨乾，又因中風無法攝入水分和養分，再加上古人沒有經靜脈建立補液通道的技術，也沒有插胃管的方法，中藥湯劑又絕大多數經口餵進，對這樣的病患完全無濟於事，因此吳三桂直接死於休克是成立的。一代名將最終只剩下一副乾癟的皮囊，被下屬用棉布裹起草草掩埋❸。

## 忠臣、孝子、慈父，都不是

歷史對吳三桂的評價是自以為智，反覆無常。

長期以來，人們深受詩人吳梅村那句「衝冠一怒為紅顏」的影響，將吳三桂定為性格狹隘的漢奸，正是他引清兵入關，顛覆了漢人的朝廷，導致所謂「華夏之變」。

如果歷史只進展到西元一六四四年，用今人的視角去看，吳三桂許多舉動是可以諒解的，甚至他的一再反叛都是情有可原。當時，明朝已被李自成的大順軍滅亡了，吳三桂要效忠的崇禎帝已上吊殉國，他沒有了效忠對象，況且天下大勢不可逆轉，大明這艘破船註定要沉沒了，他手下區區幾萬兵馬，又能做得了什麼？於是臨時應允李自成的招撫。

出乎意料的是，大順軍一面爭取這位扼守雄關的大將，一面對包括他父親吳襄在內的明朝舊臣大肆拷打，搜刮錢財，甚至傳出李自成手下大將強奪他愛妾的驚天大聞。讓本就對「流寇」帶有成見的吳三桂忍無可忍，終於丟下身為人質的父親，與李自成一刀兩斷，兵戎相見。

為了保全自己，手握精兵的吳三桂幻想著與清軍合作，希望借助清兵擊敗李自成的十萬大軍，遂向滿洲掌門人多爾袞求助，多爾袞卻巧妙地利用吳三桂的窘態，誘迫他與李自成血戰山海關，八旗兵坐山觀虎鬥，等到雙方死傷慘重時才助吳軍一臂之力。李自成最終倉皇逃竄，一蹶不振，而吳三桂手下的精銳關寧鐵騎也傷亡殆盡，完全喪失了談判的籌碼和抗衡的資本，與多爾袞的合作關係變成了主僕關係。清軍順利進關，他只能歸順清廷，做馬前卒，替他們打江山。中原「剃髮易服」的時代開始了。

夾在李自成和多爾袞兩強之間的吳三桂，實力最弱，隨時有被任何一方吞沒的可能，他無奈地做出一生最痛苦的抉擇，沒做成忠臣，沒做成孝子，李自成在撤退途中將吳襄全家殺害。

歷史終究是向前發展的。三十年後，清朝大一統局面已經建立，老百姓好不容易擺脫了戰爭的生靈塗炭，國家在正軌逐漸蒸蒸日上，民族矛盾已降低了。吳三桂等三藩卻在邊陲日益坐大，為非作歹，尾大不掉，從維護國家統一的角度出發，康熙帝開始削藩，從根本上損害了吳三桂及其勢力的利益。

曾在清朝面前極力自我表演、把明朝殘餘勢力趕盡殺絕的吳三桂，終於在暮年鋌而走險，「矢忠新朝」三十年後，又扯起了「復明」的旗號。反叛前，他假惺惺祭掃永曆帝（死於他手）的陵墓，「慟哭，伏地不能起」，對部下大加煽動，發布檄文，罵清朝「竊我先朝神器，變我中國冠裳」，並聲稱要「共舉大明之文物，悉還中夏之乾坤」。不過人們早就看穿了他這見利忘義、口是心非、反覆無常的野心家，有氣節的漢族知識分子對他更是嗤之以鼻，恥與為伍，和平年代的老百姓也早厭惡了血腥的戰爭。

吳三桂此時的所作所為簡直是不合時宜，刻舟求劍，脫離實際，註定要敗亡❹。他死後三年，「三藩之亂」被徹底平定。巧合的是，「三藩之亂」與「安史之亂」都持續了八年之久，不過禍首安祿山的屍體不知所終，躲過一劫，而早死的吳三桂卻被清廷從墓穴中揪出來，「析三桂骸，傳示天下」。

他做不了忠臣，做不了孝子，甚至做不了慈父。由於他的反叛，在北京身為康熙帝姑父的愛子吳應熊，被朝廷誅殺。曾經美滿的家庭破碎了，可憐皇太極的和碩長公主從此守寡。因不義的戰爭，民間有多少無辜的家庭分崩離析、妻離子散、家破人亡呢?吳三桂晚年的叛舉，永遠得不到人們的同情。

---

❶ 蒼弁山樵《吳逆取亡錄》：「（吳三桂）遂病噎。繼之下痢，口不能言，八月十七日斃於衡州。賊眾匿喪不發。」

❷ 趙爾巽、柯劭忞等《清史稿・卷四百七十四・列傳二百六十一》：「（吳三桂）俄病噎，八月，又病下痢，噤不能語。召其孫世璠於雲南，未至，乙酉，三桂死。」

❸ 孫旭《平吳錄》：「（吳三桂）自僭位後，形容憔悴，八月十八日遂死。胡國柱等以棉裹屍，潛載至常德斂之。」

❹ 佚名《平滇始末》：「三桂見兵勢日促，人心漸變，力實難支，每自嘆曰：『吾何苦，何苦！』日夜憂惶，遂於康熙十七年八月十八日死於衡州。」

## 如果吳三桂活在現代，醫生會建議……

一、積極防治感染。

二、如有嚴重外傷，應做好外傷的現場處理，如及時止血、鎮痛、保溫等。

三、對失血或失液過多（如嘔吐、腹瀉、咯血、消化道出血、大量出汗等）的病患，應及時酌情補液或輸血。注意他們的脈搏、尿量和神智。

# 忠魂長憾縈臺海。

## 鄭成功巔峰時刻猝然隕落，玄機竟在蚊子咬

當國姓公臥病的當初，五月初二早，忽天昏地暗，黃蜂大作，初三更風雨交加，臺江及安平外海波浪衝天，繼而雷震電閃，如山崩地裂……初五日，天平雨晴了，初八日，國姓爺歸天。（《臺灣縣志》）

姓名：鄭成功
身分：南明招討大將軍、延平郡王
活動範圍：福建—臺灣
生存年代：西元一六二四年～一六六二年，三十八歲

臺南延平郡王祠有一副超長的對聯，令人過目難忘：

仁人志士，史不絕書，皆類值民族危亡之際，保民社而莫能，獨天留椰雨蕉風之一島，延永曆正朔二十餘年，抱箕伯過墟之痛，宏虯髯創業之功，海外奠基，剖符建節，殊跡超於常軌，精忠感召後來，想像旌旗，有誰手轉乾坤，掃蕩九邊弭世亂；

漢武唐宗，威行異域，然並當國家強盛之時，傾國力以從事，惟公提孤臣孽子之偏師，復臺灣故土三萬方里，斷裸糧運械之援，攻堅壁待勞之寇，敵前登陸，張幕受降，遺烈震於千秋，偉績遠逾先例，敬瞻廟貌，自是名垂宇宙，縱橫百代仰人豪。

這是抗日名將孫立人將軍對民族英雄鄭成功的緬懷之作。

鄭成功，福建南安人，原名森，字大木，明末抗清名將。南明皇帝曾賜姓朱，名成功，封爵「延平郡王」，世人又稱「國姓爺」。

與清軍的戰鬥中，鄭成功軍力不斷增強，但由於力量懸殊，十多年間始終未能反敗為勝。退守廈門後，開始籌劃攻取被荷蘭殖民者強行占據的臺灣，以此作為反清復明的基地。一六六一年四月二十一日，親率主力兩萬五千名將士，分乘幾百艘戰船，浩浩蕩蕩從金門料羅灣出發，大軍越過臺灣海峽，在澎湖蓄勢待發。

八天後（陰曆四月初一）中午，潮水大漲，在當地人引路下，鄭軍利用彌漫的濃霧作掩護，艦隊順利通過鹿兒門水道，突入鹿兒門港，出敵不意地登上臺灣。荷蘭軍隊猝不及防，被鄭軍重錘猛擊，不得不龜縮在城堡內。他們一面派人搬救兵，一面派使者到鄭軍大營求和，試圖以十萬兩白銀換取鄭軍退出臺灣。鄭成功斷然拒絕，並採用切斷水源的方式迫使盤踞的荷蘭人投降。期間，鄭軍擊潰了增援之敵方艦隊。長圍久困了八個月後，鄭成功下令向殘敵發起強攻，荷軍走投無路，只得投降。一六六二年初，鄭成功終於將霸占寶島達三十八年之久的荷蘭侵略者徹底趕跑。

驅逐殖民者、攻占臺灣島是鄭成功人生最閃耀的時刻，也是事業的新起點。他以生命最後一年的短暫時光，深刻地影響了歷史的進程，其勳業之偉大，足以名列中國歷史最偉大人物之行列。

巧合的是，一六二四年，荷蘭殖民者入侵臺灣，這一年鄭成功呱呱墜地；一六六二年夏天，驅逐荷蘭殖民者不久，他病逝於臺南。

赤嵌樓受降後，鄭成功將赤嵌改為東都明京（今臺南一帶），並設一府二縣，即承天府、天興縣、萬年縣，在臺灣設立與明朝一樣的行政機構。收復熱蘭遮城後，改名為安平鎮，此舉正式拉開了鄭氏經略臺灣的序幕。臺南地區是統治和經營的中心，漢族文化從此開始在臺灣逐漸生根發芽。

鄭成功對開拓臺灣、建立抗清基地充滿信心。具體措施上，他展現出卓越的才能，即使以今日眼光觀之，亦不能不佩服其遠見卓識。譬如在經濟開發上，他鼓勵多種經營，包括漁業、農業、林業及商業等；在難以開發利用的汛地，積極獎勵墾荒。更難能可貴的是，他具有環保意識與持續發展觀，強調開發山林陂池的過程中，「須自照管愛惜，不可斧斤不時，竭澤而漁，庶後來永享無疆之利。」

當時，臺灣原住民在荷蘭殖民者奴役下，生活十分貧困，生產力極端落後。鄭成功大力推廣漢族先進的農業生產技術，從此原住民也和漢民一樣，使用牛耕和鐵犁種田，物質生活得到保障。

經過鄭氏集團的苦心經營，臺灣這片原本荒蕪原始卻蘊藏著巨大潛能的處女地，漸漸變得生機勃勃、富庶太平。據史料記載：「成功以海外彈丸之地，養兵十餘萬，甲冑戈矢，罔不堅利，戰艦以數千計，又交通內地，偏買人心，而財用不匱……通洋之利，惟鄭氏獨操之，財用益饒。」

## 寶島開山王，抱恨客死

「國姓爺」躊躇滿志之際，不幸的事情發生了。巔峰時刻的鄭成功恰恰遭遇了一連串的打擊：南明皇帝被吳三桂殺害、長子與乳母發生亂倫、祖墳被叛徒挖毀、降清的父親與叔父被清廷滿門抄斬……這些打擊遠非常人所能忍受，他痛心疾首、心力交瘁。

正值壯年的鄭成功在過度的憂傷與操勞中病倒了。據《臺灣外記》記述，五月初一，他偶感「風寒」，身體不適，仍然強起登上點將臺，手持望遠鏡，遠眺澎湖，遠眺大陸的大好河山……內心的焦慮、壓抑和痛苦，導致病情急劇惡化，原本強壯的身體開始變得異常虛弱，曾經如熊熊之火般的生命力也逐漸燃燒殆盡。

陰曆五月初八（一六六二年六月二十三日），他強忍著病痛折磨，再次登臺而望，失望而歸，悶悶不樂地回到書房，似乎預感到生命即將走向盡頭了，便鄭重穿上大明的朝服冠帶，畢恭畢敬地取出明朝開國皇帝朱元璋的〈太祖祖訓〉。他命左右進酒，每讀一帙便喝一杯，讀到第三帙時，忽然想起當年南明隆武皇帝賜國姓的情景，十多年了，那一幕依舊歷歷在目，怎不令人唏噓慨嘆呢？這些年來，東征西討，屢敗屢戰。血雨腥風，飛矢如蝗，每次都頑強地挺過來。可如今南明大勢已去，唯有他還為精忠報國的信念而戰鬥……想到此，鄭成功悲從中來，不禁長嘆道：「吾有何面目見先帝於地下也？」遂失聲淚下，捶胸頓足，雙手抓面。最後把藥碗狠狠地摔在地上，以罕見的悲慼之氣說：「自國家飄零以來，枕戈泣血，十有七年，進退無據，罪案日增，今又屏跡遐荒，遽捐人世，忠孝兩虧，死不瞑目，天乎天乎！何使孤臣至於此極也！」遂大呼而死。星隕中天，年僅三十八歲。一個時代結束了。

鄭成功在臺南去世後，鄭氏集團隨即出現一場內訌，最後鄭經奪得權力，接過父親的旗幟；但鄭家後人再也沒有他的雄心壯志，僅是據守孤島。一六八三年，清軍施琅劍指臺灣，鄭成功之孫鄭克塽投降，鄭氏政權在國姓爺之後維繫了二十一年。

雖然終其一生，鄭成功未能完成光復漢室之事業，但他絕不是個失敗者。沒有他，臺灣或許不復為中華之領土，他將血性留給了這片美麗的土地。臺灣人在歷次反侵略戰爭中都有英勇的表現，一八九五年，他們憑藉簡陋的武器與日軍浴血奮戰，戰果輝煌，令裝備精良卻一敗塗地的北洋水師與淮軍相形見絀，這種不畏犧牲的戰鬥精神正是源於鄭成功力克荷夷的反侵略傳統。

## 霧靄沉沉的死亡之謎

是什麼導致鄭成功頑強的生命戛然而止？三百多年來，這個謎團就像揮之不去的陰影，縈繞在人們心頭。仔細梳理一下，發現無非是自然病死說、中毒說、自殺說三大推測。

關於鄭成功死前一系列表現和症狀，綜合各種文獻，情況大致如下：五月初一，先是出現「風寒」，其後發熱，服中藥退熱劑後未見效，反而病情突然加重，隨後狂躁不安並出現諸如以刀砍臉、自抓其臉、自咬手指等自殘現象，期間雖有短暫的意識清晰，但終於五月初八不治身亡❶。

先議中毒說。根據鄭成功臨終前的異常表現和當時鄭氏集團內部鬥爭的背景，有人認為他是被人投毒殺死的。這一說法主要依據是他死前的狀態與毒性發作的症狀頗為相似，如《榕村語錄續集》所說：馬信（清降將，後為鄭之親信）推薦的醫師認為鄭氏「中暑」，用「涼劑」治療，鄭氏服藥後當晚即死，馬信不久也神祕死亡。《閩海紀聞》又說：鄭氏臨終前將藥投之於地，「頓足扶膺，大呼而殂」，似乎覺察到有人投毒似的。至於元凶，可能是對他治軍過嚴而極度不滿的個別將領或鄭家子侄，甚至可能是清朝。

清廷確曾派間諜試圖謀殺鄭氏。《臺灣外記》記載：一清軍攜帶孔雀膽（毒藥）混入鄭軍，用重金收買鄭的廚師，企圖讓他伺機下手；這個廚師雖貪財，但害怕事跡敗露，不敢下手，遂把此事交給弟弟辦理，其弟更猶豫不決，「每欲下藥，則渾身寒顫」，恐懼之餘，便把此事告訴了父親，其父「聞言大驚」，怒斥他們謀害主人，不忠不孝，便帶他們到鄭處自首。鄭成功非但沒有處罰，還對他們施以重賞，表現得相當自信。此後，鄭成功加強了保衛措施，雖有人仍「欲施毒，奈何不得其近身也」。如此說來，鄭成功親信的忠誠度都較高，或對他尊敬有加、奉若神明，因而外人想透過投毒致其於死地的成功率不高。

另外，有人懷疑鄭氏乃因感冒服藥不當，導致過量中毒，引起急性肝臟衰竭而死，證據是鄭氏死前行為怪誕且顯得暴躁不安。從《臺灣外記》記述的臨終情況來看，鄭氏雖狂躁，但還算理智，比如穿戴正式朝服、讀朱元璋祖訓等。如果是肝臟衰竭導致肝腦病變，典型症狀之一是思維極度混亂、說話顛三倒四，甚至隨地大小便，最具特徵的是出現「撲翼樣震顫」（伸出雙臂猶如鳥翼拍擊狀），最終嗜睡而死。與鄭氏的彌留表現不符。

綜上所述，鄭成功中毒至死的觀點存在種種漏洞。那麼他是自殺身亡嗎？近年有研究者指出：鄭成功是因罹患憂鬱症自殺而死的。理由是他死前一段時間出現情緒低落、沮喪、自責、自我傷害與激燥不安等症狀，自責的言辭和暴烈的自我傷害尤其明顯，砍、抓、咬等不理性舉動是失去理智的自殘行為。最後萬念俱灰下，「不想活」或「活不下去」的自殺念頭有可能成為暴死的主因。

從中外文獻記載來看，鄭成功的脾氣是相當剛烈的，情緒變化也頗為突然和激烈，似有著不可侵犯的權威。生氣、痛苦、猜忌、怨恨和報復的負面情緒，使鄭成功難以平心靜氣地處理事情，這是完全可能的。他是否有憂鬱症傾向，尚值得商榷，但說因此受到心理打擊後採取自裁方式了斷，筆者認為不可信。

鄭成功雖然性格有缺陷，但畢竟是歷經磨難與考驗、在爭戰中迅速成長的優秀政治家、軍事家，這樣的人在心智上是非常成熟的，在行為上也是比較理智的，有著絕不服輸、無所畏懼的精神，有著堅如磐石、排除萬難的意志，有著常人所不具備的心理承受能力。

雖然抗清戰爭日趨式微，南明小朝廷像一葉洪濤中的孤舟，風雨飄搖，南明皇帝被擒殺也是早晚的事，鄭成功不會沒預見到，他所謂的反清復明與諸葛亮北伐中原頗為相似，知其不可為而為之，盡的是孤膽忠臣的節操和信仰。

至於父親、叔父、兄弟、子侄遇害，從他們投降清朝那一刻起，鄭成功就能猜到這一天遲早會發生，因自己從不放棄與清朝的對抗，親人在滿清手裡做人質，必然命不久矣。

這些重大打擊，鄭成功應早有心理準備，不會因此選擇自殺來解脫痛苦。再說，雖然創業開頭難，但畢竟在臺灣開闢了一片新天地，明朝能否再生並不妨礙他在臺灣大展拳腳，而當時清朝海軍實力有限，無法在短時間內對孤懸海外的鄭氏集團構成致命威脅。鄭氏在南洋一帶憑著強大的海軍實力，尚能稱雄割據一方，根本無需仰人鼻息。為何鄭成功會看不到不錯的前途呢？為何會如此英雄氣短，選擇絕望而死呢？

由此可見，鄭成功自殺身亡的觀點也存在不少漏洞。綜合分析，他自然病死的可能性比較大。但作為身經百戰、戎馬倥傯、躊躇滿志而身強力壯的統帥，年紀不到四十，長期患有慢性疾病的可能性不大，而且史料也無記載鄭氏之前曾患何病，所以無法認定他死於心或腦血管疾病、腎臟疾病、肝臟疾病等。

在古人的病種之中，傳染病（特別是急性傳染病）常是頭號殺手，而這類疾病的發生與地理、氣候等條件又是緊密聯繫的。

## 瘴癘風土，聞之色變

當年開拓臺灣之艱辛，遠遠超過今人的想像。由於臺灣處於溼熱氣候的包圍，當時原始叢林密布，山巒層層疊疊，河流縱橫交錯，叢林中遍布「溼毒之氣」、「瘴癘之氣」。大量的鄭軍士兵在屯墾過程中因水土不服而患病，疾病又以很快的速度蔓延開來，結果病倒的士兵十有七八，其中不少人死亡。在這種條件下，進入臺灣約一年的鄭成功，被傳染病奪走生命的可能性不小。下面讓我們來分析到底哪些傳染病的嫌疑最大。

首先是傷寒。傷寒易發生在夏天，是嚴重的全身性疾病。臨床表現上，以發燒及腹部疼痛、腹瀉等症狀為主，亦會出現如寒顫、皮疹、頭痛、厭食、肌肉痠痛等，但因人而有很大的差異。輕者可能只持續一星期的發燒或無症狀，嚴重者可能死亡，一般情況下，致死率為一〇%左右。鄭成功病發的過程，除了發燒外，文獻上沒有確切看到上述臨床表現，尤其缺乏腹瀉等腹部症狀。若腹瀉症狀明顯，很容易觀察得到，不應再有「人莫知其病」的說法，因此鄭成功不似患傷寒。同理，導致腹瀉的細菌性痢疾也在排除之列。

其次是肺結核或肺炎。肺結核致人死亡是漫長的過程，整個人會消瘦異常、合併長期咳嗽，甚至咯血；而肺炎病患除了發燒外，常有咳嗽、咳痰，嚴重時會引起呼吸困難、全身紫紺。鄭成功一直意氣風發，全無肺結核末期患者瘦骨嶙峋的虛弱模樣，又無咳嗽、咯血等紀錄，說患肺結核、肺炎實在牽強。

再次是瘧疾。這是由瘧原蟲經蚊子感染到脊椎動物而發生惡寒、顫慄、高燒、頭痛、噁心及發汗等周期性症狀的傳染病。瘧原蟲（間日瘧、卵型瘧、三日瘧、惡性瘧）中真正會致死的，以惡性瘧（熱帶瘧）可能性最大，其他的致命性較小。鄭成功似乎也沒有出現瘧疾諸如寒熱相間的典型症狀，而且用瘧疾也很難解釋他的狂躁、自殘行為，因而不像死於瘧疾。

此外，流行性腦脊髓膜炎雖可導致高燒、煩躁、激惹，但多發生在冬春時節，與鄭氏逝世季節完全不吻合，且往往傷害的是幼童。同樣使人發燒且精神異常的流行性B型腦炎（日本腦炎），雖夏秋多發，但主要還是以兒童為侵害對象，且豬是最重要的傳染源，在鄭成功時代，臺灣的農業、養殖業不發達，因此受感染致死的機會應該很小。

……真凶是否永遠逍遙法外？「眾裡尋他千百度，驀然回首，那人卻在燈火闌珊處。」筆者認為近年來屢屢襲擾臺灣的登革熱（dengue fever），有著重大的嫌疑。

## 炎炎夏日，奪命登革

「登革」一名是由英文 dengue 音譯而來。dengue 的由來眾說紛紜，比較普遍的說法源自於非洲斯瓦希里語（Swahili）的 ki-dinga pepo，意思是「突然抽搐，猶如被惡魔纏身」。在臺灣又被稱作「天狗熱」或「斷骨熱」；在新加坡和馬來西亞則被稱為「骨痛熱症」或「蚊症」。顧名思義，這種疾病的特點是發燒，全身肌肉、關節疼痛劇烈如骨頭折斷般，嚴重時出現四肢抽搐。

全世界多雨的熱帶和亞熱帶地區，蚊孽孳生，是登革熱的多發地區。第二次世界大戰期間，登革熱這種風土病在東南亞的熱帶雨林造成日軍和盟軍的非戰鬥減員人數急劇增加。隨後，日本和美國科學家對此進行深入研究，一九四三年，日本科學家首次發現了登革熱病毒，美國人相繼取得同樣進展，迄今為止，科學家發現的登革熱病毒一共有四型。

登革熱病毒在自然界寄宿在埃及斑蚊、白線斑蚊，乃至猩猩、猿猴等動物身上。可以說，登革熱起源於原始森林，蚊子吸了動物的血，原先潛伏在動物身上的病毒在蚊子的唾腺裡增殖，達到一定數量後，帶毒蚊子便開始叮咬正常人，像注射器一樣，轉而把病毒注射到人的血管內，隨著血液循環，登革熱病毒大量繁殖，人就成為其獵物而開始患病了。

六十多年來，醫學家未在征服這個病魔的難題上取得多大的進展。一波未平一波再起，從一九五三年開始，在東南亞等地陸續發現了變異型登革熱，即造成嚴重後果且可致命的登革出血熱（dengue hemorrhagic fever, DHF）和登革休克綜合症（dengue shock syndrome, DSS），其死亡率極高。不知在這種嚴重惡疾被正式命名之前，已有多少人死在它的魔掌之中？

登革熱病患康復後，身體會產生免疫能力，可預防同一型病毒感染，卻不會對其他三型病毒產生防禦能力，而且不幸感染其他類型的登革熱病毒時，病患發生登革出血熱的機會較高，嚴重時可導致血液循環系統衰竭、休克甚至死亡。

典型登革熱的病患常有突發性高燒，伴隨畏寒、頭痛、四肢痠痛、骨關節痠痛、肌肉痛、背痛、後眼窩痛和抽搐，還會出現出血斑，尤常見於下肢；不過典型登革熱可以自動康復，危險性不高，很少致死。

但登革出血熱就沒那麼仁慈了。它早期具有典型登革熱的所有症狀，但三～五日後病情突然加重，病患出現劇烈嘔吐、譫妄、煩躁激動、坐立不安、四肢抽搐、大汗淋漓、血壓驟降、頸項僵直、皮膚溼冷、四肢冰涼等可怕的臨床表現，大多是休克的先兆；此時，病患會出血不止，病情凶險，如不及時搶救，可於四～六小時內休克、死亡。

鄭成功時代的臺灣，山林莽原在地理上占有絕對優勢，但蚊蟲猖獗，夏季氣候炎熱難耐，出現登革熱的疫情是很自然的；就算在文明高度發達的現代，登革熱依然屢次逞凶。

一九八八年，臺灣登革熱出現大流行，確診病例達四千三百八十九名。二〇〇一年登革熱持續發生且跨年，導致二〇〇二年的大流行，該年登革熱確診病例達五千三百四十五例，其中登革出血熱或登革休克綜合症的病例數高達兩百四十例，導致死亡二十一例，那次疫情主要流行於高雄、屏東及臺南。二〇一〇年臺灣南部的登革熱感染人數又持續增加，當時衛生署疾病管制局監測資料顯示：本土登革熱確診病例逾一千一百例。近年由於交通便利，各國旅客往來逐年增加，臺灣登革熱的境外移入病例有逐年增加的趨勢。

## 內憂外患，命不久矣

鄭成功患登革出血熱而死，有著深層次的內因和外因，不妨逐一分析。

從外部原因來講，臺灣當時的地理氣候條件是滋生諸如登革熱之類傳染病的絕佳溫床。古代，臺灣常被稱為瘴癘之地，全島一片原始景象，到處都是密林茂草，時常高溫多溼，風土環境之惡劣足以讓人望而卻步；這對傳播疾病的生物生長繁殖極為有利，對人體的健康卻極為不利。周鍾瑄《諸羅縣志》載：「臺南北淡水均屬瘴鄉。南淡水之瘴作寒熱，號跳發狂……北淡水之瘴，瘠黝而黃脾，泄為痞，為鼓脹。」藍鼎元《平臺紀略》也提到：「時（清康熙六十年）臺中癘疫盛行，從征將士冒炎威、宿風露，惡氣薰蒸，水土不服，疾病亡故者多。」那些可怕的傳染病在當時確是可怕的殺手。

當時進入臺灣的外鄉人，絕對不像今天前往臺灣旅遊的人那般，抱著愉悅、興奮的心情，他們往往帶著赴刑場的心情上路，出發意味著生離死別。

無論是清軍進兵臺灣平定叛亂，還是法軍攻臺、日軍侵臺，受到風土病攻擊程度不遜於戰損，親歷者心有餘悸、不堪回首。如中法戰爭時，法軍在基隆因不適應氣候而造成大量兵力折損，死亡法兵約七百人，戰死者僅一百二十名，負傷而死者一百五十名，其他全因疫病而死。甲午戰爭後，日本占領軍也在寶島初次嘗到硝煙戰火以外，那些無聲無息的殺人武器，令他們膽戰心驚的威力❷。

十七世紀的臺灣，開發程度遠遜於十九世紀後半葉，瘟疫流行的程度也必然更嚴重。即便臺灣本土沒有登革熱，這種傳染病可以透過荷蘭人從東南亞等地傳入，成為移入性傳染病。當時的荷蘭殖民者正熱衷在臺灣和南洋諸地進行貿易往來，甚至做著海盜的勾當。

鄭成功不幸感染登革熱病毒的可能性很大，而且感染可能不止一次，導致他的病情非比尋常地加重。從內部原因來講，鄭成功的體質和心理狀態存在著種種隱患，使他的病情更趨惡化，更易把他推到死亡的邊緣。

他連年征戰，幾乎從未停止過戰鬥的步伐，終極目標只有一個：推翻滿清、恢復大明。可惜這個目標漸行漸遠，難免感到身心疲憊至極，甚至產生焦躁、鬱悶的情緒，而萬事起頭難，臺灣的艱苦經營又使他日理萬機、心力交瘁。疲憊的身軀、壓抑的心情，正是惡疾鎖定的靶子。屋漏偏逢連夜雨，南明皇帝遇害、父親滿門被斬、逆子做出亂倫醜事……一連串重大打擊竟然不期而遇，像幾場猛烈的風雷，同時砸向英雄孤單的肩膀之上。心情愉快的人自身抵抗力相對完整，反之，極度哀傷、憂憤的人對疾病的抵抗力必然一落千丈。

鄭成功的病狀有哪些符合登革出血熱呢？

第一，鄭氏發病時間與登革熱高發時間一致。每年六月至十月是登革熱流行季節，尤其是盛夏時節。臺南的六月天氣酷熱難當，雨水非常充沛，人群聚居地附近必然散布著潮溼、積水之處，當時肯定不乏林木之繁盛，一切正好適宜蚊孽興風作浪。鄭氏於六月中旬患病，患的是登革熱，可能性是存在的。

第二，鄭氏親信——馬信在鄭氏去世後數天竟然也追隨而去，增加了一同死於傳染病的可能性。此人生前與鄭氏過從甚密，如果鄭氏感染病毒至死，馬信同樣被感染的機會也是不少的；甚至有可能是蚊子把病毒從鄭氏身上轉運到他的血液內，引起發病。

第三，鄭氏從發病到死亡約一週，基本符合登革出血熱的病情進度。鄭氏在前一兩天可能覺得發燒不適，與一般感冒無異，屬於典型登革熱的症狀之一，隨後過了四、五天，病情迅速惡化，狀態急轉直下，發展到大出血和休克階段（登革出血熱），由於缺乏現代先進醫療措施，旁人只能眼睜睜地看著他含恨而死。

第四，記載其死狀的各種版本大同小異，有的可能稍顯誇張，因為多數作者沒有親歷第一現場，少不了臆想成分摻雜其中。鄭氏行為怪異且大喊特呼，很可能是由疼痛難忍、四肢抽搐而引起；他的「自殘行為」也許是劇痛、劇抽下添油加醋地描寫說他用劍砍臉，真實情況可能是「自抓其臉、自咬手指」——痛苦萬分、強烈抽筋的表現。千萬不要忘記，登革的本意就是「突然抽搐，猶如被惡魔纏身」，與鄭氏的症狀是吻合的。

第五，鄭氏臨終前，一度出現狂躁不安、情緒激動，和登革出血熱導致的休克前兆一致。他很可能第一次感染了能夠自癒的典型登革熱後，不小心又被另一隻不同型登革熱病毒的蚊子叮咬，最終誘發了致命的登革出血熱。

一代民族英雄在巔峰時刻猝然隕落，個中玄機竟然在於微不足道的叢林病毒。痛哉！惜哉！人生無常。其興也，勃焉；其亡也，忽焉。每個人都不可能永遠處在巔峰狀態，否則就不會有英雄末路、美人遲暮的遺憾了。從巔峰跌入低谷容易，從低谷走向巔峰卻很難。巔峰和低谷是一對逆向的詞，任何人一生都不可能一帆風順，都像波浪一樣推進，有起有落，時快時慢。無論是處在順境或逆境，巔峰或低谷，記住這全是生活給你的饋贈，只能而且應該泰然處之。

❶江日昇《臺灣外記》記載：「五月朔日，成功偶感風寒。但日強起登將臺，持千里鏡，望澎湖有舟來否。初八日，又登臺觀望。回書室冠帶，請太祖祖訓出。禮畢，坐胡床，命左右進酒。折閱一帙，輒飲一杯。至第三帙，嘆曰：『吾有何面目見先帝於地下也』！以兩手抓其面而逝。」

李光地《榕村語錄續集》記載：「馬信薦一醫生以為中暑，投以涼劑，是晚而殂。」

《清代官書記明臺灣鄭氏亡事》記載：「索從人佩劍，自斫其面死。」

《大清聖祖仁皇帝實錄》記載：「囓指身死。」

夏琳《閩海紀要》記載：「頓足撫膺，大呼而殂。」

劉獻廷《廣陽雜記》記載：「面目皆爪破。」

林時對《荷閘叢談》記載：「驟發癲狂，咬盡手指死。」

沈雲《臺灣鄭氏始末》記載：「強掖黃安登將臺……忿怒，狂走……囓指而卒。」

❷《續修臺灣府志》記載：「（乾隆五十年林爽文事變，清朝廷調大量軍隊來平亂）時霪雨連旬，水準四野，我軍自內地來者，十病五、六，郡城以外，盡為賊踞。」

《澎湖廳志．正文．卷十一》記載：「（光緒）十一年春二月，法酋孤拔犯媽宮港……二月十三日，孤拔率戰輪來犯……接仗後數日，而和議信至；孤拔旋死於澎湖，夷兵亦多疫死。」

佐倉孫三《臺風雜記》記載：「我文武官之在臺者，大抵為瘴癘所染，重者一再病而殪，輕者經五、六十回而不死。惟屢罹者，氣血哭喪，歸國而後尚不能脫者，往往有焉。此病之發，或每日、或隔日而患之，不違時間而來。先感惡寒，忽而戰慄眩暈，如以磐石壓頭腦。或苦吟發囈語，似病風者。」

## 如果鄭成功活在現代，醫生會建議……

一、應穿著長袖衣服及長褲，並於外露的皮膚及衣服上塗驅蚊劑。

二、如房間沒有空調設備，應裝置蚊帳或防蚊網。

三、在門窗等入口處放置驅蚊器。

四、清除積水，防止蚊蟲孳生：病媒蚊需要在有水的孳生源中繁殖，孳生源包括花瓶、花盆底盤、飲料罐、便當盒、塑膠杯、鐵罐、輪胎、家具、冰箱、洗衣機等。

①把用過的罐子及瓶子放進有蓋的垃圾桶內。

②每週至少替植物換一次水，勿讓花盆底盤留有積水。

③緊蓋貯水容器、水井及貯水池。

④保持所有管道暢通。

⑤將地面凹陷的地方填平，防止形成積水。

五、曾到登革熱流行地區旅遊的人，返回後如有不適應盡快求診，並告知醫師曾經到過的地區，以協助診斷。

# 耄耋莫提當年勇。

## 乾隆帝天生體質強健，仍難逃失智魔爪

太上皇容貌氣力不甚衰髦，而但善忘比劇，昨日之事，今日輒忘，早間所行，晚或不省。（朝鮮《正祖實錄》）

姓名：弘曆（愛新覺羅氏）
身份：清高宗純皇帝
生活區域：北京
生活年代：西元一七一一年～一七九九年，八十八歲

## 站在歷史十字路口的皇帝

十八世紀末，世界的政治、經濟舞臺正發生翻天覆地的變化，全球格局重新洗牌，新的時代呼之欲出。美國爆發獨立戰爭，法國爆發大革命……

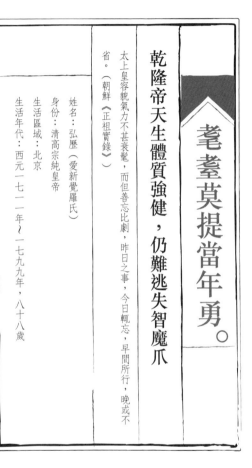

此時古老的東方中國卻正在沉睡，儘管她自以為清醒。外部世界，她一無所知；新的強權和霸主已經出現，而老巨龍仍以「天朝上國」自居。中國終究沒有抓住歷史的機遇，沉淪於十九世紀。

每每想到此，炎黃子孫都會扼腕嘆息。這到底是誰的過錯？恐怕不能歸咎於某一個人。社會制度、政治傳統、經濟形態、思想傳統……形成一股不合時宜的勢力，最終不幸地成為與時俱進的阻力。不過，中國長期是君主專制社會，國家的最高統治者——皇帝，對國家與民族的興衰的確負有不可推卸的責任，當時的皇帝就是大名鼎鼎的乾隆爺。

用今人的眼光來看，倘若乾隆爺晚年能明智一些，或許中華民族的災難會少一些，至少可以少走一些彎路。

當然，乾隆爺的歷史貢獻不容抹殺。首先說到他對經濟發展的推動。清朝以前，歷朝歷代有文字記載的人口最高紀錄是七千萬左右。乾隆六年做了一次人口統計，全國人口是一億四千萬；乾隆五十五年又做了一次人口統計，此時人口已近三億。這是乾隆爺一項了不起的成績。他還統一了整個新疆，將西藏納入治理版圖；乾隆鼎盛時期，清朝疆域約一千三百萬平方公里，多民族統一的強盛帝國屹立東方。

可惜，乾隆最多只是漢武帝之流的歷史角色，勉強算雄才大略，但論起政治眼光、胸襟、視野，都不如唐太宗和康熙帝。他無力改變中國衰敗的歷史進程，這固然不是個人能力所能決定的，但他肯定做不了俄國的彼得大帝、日本的明治天皇，更遑論做美國的華盛頓了。

# 不認老又不肯退休

雖然乾隆爺有許多局限和不足，但以八十八歲高齡榮膺帝王長壽冠軍。這項生理奇蹟在東西方眾多帝王中都是極其罕見的。長壽對乾隆爺來說是好福氣，可是對歷史的發展卻未必是好事。乾隆晚年的大清，社會積弊陳陳相因，國家停滯不前、毫無活力，且內外危機四伏。更可怕的是，人治社會的中國，皇帝作為至高無上的政治領袖，個人決定國家的一切大政方針和民族前途，他不肯放權又無退休制度，但皇帝本人的智能卻在不斷走下坡，與國運一樣。

乾隆爺年事雖高，體格還貌似健壯；他生來身體強壯，精力充沛，主要得自母親的優良遺傳。乾隆八年東巡之時，途中打獵，用弓達九力之多（弓的型號分十二力，八力以上皆為硬弓）。年逾六旬以後，「雖弓力漸減而不下三、四力」。他一生雖然始終處於操勞之中，卻從未得過大病。一七八〇年，乾隆爺六十九歲，藩屬國朝鮮的官員向國王匯報乾隆爺的狀況時說：「皇帝面方體胖，小鬚髯，色渥赭。」❶這裡的皇帝當然是指乾隆，朝鮮僅有國王而無皇帝，大致與明代受封各地的朱姓藩王地位相當。這是歷史事實，與當下韓國古裝劇中動不動就出現的「皇上」大相逕庭，不知是翻譯問題還是韓國人出於某種目的，故意為之。從這份檔案紀錄看，年近古稀的乾隆爺，臉色紅潤，氣息不錯。六年後，還能參加打獵，甚至用鳥鎗射殺老虎一隻，並據此勉勵滿洲貴族子弟❷。又過了四年，朝鮮國王召見副使趙宗鉉，詢問「皇帝筋力如何」，副使回答：「皇帝與青年時差不多，還滿面和氣。」❸此時他已七十九歲了。

一切看似正常，但作為中國這艘巨型航船的舵手，乾隆爺的大腦正不可逆轉地走向衰退，直至失智症出現。儘管精力和智慧只剩下年輕時的幾分之一，然而他對權力的控制欲卻一分沒少，在位六十年，退位後當了太上皇，仍實際操控一切，如同一頭衰病殘疾的老牛，仍然要拉著沉重的大車，傾覆是遲早的事。

## 最怕領導者腦子不靈光

為何說乾隆爺患上失智症呢？先初步瞭解一下何為失智症。

失智症（英 dementia、德 demenz），舊稱癡呆症，其詞來自拉丁文，拉丁語中 de 意指「遠離」，mens 意指「心智」，這是一種因腦部傷害或疾病所導致的漸進性認知功能退化，且幅度遠高於正常的老化。

這種病特別會影響記憶、注意力、語言、解題的能力。嚴重時，病患可能無法分辨人、事、時、地、物，只有不到一〇%的失智症是可逆的。不過，失智症是個不特定的概括名詞，具體病因有多種。

大部分的失智症都是大腦過度退化引起。其中，阿茲海默症 (alzheimer's disease) 便是代表，也是失智症最常見的成因。

一九〇六年，德國神經病理學家阿洛伊斯・阿茲海默 (Alois Alzheimer) 在屍檢中首次發現癡呆症病患的大腦器質性改變。目前公認的阿茲海默症主要的病理改變是腦內澱粉樣斑塊的形成和某種蛋白介導的神經纖維纏結，簡單說，就是「腦子短路了」。如果把病患的腦子想成一部生鏽的機器，那些斑塊就像一塊塊鏽跡，而纏在一起的神經纖維就相當於老化的電路。隨著疾病的進展，這部生鏽的機器就會逐漸停止運轉。

西醫有些病名實在拗口，但沒有辦法，畢竟是舶來品。有些香港西醫不會向病人（尤其是年老病人）具體說出類似這樣的標準病名，他們大多用「失智」、「癡呆」等通俗詞彙來解釋。

腦血管疾病（比如腦中風）也可能逐漸引起失智症。此外，帕金森氏症、愛滋病感染、腦部外傷、維他命欠缺、藥物毒副作用及腦部腫瘤都可導致，不過比較少見。

乾隆爺無明顯中風和顱腦受傷的病案紀錄，又無長期濫用藥物的陋習，更未見手部震顫等帕金森氏症表現，且一生膳食均衡，因此罹患阿茲海默症的可能性最大。

那麼，乾隆爺的哪些病症符合阿茲海默症呢？阿茲海默症的初期特徵，最顯著的是健忘。

愈是曾酣暢淋漓地品嘗過青春快樂的人，愈是難以忍受晚年的凋零之苦。年輕時的乾隆，大腦如同鏡子一樣清晰，讀書過目不忘，理事絲絲入扣，甚至掌握滿、漢、蒙、藏等多種民族語言。他能從頭腦中的二十四史、皇祖皇考遺訓、大臣奏議中勾調出全部資料，加以迅速整合、比對、加工、提煉，在第一時間得出準確而高明的結論。到了晚年，這面鏡子已經灰濛濛一片，只能照出個似是而非的輪廓。過去頭腦中堆積如山的資料，如今丟失了索引，如同在散亂的倉庫裡想尋找點什麼，只能深一腳淺一腳地艱難跋涉，費盡力氣，耗盡時間。

清制禮帽分涼帽、暖帽兩種，按規定，上自皇帝下至臣民，同日更換。八十三歲時，乾隆爺從熱河回京，天氣稍冷，他就換上了暖帽，群臣紛紛效仿；過幾天，天氣又暖，皇帝又戴上了涼帽，大臣們又忙著換帽子。乾隆爺大為不解，問大臣為何換來換去，仔細一想才恍然大悟，苦笑著自嘲道：「不怨眾卿，

是朕年老所致也。」❹

這一年，人們明顯覺察到太上皇的生活起居出現異常。早飯端上剛吃完，很快又傳令太監送上早飯，似乎不知饑飽。太監當然不敢違背皇命，更無膽直言太上皇的昏聵可笑，乾隆爺自然也無法覺悟了。

八十七歲，去世前一年，乾隆爺的症狀已經非常明顯了。儘管他的容貌看起來保養得不錯，但昨天的事情，今天就忘記了；早上做過什麼，晚上就忘記了。大清的官僚們深知家醜不宜外揚，遂不敢在史書檔案上對這些細節有所記錄；然而，朝鮮使者卻忠實地記錄下來，呈交國王御覽❺。連外國人都瞭如指掌，估計宮內宮外已有所傳言。

其實早在乾隆爺之前，古代就有不少類似病例，因不需避諱而記載得更加生動具體。

《宋史》記載了一個叫孫抃的人，曾官至北宋參知政事（類似副宰相），歲數大了，「年益耄，無所可否。又善忘，語言舉止多可笑，好事者至傳以為口實。御史韓縝彈奏之，罷為觀文殿學士、同群牧制置使」。宋朝為官的，絕大多數是考場上的佼佼者，年輕時智力相當高，不料老來善忘，遭人嘲笑貶職，看來也很像是失智症惹的禍。宋朝皇帝不懂現代醫學，只把老臣當作昏庸處理，自然不會體恤他了。

再回過頭來看乾隆爺，初期阿茲海默症除了健忘，還有哪些特徵？就是判斷力下降，導致日常工作、生活受到干擾。

縱觀乾隆爺的一生，雖然不如他自己標榜的那樣「英明神武」，但總不失為較成功的政治家。智商、情商等綜合實力也能在歷代幾百個帝王排名中「名列前茅」。但乾隆晚年的最後歲月裡，「白蓮教」爆發了起義，著實讓曾精明的乾隆爺徹底亂了方寸，陷入空前的焦慮、無奈、惱怒、恐懼之中，戰火在短短數年內迅速波及到川、陝、鄂、豫、甘五省，此時乾隆爺已「傳位」給兒子嘉慶帝，可「軍國大事」仍舊一把抓。

乾隆已經八十多歲，在巨大的壓力之下，曾經不可一世的皇帝，神志惛瞀，甚至一度變得癡癡癲癲。

有一天，嘉慶帝與乾隆的寵臣和珅同時找太上皇彙報工作，進屋一看，但見乾隆爺背北面南而坐。他們跪了很久也不見乾隆回應，只看到他閉著雙眼好像是睡著了；卻聽到乾隆爺口中念念有詞，嘮叨不停。嘉慶伸長了耳朵卻一句也聽不懂，過了一會兒，乾隆爺忽然睜開眼睛，閃出凶惡的目光，問道：「其人何姓名？」但見和珅趕忙回答：「高天德、苟文明（白蓮教首領）。」乾隆爺聽罷又閉上眼睛，繼續彷彿掐訣念咒一般，隨後他揮了揮手，不置一句便讓他們退出了。眼前這一幕讓嘉慶驚得目瞪口呆，又不得不悻悻而去。

過了幾天，嘉慶私下召見和珅問道：「前幾天父皇閉著眼睛念的是什麼話？你對答的六個字又是怎麼回事？」

和珅躬了躬腰笑笑，不無得意地說：「太上皇所念誦的是西域密咒，只要用這個咒語就能在千里之外詛咒最恨惡的人，可讓他無疾而死，或是突然遭遇橫禍。奴才聽到太上皇念了這個咒語，斷定他在詛咒白蓮教匪，所以用這兩個人名回對。」嘉慶暗暗吃驚，也忌憚和珅的能力，於是後來趁乾隆爺離世，趕緊把和珅收拾掉❻。

晚年的乾隆居然想用詛咒的方法平定內亂，豈不荒唐可笑？而且他做起來有模有樣，一副極其虔誠的樣子，不是中迷信之毒太深，就是腦子灌水了，這也很可能和他的病情有關。倘若詛咒有效，當年平定新疆回部叛亂大可不用花費巨大的人力、物力、財力，並曠日持久征戰了。筆者相信盛年時代英明決斷、日理萬機的乾隆絕不至於此。

說起和珅，後人都認為這顆貪腐毒瘤的坐大，與乾隆爺的老眼昏花、失職怠政不無關係。乾隆重用和珅的原因非常多，他對和珅的貪婪並非一無所知，和珅也確實有些才幹。有一點不容忽視的，那就是乾隆爺生命最後十幾年，正是和珅權勢熏天的時候。此時乾隆爺的腦袋正可悲地退化，是個不折不扣的失智症病患，這樣的老人家很容易忘記人家說過什麼、做過什麼，甚至也不記得自己說過什麼、做過什麼、聽過什麼、學過什麼，但不會忘記身邊的伺候者給他們的感覺——或安全體貼，或冷漠疏遠。我們都知道和珅絕對是一個見風使舵、油嘴滑舌又極擅諂媚逢迎的人，他大半輩子服侍主子盡善盡美，史書云：「高宗（乾隆）若有咳唾，和珅以溺器進之。」乾隆爺再明白他的腐化墮落或擅權獨斷，也絕不會下狠手，這是由病患的感情決定的。

乾隆爺的判斷力愈來愈差，同時表現在外交上。

當時清朝人是有機會瞭解世界發展的。乾隆的爺爺康熙對西方文化很感興趣，因此對西方文明對清朝構成的威脅有所認識。康熙帝曾說：「海外如西洋等國，千百年後，中國必受其累。國家承平日久，務需安不忘危。」（《清聖祖實錄》）他已隱約覺察到西方與中國的差距正急劇縮小，提醒子孫要居安思危。

但是乾隆從來都沒有意識到這個處境。雖說乾隆時代有很多西洋舶來品，他又特別喜歡西洋的鐘錶和玩具，宮中也有很多西洋傳教士往來，但乾隆對西方文明缺乏深入地瞭解。他自認天朝高高在上，無所不有，在世界全球化發展愈來愈快時，他進一步閉關鎖國，把對外開放的口岸由四個縮減為一個。到了晚年，就更加昏聵了。

一七九三年秋天，英國馬戛爾尼（George Macartney）使團訪問清朝。英方要求雙方貿易的同時，也暗藏著殖民擴張的野心。八十二歲的乾隆爺照例對這些「究屬無知」的要求逐一批駁，雖然客觀上有維護國家主權的作用，但根本原因在於他對資本流通、通商貿易毫無興趣。最後，還極其傲慢地給英王回信說：「天朝物產豐盈，無所不有，原不借外夷貨物以通有無。特因天朝所產茶葉、瓷器、絲綢為西洋各國必需之物，是以加恩體恤，在澳門開設洋行，俾（使）日用有資，並沾餘潤。」（梁廷枏《粵海關志》）就是說，此時的乾隆爺對世界潮流的發展，對東方與西方的認知，簡直是一葉障目，因而做法更加保守。

馬戛爾尼出使最終成為西方對中國人認識轉變的關鍵事件。使團回國後出版了多種遊記，使中國的形象產生了逆轉。對英國知識界來說，這是觀念史上的坐標，遲鈍、落後的中國形象開始在西方流傳開來，與之前孟德斯鳩（Montesquieu）等人著作中消極的中國形象相互印證；使得西方自《馬可波羅遊記》以來數百年的中國迷夢很快轉化為厭倦和鄙夷。乾隆時期的英國使團想得到而沒有得到東西，英國軍隊用堅船利砲從乾隆爺的孫子道光帝手上都奪到了。

阿茲海默症的初期症狀還會有忘記或叫錯事物的名稱、對時間的定向感開始出現問題、對個人以往的嗜好或喜愛物品漸漸缺乏興趣等。乾隆爺是否也對自己終生喜愛的古玩收藏和詩畫創作產生厭倦了呢？這需要進一步挖掘史料。

阿茲海默症的中期和晚期，病患已不是苦不堪言，而是連「苦」都茫然無知了。

晉代干寶《搜神記》中有〈老翁作怪〉一文，講述某戶人家每每丟失飯菜、雞蛋，後來抓到一個肇事的老翁，「可百餘歲，言語了不相當，貌狀頗類於獸」，發現這些東西都是他偷吃的。令人驚訝的是，老翁的家距此只有幾里，但他十多年來從未回去，一直在外遊蕩。這位老人不僅記憶力嚴重衰退，而且行為舉止異常到「頗類於獸」，很可能已進展到中期的阿茲海默症，此期的特點是無法辨認或說出親朋好友的姓名；常常四處遊走，甚至走失；忘記如何完成日常事務，如穿衣服或刷牙等；言語內容貧乏或有虛談；有的還會日夜顛倒，睡眠困難。

南宋洪邁《夷堅志》中也有〈徐偲病忘〉的故事。徐偲是宋朝人，官至建州通判，「暮年忽病忘，世間百物，皆不能辨。與賓客故舊對面不相識，甚至於妻孥在前，亦如路人。方食肉，不知其為肉；飲酒，不知其為酒。饑渴寒暑晝夜之變，一切盡然。手亦不能作一字。閱三年乃卒。」這位仁兄連老婆都不認得，連酒肉都不知何物，很可能患有晚期的阿茲海默症，病患此時無法記得任何東西或處理事務，無法辨認家人，無法瞭解文字或語言，但對音樂、觸摸、視覺接觸仍有些反應，甚至可能連吞嚥食物都有困難，無法自己穿衣、洗澡、上廁所，大小便失禁，最終長期臥床，很是淒涼。

比較肯定的是，乾隆爺尚未到達阿茲海默症中期和晚期便已過世了，對他而言，有尊嚴地離開世界是萬幸；對國家而言，領導人的新老交替，免於一路走進絕境，也是萬幸。嘉慶帝雖不怎麼高明，至少能把和珅這顆毒瘤鏟除掉。

阿茲海默症如此常見，可惜病因至今依舊不甚明瞭，目前有許多種醫學假說尚在研究之中。

## 十全老人遺傳體質底子好

年齡是失智症最主要的危險因子。根據世界流行病學研究，六十五歲以上的人五％有失智症，八十五歲以上則增加到二〇％。據臺灣的統計，六十五歲以上的人約有二～四％患有失智症。

乾隆爺晚年對自己的功業得意洋洋，自稱「十全老人」，八十多歲才明顯患上阿茲海默症，較晚得病，已算難得。這也是有原因的。

第一，他的體質稟賦很高。《清史稿》關於乾隆的外表，只戰戰兢兢用了四個字「隆準頎身」，「隆準」就是高鼻梁，「頎身」就是高個子。英國使臣馬戛爾尼到訪清朝後，在回憶錄中說目測八十多歲的乾隆爺身高五英尺二英寸，這可能有所誤差，且人到老年身型會萎縮，但結合在故宮收藏的袍服分析，大致如此。今天看來，他不算高大，但不妨礙健康。故宮保留著一百多幅他的畫像，而且乾隆時代已經引進了西洋畫法，這些畫像大多畫得較為準確。從畫像中，我們能看出乾隆有著長方臉，皮膚白皙，微帶紅潤，眼睛不大，但黑而明亮。年輕時的他是一位翩翩公子，到了老年，畫像上的他既威嚴又慈祥。

乾隆的母親——鈕祜祿氏就是高壽之人，他的身體底子非常好，長得身強體壯。

第二，他的生活習慣良好，早睡早起，每天適量少量地飲酒，有助於促進血液循環，但不至於對大腦神經產生毒害。

第三，他勤於鍛鍊體魄，騎射嫻熟。筆者少年時到北京故宮參觀，看到一張巨大的熊皮，清晰地標明乃乾隆獵獲的大熊，印象尤其深刻。狩獵是他們當時最重要的運動，雖然現在看來極不環保、不人道，但客觀上也保持和促進了乾隆全身各系統的健康發展。他理所當然很好動，一生有將近一半時間不在京師，而是在各地巡幸。據統計，乾隆一朝的各種巡幸活動竟有一百五十次之多，其中，巡幸熱河避暑山莊及木蘭秋獮（滿洲帶有野戰演練性質的圍獵傳統）就有五十二次。乾隆這種極為頻繁的巡幸活動平均每年超過兩次，不但在兩百多年的清朝歷史上首屈一指，在兩千多年的中國歷史上也極為罕見。難怪當時朝鮮使臣稱清廷為「一日不肯留京，出入無常」的「馬上朝廷」了。

第四，最不能忽視的是他勤於動腦，不僅說他年老之前的勤政理政，還說他對文學創作的努力。他是中國史上寫詩最多的詩詞愛好者（算不算詩人，還得讓專家評說）。一生共寫了四萬三千六百三十首詩，這個數字代表什麼概念？《全唐詩》收錄了唐朝兩千多位詩人的作品，加起來有多少呢？約四萬八千首。就是說，乾隆一個人的創作就把唐朝兩千多人的傑作，差不多在數量上給追平了。至於質量則見仁見智，反正能把他的作品倒背如流的人，恐怕是鳳毛麟角。也有不少人說其中有些是大臣代筆，不過，以乾隆爺的挑剔，即使代筆，他也得親自過目和修改。

兩千多年來，中國歷史上年齡可考的皇帝，一共是五百多位，這五百多位當中，活過七十歲的僅九人，在這九人當中，有四人活到了八十歲，分別是梁武帝、武則天、宋高宗、乾隆帝。乾隆在這四人當中拔得頭籌，而且較晚才患上失智，還真不是單純的運氣所賜。

## 人力無法顛覆的規律

一七九九年春節，在太上皇寶座上對君權戀戀不捨的乾隆爺，終於撒手人寰。隨著冬雪紛飛的紫禁城裡那一陣陣撕心裂肺的慟哭，他的時代徹底結束了。

國父孫中山先生曾說：「世界潮流浩浩蕩蕩，順之者昌，逆之者亡。」時代飛速發展，日新月異。民主制度、現代科學，在歐美生根、發芽、茁壯，數年後在日本同樣一石激起千層浪，可惜大清統治下的中國，仍然停滯如一潭死水。中華民族不得不接受「數千年來未有之大變局」。這是乾隆和他的祖宗們，乃至上數到雄才大略的唐太宗、漢武帝、秦始皇都無法預料的。

歷史規律發人深省，而自然規律則更令人唏噓不已。這一切，人力尚可施加影響，但絕對無法顛覆。美國前總統雷根 (Ronald Wilson Reagan)、英國前首相有「鐵娘子」之稱的柴契爾夫人 (Margaret Thatcher)，盛年時神采飛揚、睿智果敢，可晚年不僅老態龍鍾，而且難逃失智症的摧殘，變得懵懵懂懂，在與世隔絕中度過餘生。

凡是人都有缺點，凡是歷史人物都有局限性，更何況是身體患病而渾然不覺的歷史人物呢？對於古人、對於逝者，我們實在也不必苛求，只是從他們的成功與失敗、意氣風發與頹然無奈中，汲取一點點養分，足矣。

❶朝鮮《正祖實錄》卷一〇，頁五〇，正祖四年十一月辛丑，據戶曹參判鄭元始言：「皇帝面方體胖，小鬚髯，色渥赭。」

❷朝鮮《正祖實錄》卷二十一，頁三三，正祖十年三月辛未，首譯李湛聞見別單：「皇帝到三嶺行獵見大虎，親放鳥鎗殪之，謂近臣曰：『吾老猶親獵，欲子孫視以為法，亦嫻弓馬云。』」

❸朝鮮《正祖實錄》卷二十九，頁五七，正祖十四年三月丙午，記事：「朝鮮國王召見副使趙宗鉉，詢問『皇帝筋力如何？』回答：『無異少年，滿面和氣。』」

❹朝鮮《正祖實錄》卷三十九，正祖十八年三月辛亥：「皇帝一年之內，遊幸無節。歲首在圓明園觀燈，夏往熱河避暑山莊，秋冬之交，會蒙古諸酋，行獵於口外地方云。皇帝早膳已供，而不過霎時，又索早膳，宦侍不敢言已進，而皇帝亦不覺悟。其衰老健忘，推此可知。大國例於春秋，頒定涼帽、暖帽換著之日字，上自皇帝，下至軍民，同日換著矣。上年八月念後，皇帝回自熱河，時日氣稍寒，遽著暖帽。皇帝既已換著，故諸臣隨以換著矣。九月晦間，天氣更暖，皇帝改著涼帽，諸臣又換涼帽。皇帝始覺諸臣改著之由，以為：『諸臣之不待定日，涼帽換戴，隨我而行，此是我年老之致，何尤於諸臣？』因嗟嘆不已云。」

❺朝鮮《正祖實錄》卷四十八，頁三〇，正祖二十二年三月丙戌，冬至書狀官洪樂遊所進聞見別單：「太上皇容貌氣力不甚衰髦，而但善忘比劇，昨日之事，今日輒忘，早間所行，晚或不省。」

❻李岳瑞《春冰室野乘》：「高宗純皇帝（乾隆）之訓政也，一日早朝已罷，單傳和珅入見。珅至，則上皇南面坐，仁宗（嘉慶）西向坐一小杌（每日召見臣工皆如此）。珅跪良久，上皇閉目，若熟寐然，口中喃喃有所語。上極力諦聽，終不能解一字。久之，忽啟目曰：『其人何姓名？』珅應聲對曰：『高天德、苟文明。』上皇復閉目誦不輟。移時，始麾之出，不更問訊一語。上大駭愕。他日，密召珅問曰：『汝前日召對，上皇作何語？汝所對六字，又作何解？』珅對曰：『上皇所誦者，西域祕密咒也。誦此咒則所惡之人雖在數千里外，亦當無疾而死，或有奇禍。奴才聞上皇持此咒，知所欲咒者，必為教匪悍酋，故竟以此二人名對也。』上聞之，益駭。知珅亦嫻此術，故上皇賓天後，數日即誅珅。」

## 如果乾隆活在現代，醫生會建議……

一、早期發現。出現如下情況時，需要高度警惕：①日常生活的記憶力衰退；②計畫事情或解決問題比以前困難；③在家庭、工作、休閒等場合完成熟悉的工作出現困難；④對時間或地點感到困惑；⑤對瞭解視覺影響和空間關係有困難；⑥說話或寫作時用詞出現困難；⑦物品放錯地方但失去回頭尋找和重新放置的能力；⑧判斷力變差或減弱；⑨在工作或社交活動中表現出厭倦或退縮；⑩情緒和個性出現改變。

二、勤於鍛鍊身體。增強體質、促進食欲、改善睡眠。

三、要有意識地勤用腦、善用腦。

四、每天堅持讀報、背誦文章、詩詞或背誦數字。

五、戒菸、戒酒，保持情緒樂觀。

六、飲食上要增加維生素B的攝取，要合理進食香菇、大豆、雞蛋、牛奶以及發酵的豆製品。

# 巨貪病暇制長歌。

## 和珅富可敵國，卻買不回一絲安康

己酉仲春月初午，子夜病發若患蠱。右膝之筋腫且攣，轉側維艱倍痛楚……次日三日忽下行，紅腫如湯沃右股。延至四日左膝頭，筋皆弛張較右努……初九左手及腕肘，痛似箭簇攢心腑。（和珅詩〈病中作〉）

姓名：和珅（鈕祜祿氏）
身分：清朝文華殿大學士、領班軍機大臣
生活區域：北京
生活年代：西元一七五〇年～一七九九年，四十九歲

中國自古以來都不缺少富豪的故事，現今社會急劇轉型期和發展期，大陸更是冒出了一堆被稱為「土豪」的人，腰纏萬貫，一邊急功近利地炫富，一邊憑藉著各種特權和不可告人的手段，繼續聚斂著堆積如山的財富。

歷史上最早的荒唐富豪可能是西晉的石崇。這位老兄斗膽與當朝國舅王愷鬥富，而且屢屢完勝而歸。

他生活奢侈，數百個姬妾都穿金戴銀，住家房屋裝修得宏偉壯麗，家中廁所設有絳紗大床，有十多個穿上華美衣服的侍婢列侍，個個打扮得花枝招展。王愷家中洗鍋用米飯和飴糖，石崇就命自家廚子用蠟燭當柴燒。王愷在家門前的大路兩旁夾道四十里，用紫絲編成屏障；石崇則用更貴重的彩緞鋪設五十里屏障。晉武帝把一株兩尺多高的珊瑚樹賜給王愷，石崇看到後竟用鐵如意把珊瑚樹打碎，輕蔑地撂下一句：「不足多恨，今還卿。」隨即命人悉數取出自己收藏的珊瑚樹任王愷挑選，每株都比王家的更為壯觀。

當代的大陸土豪們對石崇的財富或許不屑一顧，又或許他們壓根就不讀書，既然連「蔣中正」都不知何許人也，那麼對「石崇」的大名可能也是聞所未聞了。他們心中唯一的偶像，也是奮起直追的目標，恐怕只有娛樂媒體上那位兩百多年前富可敵國的和珅——和大人了。

## 三等侍衛憑什麼受寵？

和珅這號人物，透過電視劇早向廣大觀眾灌輸了史上巨貪之冠的「美譽」。此人字致齋，鈕祜祿氏，滿洲正紅旗人，清朝乾隆皇帝的第一寵臣，飛黃騰達，身兼數職，官居極品，把持朝政二十餘年，幾乎是一人之下，萬人之上。他究竟貪汙了多少錢，歷來有各種說法，甚至有人估計可能是清朝廷十多年財政收入總和。其實具體數字並不重要，因為和珅在當代只不過是一個文化和經濟符號而已。

為何大家不畢恭畢敬地尊呼和大人的全稱「鈕祜祿．和珅」呢？筆者之前也屢犯這種錯誤，還自以為博學，譬如寫「愛新覺羅．溥儀」之類。其實，姓與氏本不該混為一談，漢族人的姓和滿族人的氏，完全是驢頭不對馬嘴。古代滿人有氏無姓，他們的「氏」是原住民部落的族名，不一定純以血緣為界限。

另外，有清一代近三百年，中國人在所有場合和文獻中稱呼滿人都用名或字或號，如「耆善」、「榮祿」、「肅順」等，從來不直接稱呼「氏」，根本就沒有「鈕祜祿．和珅」的叫法和寫法。據說，有某位前朝皇族後裔自製名片，上書「愛新覺羅．某某」，今日看來實在貽笑大方。

鈕祜祿氏是滿人的大族，名人輩出，乾隆之母便是鈕祜祿氏。相傳鈕祜祿氏的部落圖騰就是一匹貪得無厭的狼，難道和珅的貪婪就是源於祖先那可怕的圖騰精神？

關於和珅的財富來源和所作所為，各種版本的說法足以寫成好多部暢銷小說和劇本了。比較肯定的觀點是，他結黨營私、陷害忠良、徇私枉法、索賄貪汙等，此人自然也頗具投資眼光和市場手段，更使得財富呈幾何級數增長。

不過這一切都源於一個根本前提——乾隆帝的信任、寵幸。當這位老皇帝駕鶴西去時，便是和珅的引頸受戮日。

乾隆帝為何如此喜歡和珅？年長四十歲的老皇帝第一次看到二十出頭的三等侍衛和珅時，是否被他的英俊瀟灑、玉樹臨風迷住了？當和珅以幹練的辦事能力、奴才般的耿耿忠心把朝堂之事打點得井井有條時，已想安享太平盛世和天倫之樂的老皇帝是否欣然快慰呢？這些都是完全可能的，但有一點不容忽視。

要把皇家的事情處理好，想在政務上游刃有餘，要把乾隆爺伺候得服服貼貼，沒有才學和文化是絕對不行的，因為王朝的最高掌門人乾隆爺就是一個文化人，至少他自己這樣認為。

和珅的才學讓他如魚得水、平步青雲，但竟然也在無意之中讓我們窺視到一個令現代土豪都望塵莫及的超級富翁，他的能耐、實力和境界固然不可複製，但他也有凡夫俗子一樣的痛苦，甚至一般人所享受到的安詳與平淡，於他而言也是奢望。

## 才子因何變貪官？

先看看和大人到底有什麼才學？

千萬不要以為和珅只是一個拍馬溜鬚、奴顏媚骨、投皇帝所好的諂媚小人，否則閱人無數的乾隆爺豈會心安理得地與這樣的貨色結成親家，把愛女固倫公主下嫁給他的公子？

八旗子弟入關已逾百年，意氣風發、開疆拓土早已是過去式，剩下的只是吃喝玩樂、悠哉悠哉，反正無需參加科舉考試也能憑藉祖上的功勞庇蔭，過著飯來張口、衣來伸手的墮落日子。

和珅本也是官宦子弟，有資格承襲祖先「三等輕車都尉」的爵位，但他三歲喪母，九歲喪父，有著和一般公子哥迥異的辛酸遭遇，使其格外早熟、清醒和勤奮。後來在咸安宮官學（公立貴族學校）刻苦學習，勤奮向上，打下了堅實的文化基礎，甚至通曉滿、漢、蒙、藏四族語言。乾隆一朝，很多滿人都被漢化，連滿語都不會講了。文化學養從來都是軟實力。和珅不僅絕非電視劇裡被醜化成不學無術的形象，而且據說他就是靠著軟實力進入乾隆的法眼。

有一天，「聖學高深，才思敏瞻」的乾隆坐在車中看邊疆奏報，看到有要犯越獄一節，眉頭一皺，不高興地甩出一句：「虎兕出於柙，龜玉毀於櫝中，是誰之過歟？」此話出自《論語．季氏將伐顓臾》，大意是說：老虎和犀牛從籠子裡出來傷人，龜玉在匣子裡被毀壞，這是誰的過錯？此時，周圍的侍從丈二金剛摸不著頭腦，面面相覷，不知如何作答，大概很少有人去細讀《論語》吧！早有知識儲備的侍衛和珅瞧準了機會，大聲應答：「典守者不得辭其責！（看守的人有責任）」乾隆龍顏大悅，問和珅是否讀過《論語》，他恭恭敬敬地肯定回覆。乾隆又問姓名、年齡、家庭情況，他一一回答得很得體。從此，乾隆就對他另眼相看，和珅也一天天得寵了[1]。

日後，和珅憑著出色的外語專長，成為處理外交和民族事務的第一人；又憑著較高的藝術修養，琴棋書畫樣樣不差，還有點不俗的詩才，成為一生作詩四萬首的乾隆帝最喜愛的御用唱和文友。

後來，和珅又憑著多智的頭腦和靈活的手腕，領導了類似香港廉政公署（ICAC）的機構，秉承皇帝意圖，懲處了震驚朝野的大貪官；而後和珅自己也淪為歷史上無人能出其右的大貪官……

乾隆爺漢學基礎甚堅，又附庸風雅，自詡「詩尤為常課，日必數首」。在與「大詩人」乾隆爺的一唱一和之中，和珅慢慢也養成了寫詩的習慣，甚至當成了寫日記，逐漸積累了自己的文學遺產，如果他無數筆巨額財富令土豪們趨之若鶩、為之神往的話，那麼他的作品集——《嘉樂堂詩集》則是筆者認為最有研究價值的第一手材料。讀他的詩，不是為了發財致富，而是為了瞭解鼎鼎大名的歷史人物極具普通人的一面，其中有他的怡然自得，有他的苦悶無奈，更有他的喜怒哀樂。

筆者從中發現和珅原來是一個苦不堪言的老病號，即使後來不在四十九歲時死於嘉慶帝之手，可能也很難頤養天年。最重要的財富不是金銀珠寶，而是身體健康。

# 病痛沒能要了他的命

要成為真正的詩詞大家是極其不容易的，除了勤奮，更需要天賦。和珅並非文學天才，也毫無做文學家的素養和必要。雖然他的詩作不能算上乘之作，但部分詩句仍透露出機敏、天真、爛漫和灑脫的靈性，也有豪放不羈、落落大方的率真，乃至洋溢著溫暖的親情與關懷。這些詩句中，絕對看不到嗜財如命、酒色財氣、功名利祿和爾虞我詐，只會看到陶淵明式視錢財、權力如糞土，棄之如敝屣，一心嚮往山林鄉野的隱士之風。試看：

蟬鳴千樹響，雨過一天秋。（〈遊西山〉）

靜中千樹雨，寂處一聲鐘。（〈香界寺〉）

漫言弱質未嫻射，曾見雕翎帶血歸。（〈木蘭二首〉）

山有送人意，鴻多別塞音。（〈出哨歸途曉發〉）

乾隆己酉年（西元一七八九年），三十九歲的和珅正在皇帝的羽翼下扶搖直上。乾隆爺給了他許多財富、機遇和地位，但老天爺卻沒有給他足夠的健康。

和珅在春天大病了一場，為此作了一首長詩，與其說是詩，不如說是一份完整的病程記錄❷。

他罹患的是當時一種常見病，半個世紀之前的中國，依然有不少人飽受其苦。隨著經濟發展和衛生醫療的水準提高，人們開始逐漸擺脫它的困擾。這種病在歐美國家已經很少見了，儘管教科書上依然會花很多章節不厭其煩地教育年輕的醫學生。

從症狀看該病的第一特點。那首詩中，和珅開頭寫道：「己酉仲春月初午，子夜病發若患蠱。右膝之筋腫且攣，轉側維艱倍痛楚……次日三日忽下行，紅腫如湯沃右股。延至四日左膝頭，筋皆弛張較右努……初九左手及腕肘，痛似箭簇攢心腑。」

疾病令他痛不欲生，而且似乎專好攻擊關節，更奇怪的是，病魔像搞游擊戰一樣，打一槍換一個地方，先是右膝，接著是右股，再過一天是左膝，過幾天轉移到左手及腕肘。用醫學術語講，就是典型的「遊走性關節疼痛」。

第二，「飲食言動甚鞭笞，衾裯衣帶如網罟。」稍微活動一下都苦不堪言，連薄如蟬紗的衣服碰一下都難受，更不要說去按摩患處了，這叫「拒按」。

第三，「紅腫如湯沃右股。」患處出現明顯的紅、腫、熱，這好像和痛風有點類似。

第四，「有時憤恨不欲生，淚浮枕覃心意拂。夜便覺甚晝少安，晴則略減陰偏侮。胡天不憖遺藐躬，連朝雨雪增戕斧。」三更半夜和陰冷天氣，似乎對病情惡化有著推波助瀾的作用，讓和珅叫苦連天。

很顯然是一種關節痛，或者叫關節炎。

首先，我們要排除的是「網球肘」之類由於某個關節長年累月重複活動導致的勞損性肌肉、韌帶損傷。和珅雖出生於武官家庭，年輕時當過乾隆帝的侍衛，也確實有點騎射功夫，但不等於需要經常舞刀弄棒或打掃衛生，前者是低階士兵幹的活，後者是太監、宮女做的事。而且和珅二十多歲就被乾隆越級提拔，做起標準文官大員的事，那種需要靠體力去完成的工作，已經少之又少了。

其次，有沒有可能是現代經常提到的「類風溼性關節炎」呢？不像！因為這種疾病是以兩側對稱性關節疼痛為特點，而且受侵犯的經常是指掌等小關節和遠端的指關節，不少人還會有起床時的患處僵硬感，但不會出現所謂的「遊走性關節疼痛」。發作多次之後，這些關節基本上都會畸形，甚至殘廢。和珅的關節痛似乎沒有這些特點，而且中年之後沒有關節畸形等後遺症的記載，似乎在不發作的時候，他的關節還是好好的，該幹嘛就幹嘛，影響不大。

再次，會不會是痛風發作呢？雖然和珅也有關節「紅、腫、熱、痛」的表現，但根據筆者的臨床經驗，痛風每次發作時，一般只有一個關節受累，很少一週之內好多個關節輪流疼痛，而且痛風侵犯到股部和肘部的還真不多見，倒是踝部等遠端的關節較常見。

最後，會不會是膿毒血症引起的關節炎，或是結核性關節炎呢？可能性也不大，這兩種感染性疾病，如果沒有現代有效抗生素的治療，病患幾乎不能康復，而且病情很可能不斷加重，直至關節徹底殘毀，嚴重時甚至會導致病患死亡。而且，細菌和結核菌一次把好幾個互不相連的關節都傷害了，醫學上較少見。和珅雖然生了大病，但後來畢竟暫時緩解了，他的詩中描述很少再出現如此嚴重的病況，貪官繼續享受榮華富貴，繼續伺候乾隆主子，繼續搜刮不義之財，好像疾病造成的傷害不算極大。

癌症病患到了末期大多會因癌細胞轉移而全身疼痛，但和珅作此詩的時間距離被嘉慶帝處決還有整整十年，這十年他依舊上竄下跳，為名利忙得不亦樂乎，稍有醫學常識的人都不會相信和珅這時患有癌症。

綜合和珅的所有臨床表現，筆者大膽推斷他患有風溼性關節炎 (rheumatic arthritis)。雖然和「類風溼性關節炎」僅一字之差，卻是截然不同的疾病，風溼性關節炎是溶血性鏈球菌感染後誘發的全身免疫反應性疾病——風溼熱 (rheumatic fever) 表現在關節上的病症，有兩個特點：一是關節紅、腫、熱、痛明顯，不能活動，發病部位常是膝、髖、踝等下肢大關節，其次是肩、肘、腕關節，手足的小關節少見；二是疼痛遊走不定，一段時間是這個關節發作，一段時間是那個關節不適，而疼痛持續時間不長，幾天就會消退。

為何和珅在陰冷潮溼時、在夜深人靜中，痛楚得特別厲害呢？原來溼度增加的刺激使關節神經的敏感性增強，寒冷時血流緩慢，血液或關節滑液的蛋白增多，黏稠度增高，加大了關節活動的阻力，因而使關節疼痛加重。夜晚休息時，肌肉處於靜息狀態，關節血流量較白天少。當關節炎症區供血減少時，炎症代謝廢物不能被迅速運走和稀釋，便在局部積聚，對痛覺神經的刺激也就更強了，其他類型的疼痛疾病也有類似的規律。

清代御醫治療關節痛的能耐似乎乏善可陳，著實令和大人與乾隆爺失望了。好在這種疾病引起的關節痛，本身會暫時緩解。不過御醫與和珅可能都不知道，隱患正悄無聲息地逼近和大人的貴體。

風溼熱最可怕的地方其實不是引起難忍的關節痛，實際上它的特點是「舔過關節，咬住心臟」。關節痛是痛，但不會留下後遺症，真正被慢慢侵犯乃至發生不可逆病變的部位是心臟瓣膜，就稱為風溼性心臟病。

當時沒有任何人知道，和珅的心臟瓣膜很可能已受到風溼病魔的侵害，他這次大病前後都有類似的發作情況，僅僅程度不同而已，可見他的身體其實屢受風溼熱的打擊，只不過那時只能感受到關節的疼痛。他的心臟瓣膜上，難免會長些含細菌的贅生物，或瓣膜黏連，或瓣膜關閉不緊，這都是漫長的過程。許多人年輕時患過風溼熱，中老年才開始出現相關的心臟衰竭症狀，可惜由於發現太晚，早已錯過手術修補的最佳時機。

和珅擁有的一切，都是在乾隆帝庇護下得到的。乾隆確實真心喜歡和珅，但他並不天真，知道和珅的斑斑劣跡，知道自己終有歸天之日，也知道和珅必為繼任皇帝所不容，就算他身體安康也命不久矣。於是乾隆為寵臣鋪好路子——結為親家，日後即便和珅家族敗落，甚至和珅本人死於非命，還能保存家族香火，不至於滿門遭殃。

歷史發展果然如此。嘉慶四年春節，當了四年太上皇的乾隆爺以八十八歲高齡，終於拋下和珅，拋下令他無比留戀的世界，龍馭上賓了。和珅很快便被乾隆第十五子——嘉慶帝下令革職、抄家、處死。那一年，和珅四十九歲，風溼病魔在他體內已蹂躪了至少十年，他的心臟瓣膜也許早已千瘡百孔，以當時的醫療條件，距離自然病死也為時不遠了，但免不了被開棺鞭屍。

## 不為財而死，但因權而絕命

君主專制時代，「大貪官」從來都是高風險的職業，鮮有人能在這個位置上安享天年、壽終正寢。西晉的石崇最終慘遭毒手，明代的嚴嵩最終被抄家放逐，和珅最終也被嘉慶帝收拾得乾乾淨淨——籍沒家產並賜予三尺白綾，讓他體面地自盡。免受千刀萬剮的凌遲處死，算是皇恩浩蕩了。

死前，和珅賦絕命詩一首：「對景傷前事，懷才誤此身……聖明幽隱燭，縲絏有孤臣。」

古代中國的人治社會，官員是否犯法其實是最高統治者說了算的。難道和珅如此高調地折騰斂聚二十年，乾隆爺一點風聲也沒收到？難道他就相信和珅是清廉耿介的大忠臣？根本不是。

和珅的垮臺和貪汙沒有直接的關係。民間一直有「和珅跌倒，嘉慶吃飽」之說，好像是說皇帝眼紅和珅的鉅額財富才狠下毒手的；然而在統治者眼裡，和珅最危險的身分不在「貪官」二字，而是「權臣」一詞。人們往往看到和珅的豐厚家產，卻不大注意他身兼一大串高級而重要的職務。

畢竟再勢大的貪汙犯、再富裕的家庭，對於富有天下、唯我獨尊、對天下人有生殺予奪之權的天子而言，只不過都是皇家的私人銀行，甚至提款機，皇帝最忌諱的其實是「相權」對「皇權」的掣肘和威脅。曾覲見乾隆的英國使臣馬戛爾尼在回憶錄中寫道：「許多中國人私下稱和珅為二皇帝。」乾隆鍾愛的，嘉慶不鍾愛；乾隆可忍的，嘉慶不能忍。

傳統中國人對財富的觀點是：取之有道，用之有道。

和珅的文才固然無法和納蘭性德等詩詞大家相提並論，他也從來沒打算從文學青年成長為靠筆風行天下的大文豪，寫詩只是業餘愛好和博取皇帝寵愛的伎倆，至於他的正業，就婦孺皆知了。

不過和珅在無意中為後世歷史愛好者和研究者留下一筆大開眼界的可觀遺產。在今天這樣物欲橫流的時代，大多數富人僅把和珅曾擁有的物質財富當作標桿，而實際上過著的生活不過是石崇、王愷之流，行為藝術般揮金如土，連起碼的文化包裝都嫌畫蛇添足。和珅的詩到底能給知識分子帶來一點心靈上的快慰，乃至聯翩的遐想。

一代巨貪在驕奢淫逸之餘，尚能留下大量文字材料供吾人研究歷史、文學，甚至醫學之用，實在是功德無量啊！

❶陳康祺《郎潛紀聞》：「一日警陛出宮，上偶於輿中閱邊報，有奏要犯脫逃者，上微怒，誦《論語》『虎兕出於柙』語。扈從諸校尉及旗門羽林之屬，咸愕眙，互詢天子云何。和珅獨曰：『爺謂典守者不能辭其責耳。』上為霽顏，問：『汝讀《論語》乎？』對曰：『然。』又問家世年歲，奏對皆稱旨，自是恩禮日隆。」

❷和珅〈病中作〉：「己酉仲春月初五，子夜病發若患蠱。右膝之筋腫且攣，轉側維艱倍痛楚。呻吟待旦難造朝，走告同僚日方昕。聖恩予假命醫來，朝服加身代拜俯。煎劑薰灼技並投，功不補患利二豎。次日三日忽下行，紅腫如湯沃右股。延至四日左膝頭，筋皆弛張較右努。小筋歷亂如彈絲，大筋決裂難手拊。夜不能寐晝不甯，呼號無訴如失怙。初九左手及腕肘，痛似箭鏃攢心腑。醫巫環視技莫施，妻子徬徨淚如雨。侍御承恩慰問來，對之有泣而無語。每歲病發夏秋間，三日五日即可癒。何以今春症益增？多云去秋落水故。駕幸御園日已多，病羈城內路修阻。朝朝侍從忽睽違，恍似嬰兒離慈母。有時憤恨不欲生，淚浮枕簟心意憮。夜便覺甚晝少安，晴則略減陰偏侮。胡天不憖遺藐躬，連朝雨雪增戕斧。月之二十痛少瘥，臥輿到園勇氣賈。何期途次受風寒，孱體不克禁撐拄。臥至二鼓疾又來，手足仍舊齊傴僂。倦眼才昏痛即醒，睡魔不敢力相拒。飲食言動甚鞭笞，衾裯衣帶如網罟。痛餘仰面問蒼穹，自反何辜受荼苦。視天夢夢天不言，懺悔災生因玉汝。從此藥餌日珍調，延至月杪痛稍可。廿九晴明曙色佳，觀光念切私衷補。扶掖瞻天拜跪艱，聖恩仍許假調處。初四之夜筋又疼，坐聽更籌抱膝數。想是就愈欲婪尾，肱折成醫語自古。但祈從此日還元，指臂從心都健舉。舄可飛鳧筋不強，屬車豹尾年年扈。病暇援筆制長歌，置諸座右當訓詁。戰戰兢兢慎養身，啟手啟足懍蹈虎。」

## 如果和珅活在現代，醫生會建議……

一、增強體質。多運動，如保健體操、散步等，大有好處。凡堅持運動的人，身體自然強壯，抗病能力就強。

二、避免風寒侵襲。防止受寒、淋雨和受潮，關節處要注意保暖，不穿溼衣、溼鞋、溼襪等。夏季暑熱，不要貪涼受露、暴飲冷飲等。秋季氣候乾燥，但天氣轉涼，要防止受風寒侵襲。冬季寒風刺骨，保暖更顯重要。

三、注意勞逸結合、飲食有節、起居有常。

四、預防和控制感染。有些風溼性關節炎是患了扁桃體炎、咽喉炎、鼻竇炎、慢性膽囊炎、齲齒等感染性疾病之後發病。預防感染和控制體內的感染病灶也是重要的。

# 海納百川容西風。

## 林則徐是腹瀉不止而死？還是另有隱疾？

「鼻衄之症，不時舉發，稍服涼劑，又與脾泄相妨，衰病相尋」，「肺熱脾寒交相為祟，溫涼藥劑兩不相宜」，「衰頹之狀，甚於去年」。（林則徐〈致陳子茂書〉）

姓名：林則徐
身分：清朝欽差大臣、兩廣總督
生活區域：廣東—新疆
生活年代：西元一七八五年～一八五〇年，六十五歲

眾所周知，國父孫中山先生獻身革命事業之前，曾有意救死扶傷。他的完整醫學教育在香港「西醫書院」完成，真正懸壺濟世在澳門「鏡湖醫院」實踐。不過在此之前，他曾先在廣州博濟醫院（孫逸仙紀念醫院前身）附設的「博濟醫學堂」就讀過一年時間，這才是他的醫學啟蒙。

成立於一八六六年的博濟醫學堂是中國第一所西醫教育機構，百年間薪火相傳，先後沿用「嶺南大學醫學院」、「中山醫科大學」等名稱，現為中山大學中山醫學院，即筆者的母校。而博濟醫院前身——

新豆欄醫局，則是近代外國傳教士在中國開設的第一間西醫診所。

當國父一八八六年秋天進入博濟醫學堂時，新豆欄醫局的創辦人——彼得．伯駕(Peter Parker)已是八十二歲高齡的老人了，正住在美國華盛頓，一邊忍受著年老體衰之苦，一邊回味著壯年時在中國那段忙碌的行醫、傳道日子。

一八三五年十一月，擁有醫學、神學雙學位的耶魯畢業生、美國傳教士伯駕，在廣州新豆欄街豐泰行第七號開了一所眼科醫局。雖然伯駕以治療眼科疾病見長，但其他西醫療法也相當嫻熟。醫局開辦第二個月，伯駕就做了第一例大手術。一個十三歲小女孩「太陽穴上隆起大肉包，垂直下顎，好像長了兩個腦袋，形狀可怖，面容悲慘」，伯駕的手術僅用了八分鐘，就切除了重達半公斤的大肉瘤。

伯駕的大名很快就如雷貫耳了。醫院門外，候診病患徹夜排隊。白天有更多病患從四面八方湧來，整條街道擠得水洩不通。自認為皮肉結實、筋骨強健，傲慢地對外部世界一無所知的古老民族，就這樣被伯駕用小小手術刀輕而易舉地刺激了敏感、自尊的神經，劃開了眼前的沉沉鐵幕。

為了使日漸增多的病患能夠循序就醫、提高效率，伯駕在病患進門後，先發以竹片製成的長方形號牌，然後病患按號牌的數字，循序進入診室。據說這種今日各醫院普遍採用的「掛號制度」，就是源自伯駕的設計呢！

如果有人問伯駕在中國最難忘的行醫經歷有哪些，那他肯定會想起與大清帝國高級領導人那一次非同尋常的「接觸」，儘管是醫療行為，但醫師與病患竟從未謀面。

## 神祕訪客的祕密要求

或許西醫療法確實立竿見影，或許老百姓的口口相傳不亞於今日琳瑯滿目、良莠不齊的電視廣告，總之，伯駕和醫局終於引起了廣州城（大清南方最重要的城市）一位最顯赫官員的注意。

一八三九年七月，廣東，廣州。

盛夏的羊城在酷暑的煎熬下，人們聞到了一絲絲不祥和不安的緊張氣氛，甚至一股濃烈的火藥味，之前那些讓人欲罷不能的鴉片煙味卻早已消遁。

剛做完一臺白內障手術的伯駕，好不容易坐下來歇歇氣、擦擦汗。中國助手忽然邁著不敢怠慢的步子走進休息室，遞上一張名片，鄭重其事地說：「伯大夫，有朝廷要人要來找您！」

伯駕先是一驚，難道自己沒有按時繳稅、依時交租，難道自己違反大清律例？應該不是。守法的伯駕堅信並未與走私鴉片的英國商人同流合汙。

來者何人？所為何事？伯駕疑惑重重，在他的印象中，大清那些高高在上的官僚平日總喜歡用鄙夷的目光把醫學和巫術混為一談，一旦健康出了毛病，往往只對延續數千年的中醫投以信賴及依賴的眼神。

他通曉漢語，仔細把名片一讀，隨即渾身緊張得每個毛孔都滲出冰冷的汗滴。只見通紅的名片上赫然寫著「林則徐」三個蒼勁有力的字，如同這個人在廣東的作為一樣！

如果一八三九年以前，生活在廣州的中外人士對這個名字聞所未聞的話，實在應該諒解，畢竟那時的傳媒如同中國資本市場一樣落後；那時中國人大多是文盲，大字不識一個；那時廣州人、外國人都忙於生計，俗稱賺錢。他們對外省的朝廷命官實在不感興趣，不足為奇。

可是一八三九年的廣州，這個名字隨著禁煙、銷煙的政治運動，突然變得家喻戶曉。

大清道光皇帝特意把原先擔任湖廣總督的林大人，從武昌調到廣州，授予「欽差大臣」頭銜，命其主持禁煙。林則徐用雷霆風格、霹靂手段，收繳了大量走私的鴉片並集中在虎門銷毀，毒害中國人的「福壽膏」化作一縷縷妖魅般的輕煙消散而去。一時間，有識之士拍手稱快，英國商人卻恨得咬牙切齒，一場蓄謀已久的軍事報復行動，正在遙遠的倫敦醞釀著。

伯駕趕緊穿戴整齊，前往大門口迎接貴賓到來。

出乎意料的是，門口只有一輛簡便的轎子，一個身著普通服裝的青年人，沒有伯駕想像中的一大群衛兵和雜役。

原來來者只是林則徐的幕僚之一。賓主雙方寒暄之後，客人便開門見山，道明來意，林大人久聞醫師乃杏林一絕，亦為西方友人，特意討教兩件事：其一，西方有無戒鴉片的特效藥；其二，醫師能否治療疝氣之病。前者為公，後者為私。

伯駕恍然大悟。沉吟片刻，意味深長地說：「鴉片之患，非僅於大清，英、美等國之民亦深受其害，惟戒除惡習毒癮，賴精神而不賴醫藥也。況鄙人孤陋寡聞，未聞有此特效之藥。」

客人的眼神依舊充滿期待。

伯駕接著說：「鄙人不才，但治療疝氣，早年在美習醫，尚有所得。」

客人大喜過望，覺得真的不枉此行了，連忙道出林則徐的私人要求——「開具治疝處方」。

然而，深深植根於西醫文化的伯駕卻讓客人大失所望：「倘若林大人身患疝氣，需由鄙人親自問症查體，方可作出治療之法。」他的意思是西醫不同於中醫，不能如此「隔空」看病，開方抓藥。即使是嚴謹的中醫，也不會用代理方式治療病患的，望、聞、問、切都做不到，還談什麼辨症治療？

一番解釋之後，客人面露難色，只好空手而回。

伯駕有點丈二金剛摸不著頭腦，如果林大人公務繁忙又不便委身於寒舍，大可讓人把醫師帶到他府上看病，為何如此怪異不肯見人？

不久，南海知事和高級行商受林則徐的委託，又登門拜訪伯駕，提出同樣的要求。伯駕說：「藥物是有的。治療用的疝氣帶，鄙人也準備了好幾副，但這種疝氣帶使用必須因人而異，不同病人有不同的調度，而且需要醫師親自為病人綁托住，並教會病人如何使用。最好還是讓林大人親自來一趟，或者讓鄙人上門面見林大人。」

「林大人腹痛難忍，伯大夫就不能網開一面？」受託人開始不耐煩。大清的官僚都覺得自己夠迂腐了，想不到在洋人醫師面前，真是小巫見大巫！

事情一直拖下去，不知道林則徐在那段一生中最忙碌、最輝煌的日子裡，是怎樣在疝氣病的煎熬中度過的。

秋風時節，自稱「林則徐兄弟」的人來到伯駕的診所，說他的身材與欽差大人一模一樣：「凡吾適合之托帶，必然適合吾兄。」這次，伯駕不能不給面子了，只好破例給了來者一副疝氣帶，並在其身上試驗安裝，指導如何使用，客人終於滿意而歸。

接下來的日子中，伯駕懷著惴惴不安的心情等待欽差大人治療後的反應。

## 不就醫，依然留下病歷

讓他欣慰又慶幸的是，不久，林則徐託人前來道謝，並送上應時水果等禮物。來人代林則徐告知伯駕：「腹痛減輕了，腫塊消退了，伯大夫的醫術真是高明啊！」

直到這時，伯駕才得以偷偷地把額頭上的汗珠擦掉。如果他讀過《西遊記》，大概可以領會小說中孫悟空給朱紫國國王看病時「懸絲診脈」的感受。

把脈本是一項需要苦練數年的高級技能，是中醫學的基礎，而僅憑幾條金絲，一頭拴著國王的手腕，一頭被大夫捏著，醫患雙方隔著一層厚厚的帳幕，無法交流，甚至無法對視，這也能看病？

當然，孫猴子是無所畏懼的，任何權勢都被他視如糞土，比起戰戰兢兢、如履薄冰的伯駕幸運多了，但作為「客串」大夫，這樣「神乎其神」的診斷方法，是否可以解除病患的痛苦，可能連悟空自己心裡都在嘀咕。

據說，中國古代宮廷確有其事，尤其是御醫給皇帝的妃嬪看病時。不過，聰明的御醫總會向貼身太監打聽病情，獲得諸如胃納、舌苔、二便、症狀、病程等詳盡資料。當一切都瞭解之後，御醫就成竹在胸了，「懸絲診脈」則演變為一種形式。

醫療這行的人。

原因何在？一來，南宋以降，中國人特別強調男女授受不親；二來，高貴的身體不願意直接接觸做

天啊！醫病是用仁心仁術、懸壺濟世的行業，深受老百姓頂禮膜拜，為何落得如此地步？其實老百姓歸老百姓，統治者、士大夫歸統治者、士大夫，他們的觀念是不同的，甚至可能完全對立。

對老百姓來說，能解除痛苦，就是莫大的恩惠，就值得感恩戴德。可惜那些自認為有身分的人，不會想得那麼簡單。「巫醫、樂師、百工之人，君子不齒。」這是堂堂文學家、思想家韓愈在〈師說〉裡毫不遮掩的。且不說巫醫在遠古時代確實同源同根，到了宋代以後，「君子」都以「修身、齊家、治國、平天下」為最高理想，以「學而優則仕」的儒家教訓為習慣思維，他們認為醫療這種行業在「士、農、工、商」的等級裡，只是倒數第二的末流職業，本質上屬於「奇技淫巧」，僅比卑劣的奸商好一點而已，根本不屑一顧，但有時又不得不求助於這些實在看不上眼的醫師。真是既糾結又鄙薄。

不知是否由於這種根深柢固的偏見仍在作祟，現今幾乎沒有幾個大陸的醫師覺得在這個行業做得開心、放心、安心。醫護人員被傷害（精神上早已有之，身體上愈演愈烈）的案例時有所聞，但人們看過、罵過之後，又能怎樣？令人瞠目結舌的惡性暴力事件依舊接二連三地發生，這不完全是體制的問題。

一邊是朝廷命官，一邊是洋夷西醫，他們的關係就更為複雜了。

如同歷史上眾多名人一樣，林則徐的病很可能隨著他的離世而悄無聲息地被徹底掩埋，永不為人所知。但別忘了他去看病的是西醫診所，按照西醫的規範，每個病患的病歷如同機密檔案一樣被認真保存下來，小到一張薄薄的病歷表，大到一疊厚厚的卷宗，以備查閱。這也是西醫和傳統中醫的重要差別。

一百多年來，這一對從未有緣相見的醫患雙方，共同演繹的故事被完整地保留在一張病歷表上，陳列在孫逸仙紀念醫院展覽室內，供有興趣者參觀。

伯駕在病歷卡上用英文寫道：「病例：六五六五號。病症：疝氣。病人：林則徐，欽差大臣……從醫學上看，這個病案沒有值得引起興趣的地方，事實上，這位病人我從來沒有見到過……之後，林則徐赴虎門處理公事，一直拖到秋天才再來求醫。」

疝氣是否為一種很複雜的疾病？

## 臟器不安分的位移

疝氣（hernia）指體內器官（如小腸）或組織離開其正常的解剖部位，通過先天或後天形成的孔隙、缺損或薄弱部位進入其他部位，嚴重時會被卡住不能回納，俗稱「小腸串氣」或「小腸氣」。腹股溝疝最常見，常常累及消化系統的腸子或腸子附近的組織，占了所有疝氣的九五%，其他尚有股疝、臍疝等，這些都是外科常見的疾病。

那一年，林則徐在緊張、興奮和忙碌中度過。道光帝對他委以重任，禁煙、繳煙、銷煙，洋商人和中國販子的胡作非為，英國海軍的蠢蠢欲動，都讓林則徐時時刻刻緊繃著神經。夏秋之際，為了加強海防和招撫百姓，宣示天朝之威，他去澳門巡視一番。如果是普通的發燒感冒，林大人應該是不會在意的，也沒有時間在意。

然而，他在大腿根部的腹股溝處摸到腫塊，站立、用力、咳嗽時容易出現，平臥時則會消失，有時向上推擠，能使腫塊消失，還能聽到奇怪的咕嚕聲。當腫塊突起時，他有明顯的下墜感，還時常伴隨脹痛或牽扯性腹痛。

這症狀讓他疑惑、擔憂及惶恐，按照傳統習慣，衙門第一時間喚來了中醫師。畢竟這是常見病，中醫師迅速做出了疝氣的診斷並開出了藥劑，可是藥力鞭長莫及，林則徐的病情並無好轉。此時，中、英關係已經劍拔弩張，林則徐打算傾全部心血維護大清的利益，他不能再等了！幾經周折，廣州同僚向他推薦了那位小有名氣的西醫。

然而，這不僅是大腿根部突出腫塊那麼簡單。脫出的器官以小腸居多，而大腸、闌尾、腸子大網膜等亦可能脫出，因此林則徐也可能出現便祕、消化不良、營養吸收差、易疲勞和體質下降，甚至頻尿、尿急、夜尿增多等症狀。難怪他心急如焚。

打個比方，人類的腹壁就像木桶，其內的腹膜就像氣球，氣球裡的水就像腹腔內的臟器。將裝滿水的氣球放入木桶中，用手壓氣球時，如果木桶壁有個窟窿，試想會出現什麼結果呢？是不是水和部分氣球會從窟窿處突出，形成一個小半球狀物，這個東西就好比疝氣。由此可見，引起疝氣的主要原因是腹壁強度降低（或有缺陷）和腹內壓力增高。

中老年人的腹壁肌肉和肌腱逐漸萎縮，造成腹壁強度減低。患有慢性支氣管炎、攝護腺肥大、經常便祕的老人，長期慢性咳嗽、排尿困難、排便費力，又合併身體發福，更容易造成腹腔內壓力異常升高，即為容易得疝氣的主要原因。

而林則徐是什麼狀況？他患有何種慢性疾病，無從一一得知，猜測慢性支氣管炎等老人常見疾病在所難免。至少知道他當時已是五十多歲的男性，那個年代基本上算是中老年人了，雖然他在政治舞臺上仍異常活躍。

林則徐到底長得什麼模樣？英國著名外交官包令 (John Bowring) 在歐洲享有作家和語言學家的聲譽，談到林則徐的外貌特徵時寫道：林體格「短小精壯，有豐滿的圓臉，長長的黑鬍和一雙犀利的黑眼睛」，「前額飽滿睿智，聲音清晰、宏亮、有力，衣著樸素」，而且「溫文爾雅，生氣勃勃。他的面容顯得深思熟慮、和藹可親」（《欽差大臣林則徐的生平及著述》(*Life and Writings of Commissioner Lin*)）。

也許你還覺得不夠。再看看美國商人威廉・亨德 (William. C. Hunter) 的描述，一八三九年正月，他在珠江帆船上第一次目睹了林則徐的風采，說：「他具有莊嚴的風度，表情略為嚴肅而堅決，身材肥大，鬍黑而濃，並有長髯，年齡約六十歲。」（《廣州番鬼錄》(*The "Fan Kwaeat" Canton Before Treaty Days*, 1825-1844)）

一個日理萬機、奔波勞碌的矮胖中老年人，患有疝氣病，實在再正常不過了。

## 仁人、智者、凡夫都躲不掉

「海納百川，有容乃大；壁立千仞，無欲則剛。」此聯為林則徐在廣州任兩廣總督時，於總督府衙題書的堂聯。

閉關鎖國的年代，身處士大夫階層的林則徐，能夠把觸角伸向當時儒家學癡們所鄙視的夷人西學西技，已經很難得。妄自尊大的統治者和他們主導的話語權，根本沒把外國人當人看，遑論外國人手上那些即將擊敗大清帝國的先進技術了。

堂堂大清欽差大臣在中國人依然懵懂、中西方觀念嚴重對立的時代，竟然敢於認可西醫、西藥的作用，在當時需要多大的勇氣和智慧？雖然在起步階段，他的嘗試還是顯得羞羞答答、扭扭捏捏。

近七十年後，保守的慈禧老佛爺患了「痢疾」，上吐下瀉，十多天難以進食，最終活活「乾枯」而死。試想如果採用西醫療法或補液治療，她的疾病並不棘手，中國歷史的進程可能又會是另一番模樣了。

從小生活在福建的林則徐，卻不乏海洋文化的滋潤，其胸懷和眼光寬廣和深邃，不僅僅是為了看病。

廣州禁鴉片的過程中，林則徐意識到英國殖民者不會放棄罪惡的鴉片貿易，而且蓄謀要以武力侵略中國。為抗擊鴉片侵略，戰勝敵人，他進行了大量「師敵之長技以制敵」的軍事變革。

他親自主持並組織翻譯團隊，翻譯外國書刊，把外國人講述中國的言論譯成《華事夷言》，作為當時中國官吏的「參考消息」。為瞭解外國的軍事、政治、經濟情報，他命人將英商主辦的《廣州週報》譯成中文；為瞭解西方的地理、歷史、政治，又組織專人翻譯英國的《世界地理大全》，編為《四洲志》。林則徐認識到只有向西方國家學習，才能抵禦外國的侵略，成為中國近代傳播西方文化、促進西學東漸的第一人。

與伯駕醫師打交道之後，林則徐派行商送去《各國律例》一書的若干段落，請伯駕翻譯為中文，「摘譯的段落包括戰爭及其附帶的敵對措施，如封鎖、禁運等」。最後，還垂詢了有關新豆欄眼科醫局的情況。

雖然林則徐對西方的認識比較膚淺，接觸西學的目的是出於外交、軍事的需要，但畢竟開創了近代學習和研究西方的風氣，對維新思想產生了啟蒙作用。

伯駕時代的疝氣帶究竟怎樣治療疝氣，鑑於目前無法見到原物，無法具體做出解答，推測這種帶子能把患處凸出的腫塊透過包裹擠壓之力，壓迫回原位並加以固定。

那個年代沒有現今成熟的手術方法和精良的腹壁修補材料，因此治癒是不可能的，但一、兩百年前的疝氣帶繞開了中醫學「中氣不足、陰陽失衡」等概念，且確有療效，彌補了中藥治療的不足，算是很先進的方法了。

仁人難期永壽，智者不免斯疾。林則徐雖是「仁人」，可是也會得疝氣，得了疝氣中醫又治不好，還得請洋人治療；林則徐雖是「智者」，被譽為「近代中國睜眼看世界的第一人」，愛國情懷和實幹精神值得後人敬仰，即便如此，他的時代局限性也相當明顯。

林則徐在廣州求診的表現，可說是當時中國人思想局限性的象徵。鴉片戰爭之前，中國人普遍的觀念是：大清國是「天朝上國」，大清國的軍隊是戰無不勝的，大清國的皇帝是永遠聖明的，而英吉利、法蘭西、葡萄牙、美利堅等不過是「蕞爾島夷」，外國人與蠻夷無異。長期的封閉和科舉應試教育使中國人根本不瞭解西方，不瞭解西方的工業革命、國際法則與思想啟蒙，更不瞭解西方與東方的巨大差距。

傳統觀念有時是一股巨大的阻力。林則徐固執地以為自己的身體絕對不能輕易給外國人看，更何況身為欽差大臣，如果再把隱私部位暴露於外國傳教士面前，實在是有傷風化、有失「官體」的事。此外，當時中西雙方因鴉片問題而劍拔弩張，在敏感時期，朝廷大員實在不便因私事直接與洋人碰面，於是促成了那次天方夜譚般的就診。

這還算是小事，倘若事關軍國大計，可就嚴重得多了。林則徐居然一直認為洋人士兵腳上有綁腿而無法彎曲膝蓋。一八三九年九月，他給道光帝的奏折說：「夷兵除槍炮之外，擊刺步伐俱非所嫻，而腿足裹纏，結束嚴密，屈伸皆所不便，若至岸上更無能為，是其強非不可制也。」一八四〇年，鴉片戰爭期間，林則徐仍然認為英國人膝蓋不能彎屈，「一仆不能復起」，任人宰割。

更荒謬的是，林則徐認為洋人嗜吃牛、羊肉，若無從中國進口的大黃、茶葉以輔食，將會消化不良而死。他在一份奏稿中寫道：「況茶葉、大黃，外夷若不得此，即無以為命。」在一份擬交英女王的文書中，又再次強調：「大黃、茶葉、湖絲等類皆中國寶貴之產，外國若不得此，即無以為命。」

這些偏見難免使林則徐在鴉片戰爭爆發前自信心「破表」，加上對國際外交慣例的無知，從而做出某些錯誤的判斷，做出莽撞甚至荒唐的事情。

他，畢竟是舊體制內的人。據說，十年後林則徐病重彌留之際，嘴裡隱隱約約喊著：「星斗南……星斗南……」有人解讀為福建家鄉話「新豆欄」的諧音。真有此事？那一刻，自知回天無力的林則徐是不是又想起了醫術高超的彼得．伯駕？

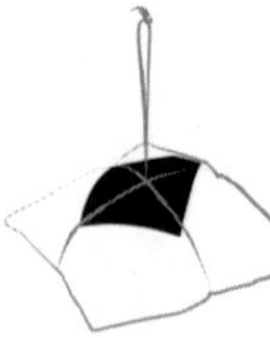

## 如果林則徐活在現代，醫生會建議……

一、鍛鍊身體。老年人疝氣發病率高，因此應該有意識地加強腹肌鍛鍊，增加肌肉力量，避免疝氣的發生。以下是訓練要領：

①仰臥床上，雙臂平放在軀體兩側，兩腿併攏上抬三十～九十度，再放平，最好稍懸空，一般反覆做三十次。繼而雙手交叉放在胸前，做仰臥起坐動作，反覆做八～十次。

②平坐床上，兩腿向前伸展，上身挺直，兩臂平放於體側，掌心向下。用一條長毛巾套在雙腳底，吸氣，將腿彎曲伸展，抬離床面，身體後傾，胳膊伸直，拉住毛巾兩端，使軀體與雙腿形成一個「V」字。呼氣，腹部收緊，平衡身體，挺直腰背，盡量保持這個姿勢，期間自然呼吸，然後將雙腿和軀幹慢慢放回床面。反覆做三～六次。

二、日常注意事項：避免抬舉、推擠或拉扯重物；戒菸，吸菸者的咳嗽可能誘發或惡化疝氣；少吃易引起便祕及腹內脹氣的食物（尤其是紅薯、花生、豆類、啤酒、碳酸氣泡飲料等），多吃高纖維食物，包括五穀、穀物、麩皮和未加工的水果和蔬菜，每天至少喝八杯水幫助解除便祕；治療好慢性呼吸道疾病；保持健康的體重。

# 膚患痊癒未有期。

## 曾國藩飽受經年之癢而夜不安枕

余身體平安。惟瘡久不癒，癬疾如常，夜間徹曉不寐，手不停爬。……大約此是積年痼疾，非藥餌所能癒，亦非爬搔所能癒也。（《曾國藩文集》）

姓名：曾國藩
身分：清朝武英殿大學士、直隸總督
生活區域：四海為家
生活年代：西元一八一一年～一八七二年，六十一歲

有人曾說：中國從古到今，稱得上聖人的只有三人，他們分別開啟了三個時代。孔夫子、王陽明是頭兩位。

孔夫子以儒家道德潤澤中華文明三千年，其聖人地位無可撼動。王陽明攜陽明之學盡洗程朱之積弊，既破山中賊，又破心中賊，獨步明清五百年。孔子開啟的是中華文明的軸心時代，陽明開啟的是中華文明的啟蒙時代。

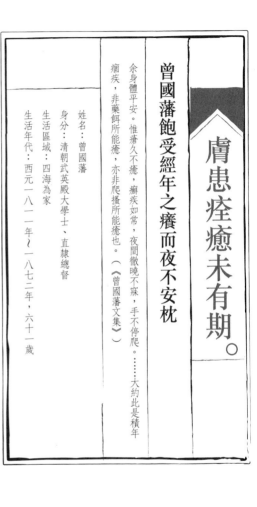

與前兩位相比，第三位則十分特殊，他生前拜相封侯、位極人臣，「文治」高於前兩位，至於「武功」更是前二人無法比擬的。他就是開啟中華文明轉軌時代，以鎮壓太平天國聞名，官至大清武英殿大學士、直隸總督、兩江總督，封「一等毅勇侯」，謚號「文正」的曾國藩。

近二十年來，中國大陸出現的「曾國藩熱」方興未艾，關於其生平、做人、做官、察人、教子、治軍的通俗讀物層出不窮，人們甚至把他的思想與現代企業管理接軌，成為暢銷榜上長盛不衰的出版品。

無獨有偶，國共兩位極好軍事的領袖均對這位「曾大帥」情有獨鍾。毛澤東曾說：「予於近人，獨服曾文正，觀其收拾洪楊一役，完滿無缺。」而據說蔣中正案頭只擺了兩本書，一本是《聖經》，另一本就是《曾文正公全集》。

曾國藩文得厚重，武得驍悍。太平天國剛剛興起時，八旗、綠營等正規軍均被摧枯拉朽，毫無招架之力。並非天生將帥之才的曾國藩，書生治軍，以儒學為基本，雜合申、韓法家之術，鍛造出一支驍勇善戰的「湘軍」，最終平定江南，對再造大清可謂居功至偉。

「不為聖賢，便為禽獸。」這是曾國藩的名言。研究他的成功之路時，大概都不會忽視他的修養功夫，其修養之法便是時刻檢討自己，力求自律，努力上進。某次，他在朋友家和一女子隨意說幾句笑話，回家後竟懺悔不已，簡直到了捶胸頓足的地步，在日記中狂罵自己「與禽獸何異」。至於忠君、孝悌這些儒家思想，在給兄弟子侄的家書中更是誨人不倦，自己也身體力行，以為表率。

## 這新郎，其實不年輕

這樣一位道德聖人的身上，竟也發生過不可思議的事。

咸豐十一年（西元一八六一年）陰曆七月十七日，從未過上一天安穩日子的咸豐帝在憂悶中病死於熱河。

十月中下旬，正與太平軍對峙的安慶湘軍大營裡，忽然傳出小道消息：曾大帥納妾啦！

這並非造謠，原來曾帥與蔣中正一樣，喜歡在日記裡透露自己的隱私，而且終生「筆耕」不輟。早在十月初十，年過半百的曾國藩就在日記中寫道：「前季弟代余買一婢，在座船之旁，因往一看視，體貌頗重厚，特近癡肥。」這天，大帥還頗有感觸地寫道：「日內思作字之道，以為剛健、婀娜二者缺一不可。」他有點走神了吧？總之，大帥沒看上那位「胖妞」，看來納妾一事要告吹了。

不料，十月二十四日的日記還是出賣了他：「旋韓正國在外訪一陳姓女子，湖北人，訂納為余妾，約本日接入公館。中刻接入，貌尚莊重。習字一紙。中飯後，陳妾入室行禮。」

中國有所謂「不孝有三，無後為大」的古訓，娶上幾個小老婆，給祖宗延續香火，為古代男子納妾找到了很好的理由，使之成為一種堂而皇之的行為，而且也是地位與財富的象徵。

可是一直持身嚴謹的曾國藩已育有二子五女，雖因戰事長期與結髮歐陽夫人分居，但家庭仍算美滿，續香火一說難以自圓。據說，曾家世代務農，從高曾祖輩至父輩，還未見有人置妾。更令時人覺得荒唐的是，大行皇帝駕崩不足百日，全國服喪未滿，一切娛樂活動都被禁止，此時納妾簡直是違制失德。另外，前方戰事吃緊，大帥軍中納妾，有影響軍心之嫌。最後曾國藩不是一直提倡節儉、節欲、戒色嗎？怎麼可以如此言行不一？

總而言之，這位受人尊敬的儒學精神領袖在安慶前線如此迫不及待地納妾，實在匪夷所思。三十歲不納，四十歲不納，偏偏在名滿天下又體力日衰的五十歲納，難道有什麼難言之隱？

## 這個妾，其實不想娶

筆者認為曾國藩祕密納妾其實不是為了滿足「生理」需求，也未到衰老無法自理的地步，以至需人貼心照料日常起居。他的越軌行為實在由於無奈的「病理」需求，才出此下策。

曾國藩當年十月十四日給弟弟曾國潢的信中寫道：「余身體平安。惟瘡久不癒，癬疾如常，夜間徹曉不寐，手不停爬。人多勸買一妾代為爬搔。季弟代買一婢，現置船上居住，余意尚未定。大約此是積年痼疾，非藥餌所能癒，亦非爬搔所能癒也。」

原來曾大帥飽受「瘡」、「癬疾」的困擾，他又不像劉備那樣「手長過膝」，可以自行勾到後背，納妾是為了找個人晚上給他抓癢，以便維持良好的睡眠狀態。

患病而不尋求醫藥治療，而採取人工手法，類似晚期腫瘤病患消極地接受「舒緩」治療，這到底是什麼病？這樣的治療效果到底如何？

令人有點失望的是，曾大帥的發癢並未見明顯好轉，十一月十四日，他又給弟弟寫信，心灰意冷地說：「余身體平安，惟瘡癬之癢，迄不能癒。娶妾之後，亦無增減。陳氏妾入室已二十日，尚屬安靜大方，但不能有裨於吾之病耳。」這也許是他早有預料的。

不過，有人夜間幫忙搔癢，總好過獨自在痛苦中輾轉反側。同治元年正月十五日，曾國藩在日記中寫道：「思余近頗安逸……又有室家之樂，不似往歲之躬嘗艱苦，恐上行下效，風氣日壞矣。」其中的「有室家之樂」恐怕也包括夜寢有人搔癢之樂吧！

可惜這位陳氏實在命不好，嫁給曾國藩僅一年七個月就因肺結核去世了，沒有留下子嗣。曾國藩為此憂傷、失落了一段時間，此後再無婚娶納妾之事。

顯而易見，曾國藩患的是一種皮膚病，在日記、家信中多次提及「癬疾」的症狀。筆者無法統計發作了多少次，但可以肯定曾國藩在書信中提得最多的私事，無非就是下棋、見客、習字和癬疾四樣，皮膚病簡直成了他的家常便飯，而且糾纏了幾十年。

## 這種癬，其實不簡單

讓我們仔細看看他有哪些具體症狀吧！

### 一、「癢」不欲生

早在咸豐帝死前幾個月，曾國藩的皮膚病就可能病情加重過好幾次，也許正是導致不得不趕緊納妾搔癢的重要原因。五月十四日，曾國藩給弟弟的信中說：「余遍身瘡癬，奇癢異常，略似丙午年在京，慘無所苦。」五月二十日，又在信中寫到：「余遍身生瘡，奇癢異常，極以為苦，公事多廢擱不辦，即應奏之事亦多稽延。」

一個「癢」字，最讓立志做聖賢的曾國藩苦不堪言，也幾乎成了日記、書信中出現頻率最高、最刺眼的字。以下是筆者的部分摘錄：

三更睡，癬癢，竟夕爬搔，不能成寐。（同治元年正月初一日）

癬癢殊甚，三更後成寐。（同治元年正月初二日）

睡後，徹夜不能成寐，而癬不甚癢。（同治元年正月初四日）

二更三點睡，癬癢，不甚成寐。（同治元年正月初五日）

睡後，三更癬癢殊甚，四更乃得甘寢。（同治元年正月初七日）

## 二、「遍」體鱗癬

曾國藩的皮膚病並非局限在身體某處，而是全身各處都受累，只是在不同時間發作的部位不甚一致而已，有時是軀體，有時是頭面，有時是手臂，有時是頸項，有時甚至是「下身」，一旦抓搔過重，又往往血跡斑斑，真是慘不忍睹。以下是他的自述：

癬疥之疾未癒，頭上、面上、頸上並斑駁陸離，恐不便於陛見，故情願不考差……三月初有直隸張姓醫生，言最善治癬，貼膏藥於癬上，三日一換，貼三次即可拔出膿水，貼七次即痊癒矣。初十日，令於左脅試貼一處，果有效驗。（致諸弟・道光廿六年四月十六日）

任身上熱毒，近日頭面大減。請一陳姓醫生，每早吃丸藥一錢，又小有法術。已請來三次，每次給車馬大錢一千二百文。自今年四月得此病，請醫甚多，服藥亦五十餘劑，皆無效驗。惟此人來，乃將面上治好，頭上已好十分之六，身上尚未好。（稟叔父・道光廿五年九月十七日）

近日頭上生癬，身上生熱毒，每日服銀花、甘草等藥，醫云：「內熱未故，宜發不宜遏抑，身上之毒，至秋即可全好，頭上之癬，亦不至蔓延。」（稟父母・道光廿五年六月十九日）

手瘡、臂瘡殊增煩惱，遂不能多作事。（同治元年三月廿八日）

近日手上瘡已大癒，下身癬亦薄，竟能洗澡，不甚痛癢，自去年四月以來未有此佳境也。（同治元年四月廿八日）

## 三、「痛」不堪言

雖然搔癢是最常見的症狀，但有時還會合併疼痛，讓曾國藩在軍事、政治的高壓下，又忍受著癢、痛雙重的打擊。雖身居高位，成為清一代最顯赫的漢族官僚，但可能沒過上幾天舒心的日子。

睡後，左腿爬破，痛甚，徹夜不甚成寐。（同治元年正月初三日）

日來癬癢異常，遍身若有芒刺者然，數夜不能成寐。（同治元年正月初六日）

二更倦甚，即在位次小睡。三點後至上房，瘡癢殊甚，手上諸瘡作痛，甚以為苦。（同治元年正月廿八日）

近日每得美睡，雖兩臂、兩手瘡痛，而亦忘之，豈身體日佳耶？（同治元年二月初二日）

瘡痛不能多作事。（同治元年三月廿九日）

遍身瘡癬，且痛且癢，又與去年秋冬相類，至以為苦。（同治元年四月初一日）

瘡疾大作，痛癢交加。（同治元年四月初三日）

曾國藩的「癬疾」發作時，甚至可能合併發燒。他在給曾國荃的信中說：「溼毒更熾，遍身發燒，是秋天秋燥之故。余於（道光）二十六年秋亦遍身發燒……其時余又徹夜不寢，則是別有心肝之疾，與皮膚燒熱了不相涉。總之，皮膚之病，世間無甚於我者，尚非要命之症。」

四、燥「熱」難當

五、堆「屑」如山

和許多皮膚病患者一樣，曾國藩渾身上下經常搔得皮屑飛揚，有時甚至漫天飛雪似的，實在不雅。他終生有圍棋癖，可以想像經常一邊下棋，一邊抓背搔腿，一局下來，周圍地面上、棋盤上、桌案上到處是皮屑，初見者大概無不噁心。

皮屑沒有脫落之前，患處往往隆起一堆黃白色之厚厚死皮，治療或脫落後會出現一片紅暈。他早年曾請醫師診治，留下紀錄：「廿日即令貼頭、面、頸上，至四月八日，而七次皆已貼畢，將膏藥揭去，僅餘紅暈，向之厚皮頑癬，今已蕩然平矣。」（致諸弟．道光廿六年四月十六日）這種症狀也持續多年：「日內手上之瘡全癒，唯尚紅癢，或虞再翻耳。腳上之癬亦稍薄。」（同治元年四月十八日）

張鳴《歷史的壞脾氣》記載了一個傳說：某次，曾國藩多喝了幾杯，上床歇息，侍女為他蓋被，猛地發現床上盤著一條巨大的蟒蛇，嚇得暈了過去。據傳曾國藩睡過的床上，每天早上都會留下許多皮屑，像蛇蛻皮一般，因此民間盛傳他是「蟒蛇精」或「癩龍」轉世，專為拯救大清江山而來。

六、經「久」不息

曾國藩日記最早記錄於道光十九年，較早記載「癬疾」是在道光二十六年，那一年他三十五歲。在此之前，可能也罹患過，只是日記記載不詳或筆者考證未細。從青年直到老年，他的皮膚病從未斷根，時時復發，直到生命終結才徹底消停。

七、癬出有「因」

每當曾國藩學習、工作上遇到壓力，需要「用心」操勞時，皮膚病就會尾隨而至。咸豐十一年夏秋的那次大發作，應該與當時戰事激烈導致曾大帥心情不佳有關，因其時湘軍對安慶城發起最後的攻擊，驍將陳玉成率領太平軍拚死抵抗，湘軍死傷慘重。儘管太平天國氣數將盡，但此刻的曾國藩還是擔心功虧一簣，難免焦慮不安、心神不定。這一年確實也是多事之秋，年初咸豐帝為英法聯軍所迫，狼狽逃往熱河；淮北人苗沛霖擁兵割據，聯合太平天國和淮北捻軍造反；七月，咸豐駕崩，政局不明朗；九月，那拉氏（慈禧）和奕訢發動「北京政變」，顧命八大臣或被處死、或被流放，其中被處以極刑的肅順還曾對曾國藩賞識有加。這段日子的曾大帥，沒有理由不憂思深重、情志不開。

其實，他年輕時發病也大致如此：

男近來身體不甚結實，稍一用心，即癬發於面。醫者皆言心虧血熱，故不能養肝，熱極生風，陽氣上肝，故見於頭面。男恐大發，則不能入見，故不敢用心。（稟父母・道光廿九年四月十六日）

侄近年以來精力日差，偶用心略甚，癬疾即發。（稟叔父母・道光廿八年七月二十日）

症狀如此複雜，病人如此痛苦，到底是哪種皮膚病？

## 這病根，需要細考量

假如曾國藩再世，帶著七大症狀前來您的診所求醫，您會做何判斷？某些「統領全科」的醫師也許會說，這不是挺簡單的嗎？曾大人自己都說了是「癬」病，給他抗真菌藥外用不就好了嗎？清朝時可沒有這種西藥，怪不得他治不好。

我們必須釐清的是，古人所說的任何診斷、病名，都是中醫說法，不能和今日西醫病名混為一談，儘管有時兩者在字面上好像完全一致。

從西醫的角度看，癬是黴菌引起傳染性皮膚病。中醫學記載的陰癬、圓癬、癘瘍風、紫白癜風等類似於此病。癬，確實可以引起患處結痂脫皮、搔癢難當，而且根據感染部位不同，還可分為白癬、手癬、黃癬、足癬、體癬和指甲真菌病等。

然而，這種病一般不引起疼痛、發燒，又是一種局部的感染性疾病，與情志不良引起的全身性疾病似乎不大一致。更何況，黴菌感染大多發生在生活起居環境差的人，曾國藩如果一輩子生活在貧窮的鄉村，倒是有可能罹患的，但他三十多歲在北京做官時才開始發病，就有點說不過去了，因為他生活比較安逸，且一生喜好整潔，而以九年內連升十級、四十歲不到便擔任國家級「副部長」（禮部左侍郎）的運氣，確實有物質條件和閒暇時間保持身體和家居的清潔衛生。之後，他輾轉征戰於兩湖、兩江一帶，雖戎馬倥傯，生活條件不如在京時優越，但作為朝廷大員，起碼的衛生條件還是可以顧及的吧？再說，二、三十年間，反覆被同一類微生物感染皮膚，是不是過於巧合呢？因此筆者認為他患有西醫「癬」的說法有點牽強。

那麼是不是疥瘡呢？因曾國藩有時在書信中「癬」、「疥」二字並用。更不像！疥瘡是由疥蟎在人體皮膚表皮層內引起的接觸性、傳染性皮膚病，可在家庭及接觸者之間傳播流行。臨床表現以皮膚柔嫩之處出現丘疹、水疱、搔癢性結節，夜間搔癢劇烈為特點。與「癬」一樣，同樣無法符合曾大帥的全部臨床表現，且既然從生活上有避免患「癬」的條件，這種「疥」就更不大可能發生了。

嫌疑犯被逐一排除，禍首到底是誰呢？如果曾國藩求助於現代西醫皮膚科醫師，他將得到如下的專業診斷：銀屑病 (psoriasis)。這種病恰恰滿足了曾大帥全部的臨床表現。

不過他本人的判斷並不完全錯，因為銀屑病的俗稱就叫「牛皮癬」。銀屑病是慢性皮炎，是一種無傳染性的紅斑鱗屑性皮膚病和身心疾病。其病因至今尚未完全明確，可能是一種與遺傳、營養物質代謝障礙、免疫系統異常或微生物誘發相關的病。病患病程很長，極易復發，有的病患幾乎終生不癒。

該病可不定期地出現在身體任何部位，每次發作的部位不完全一致，最常見的就是患處呈現境界清楚、形狀大小不一的紅斑，有浸潤增厚。紅斑面上覆蓋銀白色層積性鱗屑，鱗屑易於刮脫，刮淨後其基面常見點狀出血，病患自覺搔癢。有些類型的銀屑病患者確實會合併發燒、寒顫等全身不適，甚至疼痛（尤其是關節部位）。

每當病患生活壓力增大、心情煩躁、休息不足或遭遇天氣轉變之時，這種病因不明的全身性疾病就會粉墨登場，輕者導致顏面不雅觀，重者搔癢難忍，如坐針氈，生活品質急劇下降。

治療銀屑病有時局部外用藥的效果確實不佳，以口服藥物進行全身性治療（如使用免疫抑制劑）在所難免，不過副作用也不容小覷，需要醫師不斷調整和跟進。

曾國藩即使活在當下，這種病恐怕也難以完全康復。

同治十一年（西元一八七二年）二月初二，曾國藩突然「手執筆而如顫，口欲言而不能出聲」，似是腦中風，兩天後便與世長辭於兩江總督府。直到去世前一天，依舊保留著日記習慣，甚至「閱理學宗傳中張子一卷」，只是那天沒有「癬疾」的記載，而這種病痛隨著他駕鶴仙去，永遠不再困擾這位喜歡靜心思考的老人了。

## 這張臉，其實不僅有滄桑

有張曾國藩晚年的半身肖像畫下方有一行釋文：「曾公貌之過人處，眼作三角形，常如欲睡，而絕有光，身材僅中人，行步則極厚重，言語遲緩。」這張冷峻的面龐，飽經了滄桑，本是一副文人面孔，時代卻賦予了堅韌剛毅之魂。原為一介書生，命運卻讓他數年馳騁沙場。這張內斂的文官面孔融合著武將的雄渾，鑄造出了文武之人的新形象。也是一張時時長滿「癬疾」的瘦臉。

近兩百年前，在湖南湘鄉老家、在北京皇城、在安慶前線、在南京督府，導致曾國藩苦惱不已，甚至焦頭爛額不亞於太平天國和官場政敵的，極有可能就是銀屑病。他服藥調理全身，這想法沒錯，至於中藥效果如何，西醫的筆者不敢妄下結論。只可惜終究沒能治好，倘非如此，或許他的軍政、學術成就會更傑出，或許不止調教出一個李鴻章，或許「洋務運動」的面貌將略有不同。

其實，不管皮膚病有多搔癢難耐，都不是曾國藩一生最大的苦楚，靖港之敗的奇恥大辱、滿蒙猜忌的壓抑憤懣、天津教案的朝野不諒，乃至群起攻之，哪一樣不比皮膚病更難受？他只能把屬於私人小事的搔癢，吝嗇地留給黑色的夜晚。

我們實在不應苛求古人，就算他活在現代，患上這種病也絕對不會像普通感冒般被輕而易舉地「剿滅」乾淨的。中國近代史的進程是不是也因這一身搔癢，或多或少地改變了航向？

不知道曾大帥看了上文，會不會覺得「積年癢疥，為君一搔，憂患餘生，得少快慰」[1]呢？

[1] 曾國藩〈復彭麗生書〉：「足下與某公書，言之至為深痛。積年癢疥，為君一搔，憂患餘生，得少快慰。」

## 如果曾國藩活在現代，醫生會建議……

一、注意三大忌口：忌酒、忌海鮮、忌辛辣。

二、儘可能避免感冒、扁桃腺炎、咽炎的發生。

三、消除精神緊張因素，避免過於疲勞，休息要充分。

四、居住環境要乾爽、通風、要經常洗浴。避免潮溼、淋雨、涉水、風寒及太陽曝晒。

五、內分泌變化和妊娠均可誘發本病或使其加重，要多加注意。

六、多食用富含維生素類的食品，如新鮮水果、蔬菜等。

七、清洗患處時，動作要輕柔，不要強行剝離皮屑。

## 耗盡熱血猶壯懷。

### 曾紀澤身為將門長子，卻體弱多病、盛年不壽

近日每晨起輒咯血數口，血雖不多，頗形委頓。（《曾紀澤日記》）

姓名：曾紀澤
身分：清朝戶部左侍郎、駐俄大臣、駐法大臣
活動範圍：中國—法國
生存年代：西元一八三九年～一八九〇年，五十一歲

一八八三年冬天，法國巴黎。一位愁眉不展的中年男子在寓所內，隔著窗紗凝視著捲起一陣陣寒風的塞納河，陷入沉思。

他撿起桌上的時報，細細地讀著每一個字，臉上時而赤紅，時而蒼白，末了，義憤填膺地把報紙揉成一團，繼而將其撕得粉碎，扔出窗外。那片片點點的碎紙，隨著陰冷的風飛散到塞納河上空，又被一股股冷流沖進河裡，吞沒得無影無蹤。讓無數外國人神往的塞納河，此刻結起微微的冰霜，停滯不前，

顯得那樣冷酷無情，傲慢無禮，乃至貪得無厭。

男子的思緒透過眼前的塞納河，彷彿穿越到萬里之外的中國和越南，那裡正發生戰事，但不是中、越兩國的戰爭。

沒法不氣憤，因法國的報刊都無恥地詆毀他，而中國輿論界竟連一丁點聲援都吝嗇發出，而他為之奔走呼喊的正是中國的國家利益。他愈想愈生氣，突然發覺喉嚨一陣劇烈的搔癢襲來，胸口有如被人重重錘擊著，有窒息的感覺，不得不用力大聲咳嗽，一團黃痰混著一灘殷紅的鮮血，把精美的地毯弄髒了。他有氣無力地癱倒在椅子上，閉上雙眼，喘著粗氣，額頭冒著無數豆大的汗珠，慢慢把中國人特有的髮辮浸溼了。門外的侍者聞聲而進，趕忙把他扶起，一面揉著他的背，一面關切地問：「大人，您還好嗎？要不要趕快叫醫生？」大人長嘆一聲，無助地擺了擺手……

## 帥門公子，虎口奪食

他的名字叫曾紀澤，時任大清駐法大臣。

十九世紀積貧積弱的中國，為捍衛國家利益和民族尊嚴，許多仁人志士不惜拋頭顱、灑熱血，前仆後繼，在劍拔弩張的談判桌上也湧現出一批不懈抗爭的愛國者。

曾紀澤就是其中一位。他是湖南湘鄉人，清末卓越的外交家，官至戶部左侍郎；其父便是近代史上鼎鼎有名的「中興名臣」曾國藩，曾國藩以道德文章、治兵方略而家喻戶曉，可是知道曾紀澤的人就少多了。曾國藩鎮壓了太平天國，是對內的勝利；而調教出才華橫溢的兒子，真正青出於藍而勝於藍，是對外的勝利。比如出色的對俄交涉，如果沒有曾紀澤成功的外交斡旋，今日中國版圖就會失去一大片，且新疆地區將被南北分割，不管是戰略上還是資源上，對中國都極為不利。這個意義上，曾紀澤更值得後人緬懷。

曾紀澤繼承了父親「一等毅勇侯」爵位，可謂生於高官家庭，然而全然沒有紈褲子弟吃喝玩樂、坐吃山空的惡習。書香門第的曾家極重視對子女的教育，紀澤不到四歲半就入私塾，師從湘中名士，開始習讀經史詩文；對於紀澤的讀書、寫字和做事、做人，曾國藩均諄諄教誨，嚴格督導，他要求紀澤做事必須「有恆」，但沒要求兒子將來做大官，只希望兒子做個「讀書明理」、「勤儉自持，習勞習苦」的人。

歷史上有才華而未能通過科舉考試的人很多，曾紀澤也不例外。他放棄了傳統文人必走的科舉之路，除了研讀經史詩文外，還學習天文、地理、數學等，學貫中西，能言善辯，知識淵博。那時中國和外界交往不多，懂外語的人也少，他硬是自學英語成才，每天「誦《英語韻編》，鈔（抄）英話十條、二十條」，最後當了高官仍堅持不懈，甚至涉獵法語，提高外語水準，最終成為傑出的外交家。

十九世紀八十年代初，沙俄在中國西北領土擴張，曾紀澤作為中俄伊犁談判代表，仔細勘察，不屈不撓，據理力爭。談判結果不僅收回了伊犁南邊戰略要地和其他土地共約五萬平方公里，還減少了被出賣的邊界損失。曾紀澤因此被譽為「虎口奪食」，這是他人生的巔峰。

## 積勞成疾，盛年不壽

不久，法國侵略越南，引起了中、法之間的越南問題交涉。曾紀澤向清朝廷指出法國蓄謀鯨吞越南、進而侵略中國的企圖之初，多數朝臣邊吏持懷疑甚至反對態度。曾紀澤在一封私人信件說：「始也樞廷、譯署諸公暨合淝相國（李鴻章）均於鄙說不甚措意……」

時任大清駐法大臣的曾紀澤每日拖著疲弱的身軀積極活動、四處奔走，主張堅持不讓，「一戰不勝，則謀再戰；再戰不勝，則謀屢戰」，堅決反對以犧牲中國利益為代價與法國議和，此舉遭到法國當局和媒體的嫉恨，聯手在報刊上惡意中傷他，但腐敗無能的清朝廷最終仍屈辱地接受了法國提出的苛刻條件。心力交瘁、積勞成疾的曾紀澤竟被免職回國，一片忠心反遭重大打擊，悲憤交加，吐血頻頻，「寢饋難安」，氣得雙手顫抖，連字都寫不出來，身體愈發虛弱了。「數年豪氣，一朝喪盡」，為維護國家利益、民族尊嚴傾注了滿腔熱血的愛國志士，不僅遭受外人凌辱，還成了清朝廷妥協政策的絆腳石，朝廷一心要排除他，再與法國媾和，曾紀澤感到前所未有的寒心和屈辱，陷入了深深的痛苦之中。

西元一八九〇年冬天，註定又是陰寒而憂傷的季節。陰曆十月廿六日，節氣已入大雪，兩朝帝師翁同龢在日記中寫道：「俗云小雪封地，大雪封河，今大雪地猶未凍，午忽霧塞，陽氣不收之徵也。」

大雪以後，四野天低。一輪黯日，朔風連連，天空似煙非煙，一片陰霾，彌漫空際。這麼糟糕的天氣裡，定居北京的曾紀澤患了「傷寒」，他的好友——英國醫生德貞 (John Dudgeon)，從他患病到去世，親自參與整個診療過程。德貞醫生記述：「從一開始狀況就很糟，沒有希望。他的身體根本無法抵抗疾病，病情很嚴重。」儘管有四位外國醫生先後診治，均回天乏術。德貞說曾紀澤的身體在歐洲時就相當不好，全靠去各地療養所休養才使病情暫時平穩；曾紀澤自己有記錄去英國海濱療養。

剛過天命之年的曾紀澤是否死於「傷寒」呢？其實此「傷寒」非彼「傷寒」。古人所稱的「傷寒」與現代西醫的「傷寒」並非同一個疾病。

西醫和中醫雖然有很多詞彙相似，事實上兩者的意思往往大相逕庭。中醫的誕生遠遠早於西醫，兩者屬於完全不同的思維模式，有著截然不同的哲學基礎，西醫老前輩引進這門現代科學同時，一度苦惱於詞彙的翻譯問題，由於文化迥異，許多西醫的專業術語在中文裡根本找不到對應語詞，好比 president 一詞，在民國以前，中國何曾有「總統」一職？因此前輩們可謂絞盡腦汁，最後從古代中醫詞彙裡獲得靈感，實施了「拿來主義」。例如，風溼是源於中醫的詞彙，現代西醫借用「風溼」一詞，對照英文 rheumatism，指的是一類細菌誘發的免疫性疾病，與傳統中醫的風溼在概念上簡直風牛馬不相及。風溼性關節炎是個不折不扣的西醫術語，傷寒也是如此。

西醫的傷寒（typhoid fever）是一種由傷寒桿菌引起的急性腸道傳染病，典型臨床表現是持續高燒、腹痛、腹瀉或便祕、肝脾腫大，部分病患會出現玫瑰樣皮疹、發高燒而脈搏出奇的慢。傷寒桿菌偏好炎炎夏日，夏秋季遂為傷寒的高發季節。

古籍中「傷寒」是一系列傳染病的統稱，按照張仲景的歸類，分為六經病症，又有相應的腑症，其描述症狀涵蓋了現代醫學的呼吸系統、消化系統和泌尿系統及傳染病的表現，但不能與西醫的傷寒混為一談，不過天氣寒冷這一因素值得重視。《傷寒雜病論》針對來源及其應用表明：這類病主要是以寒邪致病為症候特點的寒性瘟疫。

由此推測，曾紀澤死於嚴冬的呼吸道疾病的可能性很大，並非死於西醫的「傷寒」。

## 久病纏身，不堪一擊

按理說，冬天感冒甚至氣管炎之類的病很常見，對可以接受中西醫治療的盛年男子來說，似乎不該致死。為何曾紀澤偏偏撒手人寰呢？看來他的呼吸系統可能本來就有嚴重的疾病，在外來打擊之下迅速崩潰。

誠如德貞所說，曾氏早就疾病纏身。去世前六、七年，中、法之間的越南問題鬧得不可開交時，他作為清朝廷代表，日理萬機，壓力巨大，還不斷受到法國當局的惡意攻擊，憤懣淤積。他在日記中寫道：「近日每晨起輒咯血數口，血雖不多，頗形委頓。」法國人對他的瘋狂凌辱無以復加，使本來內憂議和、外抗敵廷、終日焦灼的曾紀澤心力交瘁；他自己也說：如果法國人再肆意詆毀，他的病情將會加劇而不可救藥。

說到咯血，醫生自然會聯想到肺結核（肺癆）和肺癌。若是司空見慣的肺結核，當時人們對該病雖無法根治，但已有較深認識，且肺癆患者的形象早已深入人心，曾紀澤本人和德貞醫生應會有所記錄，但他們對此隻字未提。再看看曾氏一八八三年離法赴英的留影，仍器宇軒昂，顏面飽滿，一副壯漢的模樣，全無癆鬼弱不禁風、瘦骨嶙峋的病態，因此他當時罹患肺結核的可能性不大。至於肺癌，可能性更小，因為在無手術切除、化療、放療的清代，可以存活六、七年之久，實在是人間奇蹟。還有什麼病會導致病人咯血呢？

# 病根難除，壯志難酬

其實曾紀澤自幼體弱多病，曾國藩「即命其每日早晚各走五里路」，加強鍛鍊，增強體質；成年後，他仍屢屢遭受病魔襲擊，曾國藩曾寫：「沅弟與紀澤兒均有病，甚為憂灼，夜睡不甚成寐，百感交集。」（《曾國藩日記．同治三年三月廿七日》）當時曾紀澤已經二十五歲了，看似病得不輕，讓老父憂心忡忡。第二年，又病了，父親寫信安慰他：「病之有無，壽之長短，盡其在我，聽其在天。」（《諭紀澤．同治四年九月初二》）第三年，大概還是病了，老父又修書一封：「體弱只宜靜養，不宜妄施攻治，養生與治天下，皆宜順其自然。」（《諭諸兒．同治五年二月廿五日》）

結合曾紀澤幼年和青年時代多次患大病、中年咯血的資料，他患有支氣管擴張症 (bronchiectasis) 的可能性很大。

支氣管擴張症是指中等大小的支氣管由於管壁肌肉和彈性成分被破壞，導致管腔形成異常的、不可逆的擴張與變形。此病大多繼發於反反覆覆的急、慢性呼吸道感染之後，患者多有童年麻疹、百日咳或支氣管肺炎等遷延不癒的病史，臨床表現主要為慢性咳嗽、咳大量膿痰和反覆咯血。部分患者以反覆咯血為唯一症狀，無咳嗽、咳膿痰等，臨床上又稱為「乾性支氣管擴張症」。

反過來，支氣管擴張症使氣管的管腔裡蓄積了大量汙物和病菌，難以排出，又極易反覆感染，炎症可蔓延到鄰近肺組織，引起肺炎、膿腫和支氣管炎等。當病變嚴重而廣泛時，肺部的通氣、換氣能力便大為削弱，以至病人呼吸功能衰退，無法獲取足夠的氧氣維持生命。

一百二十多年前寒冷的北京，肺部已千瘡百孔的曾紀澤不幸又受到來自病菌或病毒的侵害，它們定植在殘損的支氣管上，構成了嚴重感染，最後引發了肺炎或肺膿腫。沒有殺滅細菌的抗生素、沒有輔助通氣的呼吸機，一代愛國志士、外交奇才壯志難酬，痛苦而憤憤地閉上了雙眼。臨別時刻，家人隱隱約約聽到他沉吟的詩作：「人間謗議南箕口，天上輝光北斗星。幾年旋斡乾坤事，付與時人代計功……」

孱弱的國家、不知尊嚴為何物的政府，又怎能維持子民的尊嚴？又怎麼能讓子民實現自己的抱負？

## 如果曾紀澤活在現代，醫生會建議……

一、防治麻疹、百日咳、支氣管肺炎及肺結核等呼吸道感染，對預防支氣管擴張症具有十分重要的意義。支氣管擴張症病患應積極預防呼吸道感染（尤其在冬季），努力戒菸，增強機體免疫功能以提高抗病能力。

二、存在支氣管擴張症併發感染的病患，一般應當在醫師指導下使用抗生素控制感染，輔以止咳祛痰。反覆發作者或出現大咯血，病變範圍局限於一側肺，經藥物治療不易控制者，有時需要選擇手術治療，切除病變肺組織。

# 黃粱夢醒將就木。

## 袁世凱當了總統又登基，還是沒躲過短命魔咒

以稱帝不成，中外環迫，羞愧、憤怒、怨恨、憂慮之心理循生疊起，不能自持，久之成疾。（《袁世凱全傳》）

姓名：袁世凱
身分：清朝內閣總理大臣—民國大總統—中華帝國皇帝
活動範圍：河南—北京
生存年代：西元一八五九年～一九一六年，五十七歲

### 風光大葬，不輸皇家

民國五年（西元一九一六年）六月初，中國近代史上舉足輕重的袁世凱，帶著無比的留戀和悔恨一命歸西了。他是亂世梟雄？開國元勛？竊國大盜？歷來爭議不斷。但有一點可以肯定：如果沒有半年前那個錯誤決策，他本是可以「光榮」死去的。

在北洋政府看來，沒有袁世凱就沒有他們的「家天下」，於是袁氏的喪禮不僅要搞得體面，還要風風光光，儘管袁大總統已在民間淪為過街老鼠。中央撥款五十萬用作喪葬費，通令文武機關下半旗致哀，並停止宴樂二十七天，民間娛樂也停七天。袁世凱的靈堂設在中南海懷仁堂，從六月六日到二十七日共停靈二十一天。在此期間，京城文武百官一律佩戴黑紗，每日按班次前來致祭行禮，駐京部隊也分批前來，舉槍致哀。靈堂外面搭建了數座牌坊，另有京城內外的高僧、名道和喇嘛前來念經誦佛，超渡亡魂。

那些曾經明裡暗裡背叛他的袍澤、故舊紛紛冰釋前嫌，或親自或派代表趕到北京沉痛悼念老上司，有的人星夜兼程趕來，到了靈前更是呼天搶地，涕淚漣漣，不知道的人還以為死的是他們親爹。袁世凱的喪禮倒顯得哀榮備至。

六月二十八日是袁世凱出殯之日。這位做過中華民國大總統，又硬做了八十三天皇帝的人，生前為「皇帝」頭銜焦頭爛額，死後還是安穩地過了「準皇帝」的癮，且不說規模宏大的葬地——袁林，就是喪葬儀式也大有可觀：為他的棺木起靈時用的是皇槓，棺罩所用也是皇家規制：黃緞底，繡龍紋、雲水紋。新華門內用三十二人的小槓，出新華門後換八十人的大槓。送殯路線由懷仁堂出新華門，經天安門向南過中華門、正陽門，直到前門車站，路上不斷有人用黃土墊地，清水噴灑。

繼任總統黎元洪以下文武官員在新華門處行禮，此後由京師員警總監率員警開道，陸軍儀仗隊一個團，海軍儀仗隊一個連，總計二千人組成的隊列跟隨其後。他們的後面是靈柩和送靈的袁氏親屬隊伍，男性子孫披麻戴孝，手執哭喪棒一根在靈柩後步行，袁的妻妾、女兒、兒媳等一干女眷則乘轎跟在後面。外國使節、前清室代表送到中華門為止，國務院總理段祺瑞以下文武官員胸戴白花，臂纏黑紗，步行送靈到前門車站。在車站舉行路祭之後，靈柩被抬上靈車，當日京漢鐵路客運停運一天，除靈車之外，路局另外撥了兩列專車，一列搭乘護衛軍隊、治喪人員和物品，一列運送前往河南彰德送葬的文武百官和知交故舊等。京城裡整個送葬隊伍計約五千人，前頭的隊伍已到車站，後面的大槓還在新華門前。盛況空前，比當年慈禧太后的葬禮熱鬧多了。

北洋政府刻意營造的體面工程不過是拙劣的掩眼法、遮醜布，老百姓的眼睛總是雪亮的；雖然觀者如潮，但沒有人表現出悲傷的模樣，更多只是默不作聲的冷淡，民間輿論更是極盡挖苦嘲弄之能事。

平心而論，論政治權術，袁世凱勝於曾國藩、李鴻章、蔣中正等人，論政治魄力，甚至不亞於華盛頓和拿破侖一世，但論起政治眼光，他就差多了。最終以一己之私，利令智昏，自作自受，雖然不是死於非命，但也不能說是善終。袁世凱到底怎麼死的？

## 政壇強人，豈被罵死？

二十世紀前十幾年的中國，風起雲湧。辛亥槍響，風雨飄搖的清朝廷被迫重新起用北洋軍首腦袁世凱，但袁世凱擁兵不前，放任革命黨坐大，隨後促成清帝遜位，自成無冕王，繼而恩威並用，奪民國總統之位。到了一九一五年，又鼓噪中外，試圖圓皇帝之夢。

世界歷史上，一生既做總統又當皇帝的人不是沒有，法國拿破侖三世就是先在總統選舉中獲勝，然後改共和國為帝國；但是在中國同時身兼兩個職位的卻只有袁世凱一人。

一九一五年夏天，復辟帝制的流言甚囂塵上時，「北洋三傑」之一的馮國璋入京覲見袁世凱，特意詢問此事，當時袁總統信誓旦旦地向老部下矢口否認，豈知言猶在耳，就已黃袍加身，登上了「中華帝國」皇帝寶座。十二月十二日，在慫恿和蠱惑之下，曾經英明幹練、頗有自知之明的袁世凱，終於鬼迷心竅，公開稱帝。熬了這麼多年，使盡多少權謀手段，終於登上皇帝之位。稱帝之日，他發表了簡短演講：「大位在身，永無息肩之日。」

出乎意料的是，一九一六年本是中華帝國的「洪憲元年」，卻沒有一點喜慶的氣氛，因立志「為四萬萬國民爭人格」的蔡鍔已在雲南誓師討袁，發起護國戰爭。三月二十二日，當了八十三天皇帝的袁世凱不得不在全國一片反對聲中，被迫取消帝號，恢復「中華民國」國號。

袁世凱稱帝時，按古代慣例需要追宗溯祖，於是有無聊文人研究出袁世凱的祖先是三國時割據一方的諸侯袁術。袁世凱生於河南，袁術當年的地盤主要也在河南；如果屬實，這對隔空的祖孫還真有幾分神似。袁術僭號天子，為各路諸侯所不齒，成了各家共同的敵人，接連遭到孫策、呂布、曹操三方聯合打擊，很快便一敗塗地，惶惶如喪家之犬，最終連病帶氣，吐血暴亡。袁世凱亦類似，在舉國一片罵聲之中，憂憤不安，惱羞不已，退帝位後僅僅兩個多月便命歸黃泉。

人們喜歡用「氣死」來解釋袁世凱的最後落幕，似乎這樣更讓老百姓解氣，更能紓解人民對這個倒行逆施之徒的憤恨之情。黃毅《袁氏盜國記》說：「盜國殃民，喪權亂法，在中國為第一元凶，在人類為特別禍首，其致死固宜，益以年老神昏，兵之將變，人心怨懟，體面無存。袁氏人非木石，顧後思前，能不自疚？此即袁氏病死之真因也。」王忠和《袁世凱全傳》又述：「（袁）以稱帝不成，中外環迫，羞愧、憤怒、怨恨、憂慮之心理循生疊起，不能自持，久之成疾。」甚至袁世凱的女兒袁靜雪也撰文稱：「內外交攻，氣惱成病而死。」

又有人認為袁世凱稱帝後眾叛親離，讓他大失所望，甚至徹底絕望，此乃促使袁世凱死亡的一帖精神催命藥，成為壓死他的最後一根稻草。

明顯的例子是四川督軍陳宧叛袁。他曾是袁世凱的親信和帝制擁戴者，實力雄厚。據說袁氏派陳宧帶兵入川前夕，他向袁辭行時，行三跪九叩大禮，坊間傳言他先行臣子見皇帝的禮節，又學喇嘛拜叩活佛的最高敬禮，真可謂阿諛奉承到了頂峰，果然使袁世凱對他印象良好，以為可靠；因此陳宧突然宣告四川獨立，對毫無心理準備的袁世凱是莫大的打擊。陳宧又為其他親信背叛發揮了領導作用，陝西的陳樹藩和湖南的湯薌銘相繼宣布獨立。有人說：「袁世凱最後服了一帖『二陳湯』以致送命。」此三人的背叛確實是袁世凱始料未及的。以上解釋均拘泥於袁世凱的精神因素。

後來數十年乃至近百年歷史教科書中，袁世凱的結局一律成了「氣憤憂懼而死」，也許如此行文對「獨夫民賊」更有批判力度吧！讓袁世凱淹死於全國民眾的唾沫之中，似乎更能體現歷史潮流的浩浩蕩蕩、勢不可逆。

然而，稍微動動腦子的人都能明白，袁世凱縱橫政界、軍界數十年，不乏坎坷，幾起幾落，經歷了無數大江大浪、大風大雨，實乃老奸巨猾、老謀深算、心狠手辣、心黑臉厚之一代梟雄，若非身體早已出了問題，又怎麼可能因一時氣憤而暴斃呢？光是憤懣、憂悶，又豈能在區區幾個月之內被氣出病來，最終死去呢？至於自殺，對這位時刻幻想著東山再起的政壇老油條而言，就更加荒誕不已了。

將袁氏的死亡簡單歸結於政治原因，只能掩蓋真相，他在本該「年富力強」的五十七歲時去世，應該是另有原因的。人們不禁要問：袁世凱究竟得了什麼病？

## 延誤治療，加速死亡

自十二月二十五日蔡鍔豎起護國戰爭的旗幟後，袁世凱就已「形神頗瘁」。元旦有入賀者見他「面目黧黑且瘦削，至不可辨認」。

一九一六年元宵節，袁氏全家人圍在一起吃元宵時，六、八、九姨太太為了妃、嬪的名分大聲爭吵，袁世凱長嘆了一口氣說：「妳們不要再鬧了！妳們都要回彰德去，等著送我的靈柩一塊回去吧！」說完，憂心忡忡的袁世凱便起身回辦公室，閉門不出了。

此時，舉國已民怨沸騰。巨大的社會力量如「天神雷電，轟擊妖怪」。三月，眾叛親離的袁世凱被迫取消帝制，其後他夜間失眠、喜怒不定，又患腰痛，病情逐日加重，他「失其自信勇斷之力，僅存一形骸矣」。據五月中旬謁見的禁衛軍團長回憶說：「仰望神氣，大失常態，面帶愁容矣。」這種情況下，他口頭上不得不一再表示「極願早日退位」，實際上仍藉口須先「妥籌善後」拖延時間，還是不肯放棄一點權力。

這時他仍諱疾忌醫，周圍的心腹爪牙對他的病也諱莫如深。老友徐世昌推薦其弟徐世襄來給他治病，說：「肝火太旺，神思太勞，宜休養。」袁氏很不高興，即令退出。

袁世凱的病情逐漸惡化，小便甚為不暢，在嫡子袁克定的堅持下，才讓法國醫師貝希葉前來診治，貝希葉建議袁世凱立即到醫院動手術，或許還有一線生機，但被頑固的袁世凱拒絕。貝希葉只好在袁的臥室內給他導尿，但此時導出來的全是血尿，袁世凱亦自暴自棄，幾欲放棄治療。

《袁氏盜國記》對此有更詳細的記述：「五月二十七日，經中醫劉竺笙、肖龍友百方診治，均未奏效，延至六月初四日病勢加劇，即請駐京法國公使館醫官博士卜西京氏診視症狀，乃知為尿毒症，加以神經衰弱，病入膏肓，殆無轉機之望。」這位法國醫師卜西京與上文的貝希葉很可能是同一個人。

王忠和《袁世凱全傳》也說：「相傳為尿毒症，因中西藥雜進，以致不起。」二十世紀五十年代，劉厚生《張謇評傳》也說：「袁世凱患尿毒症，攝護腺腫脹。」

其時，袁世凱已無法掌控個人命運了，「家族三十餘口，情急失措」，就袁氏的診治爭吵不休，莫衷一是。

醫治方案上，袁世凱的家人意見分歧很大，大兒子袁克定主張用西醫，透過動手術治病；二兒子袁克文和妻妾則竭力反對西醫，主張中醫治療。雙方相持不下，貽誤治療的時機，最終加速了袁的死亡。

六月六日上午，袁世凱最終放棄了與命運的抗爭，撒手人寰。北洋政府發表《政府公報》稱袁世凱死於尿毒症。

## 被活活撐死的腎臟

尿毒症(uremia)是指腎功能衰竭，因而使蛋白質消化後產物、尿素等身體廢棄物，以及多餘的水分，無法透過尿液排出，滯留體內所產生的中毒現象。是腎功能衰竭的最後階段，如果沒有現代的血液透析或腹膜透析療法，把毒素和多餘的水分過濾掉，病患將在毒素的酸性侵襲下、在廢水的膨脹下，器官功能紊亂，迅速走向死亡。

袁世凱死於尿毒症，並非出於空穴來風。據說袁氏死後，遺體頭戴平天冠，身穿祭天用的龍袍禮服，如大行皇帝一般。袁世凱以龍袍入殮的原因，其七子袁克齊表示：袁氏死後身體浮腫，所有的衣服都穿戴不上，唯有寬大的祭天禮服能穿。袁家人徵得黎元洪、徐世昌、段祺瑞同意後，就給袁世凱穿上了祭天用的龍袍。另有坊間傳聞，袁氏生前早就訂製好一口上好的棺木，但由於腎衰竭無尿或極少尿，水分積聚過多，渾身腫脹，竟然導致屍身無法放入棺木，只得臨時趕造一口。

按進度講，腎衰竭有急性、有慢性，也有慢性基礎上突然遭受打擊造成的急性病變。由於腎臟的代償功能非常強大，若不是雙腎均已損傷到無以復加的地步，人體排尿的功能都不受大影響，不少人可能還沒有明顯的不適。袁世凱本身是否已存在慢性腎衰竭，實在很難判斷，但從他在短短兩、三個月內迅速衰老，不久就病死來看，很有可能是在慢性基礎上的急性加重。

按病因說，腎衰竭還分腎前性、腎性和腎後性。腎前性指的是由於休克或心臟停跳等原因，造成全身供血不足，腎臟的血液灌注減少，引起腎臟衰竭，這種情況往往相當危急，但是一定有誘因，如心肌梗死等，且腎衰竭發生在誘因之後。袁世凱生前沒有遭受肉體上的重大打擊，不太像這種情況。腎性，顧名思義，就是腎臟本身的病變，不加治療，的確會發展到尿毒症的地步，袁世凱本身存在腎臟的隱患也並非不可能，像他這樣的矮胖中老年男性得高血壓、糖尿病很常見，且當時沒有合理的防治策略，發展到高血壓腎損害、糖尿病腎病，不足為怪。腎後性指的是尿路梗阻，導致尿液無法排泄，導致腎臟被活活撐爆，這些梗阻大多是結石，位置在輸尿管、膀胱等部位。當然，三者之間可以互相重疊。

上文說到，袁世凱去世半年前已「形神頗瘁」、「面目黧黑且瘦削，至不可辨認」，臉色如此之差，此時已患有慢性腎衰竭也是可能的。後來病重時，小便排泄不暢，法國醫師建議立即到醫院動手術，又給他導尿（插尿管）治療，發現引出的為血尿。看來除了腎臟功能已經很糟糕以外，極有可能合併泌尿系統（腎、輸尿管、膀胱、尿道）的結石，因為只有這種梗阻狀況才容易出現嚴重的出血。雖然某些腎病和膀胱癌都會有血尿，但像袁世凱這樣短期內突然出現血尿和排尿不順的，還是以結石為多見；何況袁世凱有腰痛等臨床表現，就更支持了結石（尤其是腎結石）的診斷。

袁世凱雖長得粗壯結實，一生少病，但不能說明他活得健康，某些生活習慣恰恰反映出他的養生誤區和醫學無知，正是這些日常生活的瑣碎點滴，長年累月種下了禍害，為他敲響了喪鐘。

袁家似乎有一個魔咒，自曾祖父袁耀東到袁世凱這一代，四代袁家男性主人幾乎沒有活過六十歲的，四代三十多個男人當中，先袁世凱而死的十四人裡，有十三人死於虛齡五十八歲，與袁世凱的享年幾乎一致。據說當年袁世凱歸隱彰德時，有術士算命，「稱袁不得過五十八歲。袁問有何禳解否？曰此事甚難，非得龍袍加身不可。」（《袁世凱軼事》）民間便有一種看法認為袁世凱稱帝除了政治野心使然，也有迷信避禍心理的驅使。

不管事實如何，自然疾病在其中的攪局作用不可小覷，這也暗示了袁家的遺傳很可能存在一種易患某種疾病的基因，再加上袁世凱的不良生活習慣，或者說不科學的生活方式，更讓他墜入魔咒而不可自拔。

袁世凱「洪憲皇帝」縱使繼續當下去，身體狀況也註定與高壽無緣。袁的短命其實早已被生活方式所決定了，誠所謂冰凍三尺，非一日之寒。

陶樹德，一九一三年即在袁世凱麾下任職，時年十七歲，後又在天津袁府任總管，其父與他兩代人均在袁氏帳下奔走，他本人更是隨侍袁氏左右直至袁去世。他回憶說袁世凱每天凌晨五時起床，之後進辦公室批閱一會兒文件，「然後喝茶、牛肉汁、雞汁。七時早點，包子四色，雞絲麵一碗（一般僅吃包子一、兩個，餘下由侍從分充早點）」，「十時左右，進鹿茸一蓋碗。十一時許，進人蔘一杯。中午十二時午餐」，下午「點心為西餐，然後服自製活絡丹、海狗腎。七時晚餐……」不難看到袁世凱所食之物，熱量、蛋白質很高，且「多為補血強身、滋陰壯陽者」。此外紅燒肉、肉絲炒韭黃等都是袁世凱的至愛，這就是問題的癥結所在了。

人患病的重要原因就是不健康的進食內容和方式，而食物過度的、不科學的攝入、滯留、累積會打亂身體的平衡，吃進去的營養如不能正常排泄，積存在體內裡也會逐漸變成「萬毒之源」。排泄器官負擔過重，因此毒素會流竄全身，影響血液清潔度，汙染體內環境。

到底哪些生活方式容易導致泌尿系統的結石呢？癥結在飲食方面。所謂結石，就是一種含有較多草酸鹽的物質。肉類、動物內臟、海產食品、花生、豆角、菠菜等，均含有較多嘌呤成分。嘌呤進入體內後要進行新陳代謝，代謝的最終產物是尿酸，尿酸會促使尿中草酸鹽沉澱。如果食用過多含嘌呤豐富的食物，嘌呤的代謝又失常，草酸鹽便在尿中沉積而形成尿結石；此外，高脂肪食物的攝入也容易導致泌尿系結石，因為脂肪會減少腸道中可結合的鈣，引起對草酸鹽的吸收增加。

參照袁世凱的食譜，筆者發現他確實容易患泌尿系統結石。綜合分析，袁世凱很可能是在慢性腎病（比如糖尿病腎病）的基礎上，出現嚴重的泌尿系統結石，而治療一直不得要領，沒採用手術去除結石，導致病情惡化，最終進展到尿毒症的地步，一命嗚呼。實在不能怨祖宗的短命魔咒，不能怨天下人的憤慨詛咒，只能怨自己養生不科學、治療太守舊。

## 終於破解權力的魔咒

袁世凱作為飽受爭議的歷史人物，當然絕非一無是處。甲午戰爭之前，他曾在朝鮮挫敗日本的侵略企圖，對大清、對中華民族來說，都是了不起的功勞。辛亥革命後，作為中華民國第一任大總統，在位期間積極發展實業，統一幣制，維持了中國對蒙古和西藏的主權，建立第一支近代化新式陸軍，創立近代化司法和教育制度，還大力發展經濟，制定了一連串刺激工商業發展的政策和措施，使國家的經濟發展獲得了起色。由此可見，袁世凱也是頗具魄力的政治家。

晚年的袁世凱卻昏招百出，野心膨脹，甘心墜入龐大的陰謀之中，執意稱帝。他的一生就這樣充滿驚嘆號，也充滿著問號；他的終結方式是一生中最大的敗筆，也造成後來研究者的滿腹狐疑。

權力誘人，往往得之忽焉，失之忽焉。其實權力有時是良藥，但更多時候是毒藥，豈止是對靈魂和心態的扭曲和惡變，更是對肉體和健康的侵蝕和黴變。

袁世凱的祖上或是一度在權勢位置上頤指氣使，或是為了功名利祿而奔波勞碌，袁世凱本人自不用說，他們都為「權」字所累，遂在內外誘因干擾下，享壽頗短。

自從袁世凱死後，袁家便從政壇上銷聲匿跡，再也無人在政治漩渦中備受煎熬了。袁世凱的子孫中，高壽者竟不乏其人，徹底打破了祖上的魔咒，他的孫子袁家騮——美國高能物理領域的巨匠，衣錦還鄉，享年九十一歲。設若袁世凱能夠看到這些，應該感到欣慰？還是會懊悔沒給兒孫傳下萬乘之尊的帝位？

# 如果袁世凱活在現代，醫生會建議……

一、適當增加運動，提高身體的機能，控制體重。運動主要是調整身體的代謝，使得代謝產生進入尿液的可溶物質減少，減少體內的酸性物質；另外，透過運動消耗攝入過多的熱量，控制體重。

二、養成習慣多喝水，普通人飲水量在二・五～三公升以上，保證尿量在二～二・五公升以上。飲用普通水、淡的綠茶、適量的蘇打水、檸檬水等都可以，不宜以乳製品和飲料代替飲水。結石病患應少喝咖啡、紅茶、可樂等飲品。

三、飲食均衡，避免某一種營養成分的過度攝入。應注意：①正常攝入食物中的鈣，適當食用乳製品和豆腐類等含鈣較多的食物；不要過多在飲食外補鈣，更不要限制鈣的攝入（除明確診斷的吸收性高尿鈣病患）；②限制草酸的攝入，少吃杏仁、花生、西芹、菠菜、紅茶、巧克力等富含草酸的食物；③限制高蛋白、高鹽、高嘌呤飲食攝入。此外，多食新鮮水果，增加膳食纖維。

# 後記

澳門有一條著名的「水坑尾」街，街中曾有一間經營多年的書店，招牌赫然寫著「香港商務印書館」。我曾無數次經過這家店，也曾進入拿起本本佳作瀏覽一番。然而在剛過去的那個秋季，書店倒閉了，即將和街坊說再見時，剩餘的書籍被以很低的折扣賣掉；不久取而代之的是一間日本料理店，目前還在「試營業」中。

每天總有成千上萬的人路過澳門的繁華街道，居民或遊客，他們對首飾店、服裝店、小吃店、特產店趨之若鶩，卻唯獨冷落了一座城市中，除了圖書館之外，最有文化氣息的地方。這是誰的悲哀？

我想在臺灣、在大陸，這樣類似的情況應該屢見不鮮。有報導說：中國人每年的讀書量急劇減少。這能怪誰呢？時下的生活節奏、工作壓力，能在照顧家庭之餘，再擠出一點微不足道的時間去進修一些課程，已是很了不起了，還能奢望什麼？紙張上的文字什麼時候讓人們如此厭倦？難道鋪天蓋地的網路訊息、圖文並茂的臉書、無所不能的微博、微信，已把人類所有發表和收聽話語的權利都操控了嗎？

其實不然，在歐美、在日本，情形並非如此，儘管他們使用網路更是家常便飯。我們缺的是一份耐心和靜氣，多的是幾分浮躁和功利。我很喜歡逛書店，除了瀏覽書籍之外，還不時觀察一下書店裡其他的讀者，遺憾的是，三十歲以上的人很少，即便有，也只是為了陪小孩閱讀或幫小孩買參考書；比較多的是十幾歲的少年，他們真的是無憂無慮、無牽無掛，可以盡情翱翔在書海中，盡量汲取成年人棄若雞肋的養分，儘管有些少年是為了考試教育，但大多數不是，他們確實是被興趣愛好主導。當他們長到三十歲，逐漸成為社會的中堅力量時，當下的生活方式還能保持嗎？這是值得打上問號的難題。

人們總是習慣用「社會發展太快」來解釋一切存在的爭議，其實恰恰是因為社會發展太快，才更需要閱讀。

書，可以不買，但不能不看。書，可以不看完，但不能不翻。報紙雜誌，主要發揮新聞傳播的功能，嚴格來說，不算書籍；網路文字，良莠不齊，更多的是快餐文化，只有極少數值得慢慢咀嚼、細細回味、好好吸收，當然出色的「極少數」會有機會結集出版，登上大雅之堂。

那些筆耕不輟的人還算保留一絲文化人的氣息。歷史的反思，時代的進步，社會的考量，良知的召喚，靠的是他們。我很想成為其中的一員，雖然他們大多沒有揮金如土的資本，也沒有拋頭露面的虛榮，可是安謐何嘗不是一種尊貴？

不想多說自己的書是怎麼寫成的，只想交代難忘的幾點經過。我並非按照目錄的次序寫，第一個出鏡的人物是唐代的失意文人李賀，也許是自己感覺失意，是否也有點同病相憐的滋味，不得而知。那是去年七、八月間的事情，到了九月底，我去了一趟臺灣，旅遊之餘，也見見幾位新朋友，我們在西門町碰上了，聚在一塊，暢談甚歡，只可惜導遊僅容許一小時的自由活動時間，便催促我回下榻的飯店，人生路不熟，只好從命。不過一個決心就在短短一小時之內被下定了。

剩下的就是一個寫書人按部就班的事了。日復一日做同一件事情，並不是簡單輕鬆的。我枯竭過、煩躁過、失望過，但從來沒有氣餒過、傷心過、後悔過，哪怕拙作只能成為排行榜的倒數第一，因為我不是作家，做的也不是作家的事。

不在乎別人的嗤之以鼻，在乎的是心靈那份篤定。我常常回憶起去年十二月初參加的那次國際馬拉松比賽，沒有名次，沒有獎盃，只有腿部的傷痛，痛楚持續了一個多小時，綿延了十幾公里，但自始至終沒有閃過一絲放棄的念頭，直到穿越終點，直到衝刺階段還要超越一、兩個參賽者。每當在寫作中遇到困難障礙時，總會想到這不算遙遠的記憶，或者是十年前的那場寒窗苦讀。

除夕之夜，我把時報文化「囑託」的事情完成了，終於如釋重負，其實這個重負不就是我給自己的嗎？為什麼就不能算是一次愉快的旅程呢？

譚健鍬

二〇一四年一月三十一日　澳門

HISTORY系列006

# 歷史課本沒寫出的隱情——那些帝王將相才子的苦痛

作者—譚健鍬
主編—邱憶伶
責任企畫—張育瑄
封面設計—顏伯駿

總編輯—李采洪
董事長—趙政岷
出版者—時報文化出版企業股份有限公司
一〇八〇一九臺北市和平西路三段二四〇號三樓
發行專線—（〇二）二三〇六六八四二
讀者服務專線—〇八〇〇二三一七〇五
（〇二）二三〇四七一〇三
讀者服務傳真—（〇二）二三〇四六八五八
郵撥—一九三四四七二四　時報文化出版公司
信箱—一〇八九九臺北華江橋郵局第九九信箱
時報悅讀網—http://www.readingtimes.com.tw
電子郵件信箱—newstudy@readingtimes.com.tw
時報出版愛讀者粉絲團—http://www.facebook.com/readingtimes.2
法律顧問—理律法律事務所　陳長文律師、李念祖律師
印刷—勁達印刷有限公司
初版一刷—二〇一四年四月十八日
初版十一刷—二〇二二年十一月十六日
定價—新臺幣三〇〇元
（缺頁或破損的書，請寄回更換）

時報文化出版公司成立於一九七五年，
並於一九九九年股票上櫃公開發行，於二〇〇八年脫離中時集團非屬旺中，
以「尊重智慧與創意的文化事業」為信念。

歷史課本沒寫出的隱情：那些帝王將相才子的苦痛／譚健鍬著.
--初版. --臺北市：時報文化，2014.04
面；　公分. --（HISTORY系列；6）
ISBN 978-957-13-5941-0（平裝）

1.傳記　2.中國

782.1　　103005716

ISBN 978-957-13-5941-0
Printed in Taiwan